TEMAS DE ESPAÑA

111
UNA TUMBA Y OTROS RELATOS

JUAN BENET

UNA TUMBA
Y OTROS RELATOS

Introducción
de
Ricardo GULLÓN

Cubierta
de
Roberto Turégano

© 1981, Juan Benet Goitia
© 1981 de la Introducción, Ricardo Gullón

© Taurus Ediciones, S. A.
Príncipe de Vergara, 81, 1.º - Madrid-6

ISBN: 84-306-4111-4
Depósito Legal: M. 36878-1981

PRINTED IN SPAIN

INTRODUCCION

1

La aportación de Juan Benet a la literatura contemporánea es tan considerable, innovadora y variada que admite el calificativo de fenomenal. Hay un fenómeno Benet de múltiples y sorprendentes facetas que desde su aparición en el firmamento más bien mortecino de nuestra literatura ha dado ocasión a sorpresa, alarma e indignación. Ciertos críticos y ciertos lectores, al enfrentarse con una complejidad estilística insólita vacilan entre sentirse burlados, insultados o agredidos (o quizá todo a la vez).

También, conviene decirlo, en zonas más abiertas de la intelligentsia, sus narraciones y sus ensayos se acogieron como una llamada contra la rutina y la falta de imaginación en que sesteaba la mayoría. En una España pedregosa y más bien desvalida, propicia a las intrusiones de la industria cultural, cada día mejor y más sutilmente organizada, las obras de Benet resonaron con los acentos de la ruptura y, lo que es más significativo, con los de la originalidad, natural y cultivada a la vez, espontánea y querida.

Los obtusos y los avisados tenían razón. Con esta diferencia: lo que a unos alarmaba, a otros incitaba. No es fácil definir, ni aun describir los rasgos del fenómeno Benet. Si lo intento, las primeras palabras en acudir corresponden a una serie presidida por la inteligencia: agudeza, ingenio, ironía..., y una inclinación al juego, incluso a la broma. Por si esto fuera poco, una cultura vasta y refinada permea y caracteriza unos textos de sobresaliente complejidad.

¿Qué cabe hacer con textos en donde el lector es precipitado de la Biblia a Eurípides, de Shakespeare a Tannhäuser, de Empédocles a Forster, de Rilke a Teofrasto, de Homero a Kleist...? Leer, ejercicio intelectual y no entretenimiento; leer como medio de acceso a propuestas delicadas y oscuras, a asociaciones difíciles de establecer para quien no comparta los supuestos culturales en que los narradores se mueven. La utilización de pautas míticas y la densidad de las relaciones intertextuales no debiera ser obstáculo para lectores bien adiestrados en quienes pudiera suponerse que identificar las alusiones del texto y situarlo en el contexto adecuado habría de ser ejercicio intelectualmente estimulante.

Si en el fenómeno Benet hay algo incontrovertible, ese algo es su originalidad natural, originalidad referida ante todo al estilo, a un modo de escritura en que la palabra opera caudalosa y sinuosamente, esforzándose en decirlo todo, entregándose a la digresión y al paréntesis como medios útiles para declarar la complejidad de los hechos y su encadenamiento menos lógico que casual. Las circunvoluciones de la prosa y las equivocidades de la palabra son el correlato verbal de un espacio laberíntico.

Por el deseo de devolver a la palabra su rango y de explorar hasta el límite sus posibilidades Benet se propuso decir con ellas lo inarticulado, mostrar el magma fermentante y moviente en el fondo de la conciencia, larvas mentales sin forma definida que en la prosa van surgiendo perceptibles o identificables en sus desvaídos tintes y su borroso contorno; darles consistencia más sólida sería traicionar la que tienen en la realidad de la imaginación.

Describir el silencio y, más, los silencios, sustituirlos y colmarlos con palabras le ha permitido afrontar una dificultad muy seria: reconstruir en el tejido verbal lo que fuera de él carece de consistencia tangible y dar forma —y en ella sentido— a lo que antes no la tenía. La vaguedad y la fluidez del referente —de este referente, ¿dónde está situado?— han de traducirse en un discurso zigzagueante inclinado por naturaleza a desviarse hacia el lirismo. Pero a un lirismo que disimula y hasta niega su nombre al interrogador que lo solicita o lo procura desde la orilla de lo convencional. La palabra es el instrumento del exorcismo (contra el silencio) que es la creación.

Y ésto dicho, déjeseme oscurecer un poquito la cuestión. Sustituir la encantación, el misterio, por la afirmación, siquiera cautelosa y sinuosa, exige que la escritura registre las incertidumbres de quien escribe, permitiéndole extraer de ellas posibilidades que la conciencia preverbal era incapaz de captar. Las avenidas de la reflexión se abren en la sintaxis con tal complicación que la apertura tiende a mudarse en cierre y, paralelamente, los callejones sin salida se abren a perspectivas insospechadas.

Para el crítico la tentación inmediata consiste en pasar de la hermenéutica, necesaria para la correcta comprensión del texto, a la interpretación personalista. Es preciso acercarse a estas páginas complejas con el arsenal interdisciplinario adecuado, desmontar su mecanismo y examinar sus múltiples niveles de significación. Se ha de poner luz donde hay sombra; la luz del entendimiento, que debe hacernos tan comedidos como al gitano de Lorca.

Con frecuencia la interpretación se devora a sí misma, y lo que es peor, devora los textos a que se aplica. Casos hay en que, como el cáncer, alarga sus tentáculos y se extiende más y más allá; las células interpretativas empujan a las del texto: dinámicas donde éstas quietas, se benefician de su inmovilidad para suplantarlas y alterar la naturaleza del discurso. «Los intérpretes "profundos" de la literatura pueden siempre encontrar lo que desean con sólo ir un poco más hacia el fondo», ha dicho un crítico[1].

Ahora se entenderá por qué el acercamiento a la obra de Juan Benet exige un equilibrio peculiar: advertida la complejidad de sus textos, ha de ser aceptada en sus propios términos, pero sin ir más allá de donde llega el texto mismo (que no es poco ciertamente). La desconfianza del autor respecto a los críticos está justificada, en cuanto ellos, como él, escriben para el lector, y el crítico que lo es de veras se convierte de hecho, estructuralmente, en pieza superflua del mecanismo, en la quinta rueda del carro —y en rueda chirriante, además.

Benet, desdeñoso por temperamento, cuando se refiere

---

[1] Robert M. ADAMS: «The Sense of verification: Pragmatic Commonplaces about Literary Criticism», en Clifford Goertz, (compilador): *Myth, Symbol and Culture*, Nueva York, Norton, 1974, p. 209.

a los críticos no disimula su desdén. Por eso, perteneciendo al gremio, debo agradecerle muy especialmente la autorización para seleccionar, ordenar y prologar sus narraciones breves, y declaro desde ahora que al hacerlo me esforzaré en mantenerme dentro de los límites impuestos al lector por la función que en la estructura le es atribuida.

Conviene decir algo más sobre el escritor y su obra, empezando por el hecho paradójico de que quien tanto recela de los críticos haya fungido como tal en artículos, ensayos y libros en que puede mostrarse tan negativo como cualquiera. Se recordarán sus comentarios sobre Galdós como curioso ejemplo de incomprensión apenas previsible en hombre tan del oficio. En un simposio celebrado en Albuquerque (Nuevo Méjico), le oí alzarse tajantemente frente a las afirmaciones un tanto presuntuosas de cierto escritor hispanoamericano, condenando «el imperialismo de la crítica» predicado por éste, y hoy de veras rampante en las universidades de dos o tres mundos.

2

En el momento en que estas líneas se escriben, la lista de obras de Juan Benet es extensa e incluye teatro, ensayo, novela, narraciones más breves y una corta historia política de la guerra civil española. La primera de estas obras es Max *(1953) una pieza teatral, la última,* Saúl ante Samuel, *1980, tal vez la novela más complicada y ambiciosa de todas las suyas.*

*Ya algunos cuentos de su primer libro («*Max*» apareció en* Revista Española*), Nunca llegarás a nada (1961) se desarrollan en una zona geográfica peculiar, Región, que ha venido a conformarse como el espacio en que sus ficciones se constituyen, trazando una complicada red de situaciones y personajes. Localizar Región en esta o la otra comarca de España sería ejercicio fútil tanto como superfluo; las referencias geográficas remiten a un paisaje norteño, pero no es allí sino en los territorios de la imaginación donde sus ríos corren y sus montañas se alzan.*

Inútil buscar las seguridades del referente balzaciano o

galdosiano. Más certero será pensar, como desde el primer momento hicieron los críticos, en William Faulkner y en la creación de un espacio mítico que hace pensar en el Yoknapatawpha County del novelista norteamericano. El narrador avanza por un discurso ondulante, fiel a una manera de entender la realidad, dictada por las reglas que el texto le impone. Lugares, figuras y situaciones se transforman según su función lo exige. El texto va constituyéndose por la peculiaridad de la dicción. La guerra civil de que se habla en él ni es la misma ni sirve la misma función que en las obras que en España y fuera se han escrito sobre el trágico acontecimiento. Y esto es así porque en las ficciones benetianas no es un tema sino un requerimiento del texto. Por eso la Historia está expuesta como en sordina, con un mínimo de dramatismo, sin hacer de ello cuestión personal.

Espacio «mítico», pues, con un sustrato reconocible al que corresponde un tiempo indefinido, pero marcado por ráfagas de un momento concreto de la historia española. Trasfondo de una temporalidad inmensa y oscura. El narrador se distancia y mantiene un equilibrio apropiado para hacer de la creación experiencia y no descripción de una experiencia. Así supera aquel «vicio gremial» que según Ortega es preciso corregir: «la tendencia a creer que la obra del poeta es como una secreción de su intimidad, diríamos como una exudación en que lo que acontece dentro del hombre sale fuera de él como la lágrima y cristaliza en la obra»[2].

El tiempo histórico y el espacio geográfico están en relación dialéctica con la temporalidad y la espacialidad novelesca. Las realidades mensurables y los elementos de la estructura profunda, irreductibles a número y tamaño, corresponden a distintos órdenes de la lectura: aquéllas al de la horizontalidad; éstos al de la verticalidad en que el lector se deja ir al fondo; en la primera la atención se concentra en lo narrado, mientras en la segunda se fija en la narración misma. Si la historicidad parece incidental, la

---

[2] J. ORTEGA Y GASSET, «Goethe sin Weimar», en *Vives-Goethe*, p. 124.

estructura tempo-espacial es sustancial, ligada al lenguaje que la promueve; pronto se advierte que aquélla se integra en ésta como aliciente y por su función queda sustancialmente asimilada.

Esto nos acerca a la figura de rostro borroso, sin pasado ni futuro, sólo palabras —y con eso basta— del narrador. De un narrador cauteloso, insistente, supremamente hábil, en quien las ambigüedades y la simulada confusión son recursos para lograr la complejidad deseada —o, más bien, impuesta— para sugerir una manera de concebir la realidad. Los retrocesos, las soluciones de continuidad, las aclaraciones propuestas para disipar (si no es para potenciar) la equivocidad, las depresiones y pseudo-extravíos, por acumulación van convirtiéndose en otros tantos modos de realización y de involuntaria autocaracterización.

Cada narración tiene su propio narrador y estos narradores se diferencian y se parecen en la misma medida en que aquéllas lo hacen; y me arriesgo a suponer que bajo las diferentes máscaras subyace un ente que aun si cambiante y multiforme mantiene una continuidad de rasgos que permiten identificarlo sin gran dificultad: la ironía en primer término; la proclividad a la digresión; el gusto por la inserción de una idea dentro de otra; las transiciones en el modo de discurso; los cambios de punto de vista; la simulada apatía hacia la curiosidad del lector. Estos rasgos y otros (no quiero insistir en la manipulación de tiempos y espacios) revelan en la afinidad un parentesco, y más: una identidad sustancial.

Una escritura cargada de parcialidad, que lejos de aspirar a la objetividad en que supuestamente incurrieron los practicantes del nouveau roman, *depende de un juego peculiar de signos que el narrador, o el autor implícito, utilizan sin más ley que la de acentuar las tensiones narrativas en la dirección que les conviene.*

Convocado el término por la fuerza misma del argumento, seguiré un momento en dirección a esa útil figura que Wayne Booth llamó «autor implícito», o sea la figura ficcionalizada del autor en la combinación de elementos textuales que constituyen la novela. Las metamorfosis del narrador apenas afectan la persistencia de esa figura que *en las páginas de Benet es el poder detrás del trono, el que decide y orienta la producción del texto. Un texto (textos) en que el diálogo suele estar ausente, salvo cuando por exigencia del texto mismo se instituye en forma dramática como parte de una novela en buena parte hablada (*La otra casa de Mazón, *1973).*

Respecto a ese «autor implícito» apuntaré dos observaciones: lejos de ser un historiador social, como en una de sus dimensiones Galdós lo fue, con mayor penetración que historiadores profesionales, las invenciones de Benet no declaran la presencia de una persona interesada en producir la gran escena o sucesión de escenas en que la realidad de su tiempo aparezca con tal aire de verdad que pudiera llamársele reveladora. Y sin embargo, las conexiones entre hombre y sociedad, lo individual y lo colectivo, las corrientes, semejanzas, diversidades y oposiciones que en el discurso se funden, operan en el texto con una fuerza que no sería exagerado calificar de dramática.

Por otro lado, la capacidad de organización se manifiesta, como había de ser, por la conexión proporcionada entre los elementos y la totalidad, entre las partes y el todo. El autor implícito se revela sistematizador, como un ser que conoce el valor de las estructuras que utiliza y que, además, es un intelectual (dicho sea sin ánimo de ofender a nadie) permeable a la problemática del presente y a las tensiones causadas en el hombre actual por la aceleración del cambio. Así, tal vez esquivando la vigilancia autorial, el autor implícito y el narrador se aventuran en cuestiones cuyo planteamiento, por muy elusivo y distante que sea, no deja de cuestionar el estado de la sociedad en que vivimos, haciendo preguntas cuya respuesta conocen (quizá la pregunta es la respuesta, y por eso se formula crípticamente). En definitiva, y tal es la paradoja que el texto transmite, los libros de Juan Benet están tan cargados de esa cosa vaga e indefinible que llamamos «vida», como pueden estarlo los del más consecuente y beligerante «novelista social». Y demostrarlo es una de las posibles justificaciones de esta introducción.

3

La influencia de Benet en los jóvenes, influencia grande y en términos generales beneficiosa, pues —con el ejemplo— les ha enseñado el rigor, apartándolos de la facilidad, se explica por la concurrencia en sus obras de la imperturbable severidad de sus técnicas (retrocesos, digresiones, parodias, manipulaciones estructurales y extraposiciones textuales) y de una insólita visión de la vida que recusa la emoción y la retórica habituales. Intensidad y alejamiento dan al texto una claridad tejida de penetrantes sombras que sin gesticulación señalan los puntos críticos. Nada de separar, como T.S. Eliot recomendó alguna vez, el hombre que sufre y la mente que crea.

Si la parodia y el mito sirven de pauta estructural a sus ficciones o a determinados segmentos de ellas, su desarrollo puede alterar y de hecho altera en la secuencia narrativa las propuestas iniciales. La estructura, alterada sobre la marcha, produce una impresión (engañosa) de movilidad corregida por la inmovilidad «psicológica» de las figuras. Nada tan ajeno al texto benetiano como la psicología. Queda en reserva como tentación en que puede complacerse un cierto tipo de lector tradicional.

Escrita esta última línea, el discurso crítico, más que quien lo está escribiendo, propone esta pregunta: ¿Cuál es la especificidad del lector benetiano? Se le pide, creo yo, una disposición a la aventura intelectual, una curiosidad por el texto como construcción rigurosa, cargada de distorsiones tendenciosas, y a la vez austera, cerrada sobre sí en un hermetismo complicado por la diversidad de perspectivas utilizadas y por el desinterés del narrador en cuanto al orden del acontecer. Todo bien trabado, todo ordenado, pero de otra manera; como en un laberinto donde la salida coincide con la entrada. Pasadizos de la divagación, retornos a puntos revisados, círculos de sombra y ventanales de luz... El lenguaje figurativo propone en la imagen un modo de visualizar la lectura. Textos cuya complejidad no les impide transmitir una desolada sensación de futilidad, alcanzan, como Un viaje de invierno (1971), los niveles de la tragedia. Y el lector, primero los intuye, luego los ve en su tenebrosa luz. La fragmentación es una imposición del texto y la reconstrucción un empeño reservado al lector, a ese lector que sólo consintiendo al hermetismo inicial de algunas páginas acertará a descifrar la totalidad.

Quiere decirse que el lector de quien se habla habrá de complacerse en ejercitar su inteligencia, divertirse y no aburrirse siguiendo los caminos de sombra que conducen al conocimiento. Y, por supuesto, situarse en el ámbito cultural de estas ficciones que imponen una gimnasia mental, el salto de una innovación a otra, sin darle tregua a la pereza y a la ligereza. El lector, como los narradores, debe aprender a distanciarse, a apreciar la ironía, cuando exista, y a reconocer el drama bajo sus cautelosos disfraces. Frente a una escena que tal vez se prolongue en monólogo, tal vez en divagación, le conviene tener presente que ahora, de repente, sin previo aviso estará en otra cosa, llevado por una variación del discurso que es una ruptura por cuanto la voz es diversa, y una continuidad por la manera fluida e imperturbable con que el discurso sigue.

Si el lector recuerda y se acuerda de hecho tan obvio como el de que la forma no puede ser gratuita sino necesaria para que el texto sea como debe ser, aceptará sin mayores dificultades las distorsiones que en el primer momento acaso le desasosegaron. El aburrimiento que algún crítico[3] declara haber experimentado leyendo Una meditación, es una consecuencia de no ajustarse mentalmente a la correlación entre las distorsiones y las lentitudes que le impacientan y lo intentado al escribir, según lo declara la escritura misma. Si en un libro paródico, y más, satírico, como En el estado, la estructura parece elusiva, es porque elusiva es, y quien no parta de la aceptación de esta realidad y de que la inconexión es precisamente el método y la forma de lograr esa elusión, no irá muy lejos en la lectura.

---

[3] Pienso en Marcelo Arroita Jáuregui precisamente por que no es el comentarista obtuso en quien no chocaría leer tal declaración.

4

La primera novela de Benet, Volverás a Región *(1967), estableció definitivamente el espacio de un reino personal ya operante en los cuentos incluidos en* Nunca llegarás a nada, *con excepción del que da título al volumen. Espacio —ya lo he indicado— de vaga pero no imposible localización geográfica, y en todo caso con un referente histórico-social que es imposible ignorar, como es imposible desconocer que Región linda con el mito. En este espacio, que es a la vez generador del texto y agonista, agente de la novela, el ambiente, la atmósfera, las figuras y los objetos adquieren consistencia peculiar: los entes novelescos, rozados por el aliento del mito, aislados emocionalmente en recintos de sombra, impregnan el ambiente de su singularidad, la atmósfera de desolación: todo se espectraliza y tiende a pasar de la solidez a la niebla.*

Más acá del realismo y del lirismo, el novelista encuentra un instrumento válido, quizá indestructible, en el lenguaje. Esta es su verdad primaria, piedra sobre (y con) la cual fundar una construcción verbal, necesariamente portadora de significados. En los novelistas del siglo XIX esa construcción solía responder a estímulos miméticos; tal no es el caso en los objetos de que ahora escribimos, donde la borrosidad del espacio novelesco (y de ahí su laberíntica estructura) se corresponde con las circunvoluciones de una prosa bien ajustada a la conveniencia de que el objeto funcione como un organismo cuya vida depende más del equilibrio de sus partes que de la brillantez de una o de cada una de ellas.

Se dice que Brummel nunca estrenaba una prenda sin primero quitarle su brillo. Poniendo sordina a la brillantez (Benet no siempre puede hacerlo), no tanto oscila el texto a la opacidad como a la neutralidad. No toma partido por el personaje, ni insiste en la situación excitante, erótica o folletinesca, en «lo psicológico», en «lo social», en la introspección o en el análisis. Simplemente sigue fluyendo, corriente incesante donde emergen y desaparecen figuras y situaciones, unas veces poniéndose en claro y otras no.

Por su misma neutralidad el texto consiente en las variaciones y altibajos de la escritura, y más, en que las situaciones sean interesantes y hasta misteriosas sin que la corriente verbal se revuelva en remolinos de fondo. Y así, sin alarma, sin fatalidad (si no es estética), la decadencia y la ruina acaban siendo Región, no personificadas sino personificantes de ese recinto negador del tiempo en que la acción acontece. Gonzalo Sobejano, escribiendo de Volverás a Región dijo algo aplicable a ella y a buena parte de la obra benetiana: «El tema central de la novela es la ruina, o mejor la Ruina, con una de esas mayúsculas tan frecuentes en su texto. Aunque se trata de la ruina del ser moral de España en el tiempo de posguerra y ello queda claro a lo largo de la narración y en varias indicaciones explícitas, lo cierto es que esa realidad aparece impregnada de misterio y realzada a un ámbito de fábula»[4]. Fábula, leyenda, mito..., sustantivos de utilización necesaria al referirse a estas páginas.

Junto a María Timoner y el doctor Sebastián, el guardián del Paraíso, Numa, infatigable y certero, encargado de cerrar los accesos a la zona prohibida. El referente histórico compensado (en el sentido en que puede estarlo una lesión cardíaca) por el ingrediente mítico, y ambos idénticos en sustancia, y complementarios. Dimensiones distintas de lo real novelesco que sin abandonar lo cotidiano pone el pie en lo fantástico legendario. Lo turbio perceptible se funde así con lo oscuro impenetrable, haciendo más problemática la lectura, aun si más rica y estratificada la estructura.

Bien tramada, la trama —es decir, la manera de presentar la fábula[5]— aprieta sus filamentos y ofrece una materia ya de por sí compacta que el estilo comprime todavía más. No confíe el lector en las dilataciones y en las divagaciones en que el texto se complace: están allí para presionar su atención, apenas para informar, si no es del gusto del narrador por preservar de las miradas distraídas

---
[4] *Novela española de nuestro tiempo*, 2ª edición, Madrid, Prensa Española, 1975, p. 558-59.
[5] Aquí y desde ahora fábula es utilizada en el sentido de conjunto de incidentes que se integra y es presentado a través de la trama.

el «*residuo pétreo*» *que permanecerá cuando* «*el componente de información*» *haya perdido vigencia (artística). Este oscurecimiento no es que sea deliberado: es una imposición del estilo que para dar al texto la forma deseada ha de* «*inventar una película*» *(expresión de Benet) tan sensible que pueda* «*ser impresionada*» *por las imágenes más sutiles.*

Esas imágenes constituyen la textura de la fábula, descriptiva en ocasiones, dramatizada otras veces, tortuosa a menudo, como para mostrar que la línea zigzagueante es la más adecuada para sustanciar la historia o las historias de que se trata. En Volverás a Región, *como en obras ulteriores, ciertos objetos (talismán, automóvil negro) entran en la narración para servir funciones que oscilan de lo emblemático a lo simbólico; son parte de la fábula y su aparición en el texto lejos de ser ornamental contribuye a diseñar más firmemente el episodio.*

La densidad de la trama y la anticonvencional presentación de la fábula no bastan para oscurecer el hecho de que las novelas de Benet tienen argumento y no sólo asunto y estilo. No son ejercicios de estilo, sino sistemas narrativos significantes en sí mismos: la significación depende de la historia que transmiten. Las complejidades de la transmisión son evidentes, pero no insalvables para un receptor dispuesto a descifrarlas y a descubrir el sentido de las distorsiones de todo tipo que le obligan a una lectura de verdad atenta.

De poco sirve para el caso aquella referencia de Morelli al lector-hembra, caracterizado por la pasividad. Suponiendo que la hembra se caracterice por la pasividad (y ya es mucho suponer) la actitud pasiva no llevará al lector muy lejos. Tampoco el cómplice que Morelli tomó prestado de Virginia Woolf parece postulado por los textos benetianos. Cuando una página atrás me refería a lo apretado de la trama, y en otros momentos a las divagaciones y distorsiones narrativas, quería sugerir por implicación que atribuir el carácter de obra abierta a estas ficciones atentaría contra el evidente requerimiento de un lector dispuesto a aventurarse en los laberintos textuales cogido a los hilos que le permitirán circular por ellos en la forma prevista y rigurosamente calculada por el autor. Por algo declaró que «hacia la moderna teoría que se podría llamar de la obra abierta, la obra en que el lector y disfrutador de la obra puede participar en ella, yo no tengo más que reservas y, si se me apura mucho, más que reservas, verdadera repulsión. No entiendo cómo un hombre puede dejar una obra, llamémosla de arte, para que la función lectora, visual o auditora de quien la recibe, la complete a su antojo; no lo entiendo»[6].

Declaración terminante, cuyo interés se duplica al observar que las ficciones benetianas son verdaderamente cerradas: ni exigen ni necesitan un lector inventivo sino un lector comprensivo y fiel. Los signos están ahí, y los hilos conductores: déjese guiar por ellos. En su segunda novela, Una meditación *(1970), el reló descompuesto, el lazo de terciopelo, las ratas, el traje de aguas amarillo..., son motivos asociados a temas y personajes reaparecientes con cierta periodicidad. El lector deberá registrarlos en su mente y conservarlos en la memoria para que en cada mención (aparición) sirvan la finalidad simbolizante que les fue asignada.*

Una meditación *es una gran novela, de construcción rigurosa y discurso seguro. Ni inseguridad ni titubeo; la escritura ni vacila, ni se detiene: un fluir continuado asimila las contradicciones y las anula (textualmente) en la misma —o muy cercana— página en que las crea. Esta continuidad discursiva reduce a poca cosa el diálogo: no cabe en ella una representación a varias voces. Lo que se deba decir lo dirá el narrador; por eso se compenetran perfectamente narrador, narración y actantes.*

Otra vez el lector se enfrenta con una trama sui generis*: densa, caracterizada por la calculada dispersión de los signos y por su destemporalización. El narrador, sumido en la intemporalidad de la memoria, desconoce la cronología; asocia, disocia, descompone para componer mejor o para hacer ver la descomposición como sustancia. La destrucción del tiempo se logra por la yuxtaposición de perso-*

---

[6] Juan BENET: «Intervención», en *Novela española actual*, Madrid, Fundación March, 1976.

nas y momentos; la simultaneidad de lo pasado y de lo presente (Mary a los veinte años. Mary regresando del destierro) sitúa en el texto, a la vez, dos figuras que son la misma. Un objeto, el reló de Cayetano Corral, simboliza la irregularidad del tiempo vital que el hombre se esfuerza vanamente en regular. Pero... el mecanismo ¿también simbólicamente? sobrevive a la destrucción del recinto en que funciona.

El Yo hablante en la narración se diversifica en un curioso ejercicio de desdoblamiento: un yo-personaje, un yo-testigo (falible, limitado), un yo-función (omnisciente) y un yo-creador (del discurso, del texto y de la novela). Diferencia en el rol, coincidencia en la sustancia. La inseguridad en cuanto a fechas y nombres exige una actividad de la imaginación que supla los fallos de la memoria («no sé... pero me imagino»; «casi todo lo que ahora trato de traer a mis ojos»). Sus opiniones pueden estar en contradicción «flagrante» con las de otros personajes, y eso refuerza la sensación de precariedad insinuada por manipulación del tiempo.

Dije que éste es irregular —invulnerable, también, aunque, o por qué, arbitrario—. Quieto («tiempo sin curso»; «el tiempo como duración no cuenta») u oscilante («se repiten sucesos análogos») se dilata cuando es preciso (por ejemplo, mientras el narrador anuda los cordones de sus zapatos, y puede ser «destructor» y «vacío» a la vez. Si el espacio de que dispongo no estuviera limitado, podría citar una extensa página donde el sentimiento del tiempo psicológico, que ni se cuenta ni se mide, contrasta con el fluir irreversible del nuestro. Hay un tiempo (el de la cópula) cercano a la eternidad, «ausente de toda temporalidad», en que los seres, los personajes se convierten «en un instante flotante», fluencia, curso, éxtasis y —quizá— amenaza.

Por el recuerdo y el olvido, ligados al tiempo, creaciones y víctimas suyas, se entra en el espacio del acontecer rememorante: ámbito de la memoria donde operan aquellos dos notables acumuladores y reductores del tiempo. Lo narrado se contagia de la incertidumbre que es el narrador, y el espacio se configura como «zona de sombra» o «*terreno prohibido*», *invenciones que son la realidad del texto por donde camina el lector con el paso que de él se reclama. Al final de la novela, pudiera decirse de quien la lee lo que se afirma del personaje: «todo lo vio suspenso en la nada».*

Invenciones puestas a punto con instrumentos y técnicas muy eficientes. La eliminación del diálogo da lugar a un discurso continuado, larga rumiación o meditación regida por el orden de la memoria que, como es inevitable, se atiene a una perspectiva única: la suya. Técnicas como el fundido encadenado, la superposición y la yuxtaposición, dan de sí y añaden densidad a la trama. La superposición lo es de escenas, de figuras, de épocas, pero más agudamente se observa en la intertextualidad (Kafka, Eurípides y la Biblia, en una misma página) y en la superposición narrativa, de un personaje en otro. La yuxtaposición de tiempos y espacios y el paso de lo abstracto a lo concreto o de lo concreto a lo abstracto, concurren a la finalidad densificante y simultaneizante, pero sobre todo al movimiento de lanzadera del discurso.

Los paréntesis dentro de los paréntesis son formas visibles del gusto por la digresión de la digresión... para volver al punto de partida; ellos, como la indeterminación del sujeto de quien se habla, fuerzan a una lectura que lo califique. Allí está la clave de los incidentes, fantásticos o no, de que informa el texto, y las insinuaciones acerca de entes y tierras adscritas a una peculiar mitología, que acaso participan de esa condición de «fantasmagorías del deseo» mencionada en el texto.

Aquí están otra vez el territorio prohibido y Numa, su guardián, un enigma, pitagórico —según el historiador romano— e insinuando, como su remoto homónimo, «*vagos terrores del dios, extrañas apariciones de seres divinos y voces amenazadoras*»[7]. El, más que nadie, contribuye a vincular Una meditación con Volverás a Región, añadiendo al espacio novelesco un factor transfigurante y oscuro que, entre otras cosas, actúa como disolvente de la eventual reacción de extrañeza suscitada en el lector por

---

[7] Plutarco: *Numa*, VIII, 3-7.

sucesos no menos chocantes —aunque de otra manera—. Pienso, por ejemplo, en las ratas, motivo recurrente por lo menos doce veces: que un personaje deje «el cadáver de una rata» en la almohada de la mujer a quien acaba de poseer o que, en el momento del orgasmo, sienta el deseo «de hacer morir al animal con un mordisco en la yugular», parecen fenómenos tan singulares e insólitos como la presencia del mítico velador.

Y en Una meditación *está ya anunciada sutilmente una novela ulterior. Al final de aquélla se oyen las notas que sugieren la melodía; los compases iniciales no dejan lugar a dudas: «En verdad casi toda historia de amor es un viaje a los infiernos, en el corazón del invierno, al término del cual el mundo curado de su parálisis recobra su animación». Y* Un viaje de invierno *(1972) se titula la obra en donde, sobre una pauta mítica, se recuenta la historia de aquella Koré (ahora Coré) cuyo regreso espera la madre que apenas si alteró su nombre al españolizarlo (de Demeter a Demetria).*

5

Sobre esta obra escribí hace años con bastante extensión, y a lo escrito entonces [8] *remito al curioso. Señalaré ahora que el discurso crítico facilita las señales necesarias y suficientes para reconocer la pauta estructural y seguir sin demasiados blancos el desarrollo de la fábula. Según T.S. Eliot recomendó a propósito de* Nightwood, *la extraordinaria novela de Djuna Barnes, la lectura de* Un viaje de invierno *debe tener en cuenta que el texto presenta las características de la poesía y no las de la prosa meramente comunicativa, informativa. Comunicación, información, se derivan del texto, pero no lo constituyen.*

Una alternativa a las propuestas hechas por mí en el artículo mencionado en la nota octava sería aceptar como pauta estructural la versión del mito de Demeter en que Koré no es raptada por Hades sino por Dyonisos (seduci-

---

[8] «Esperando a Coré», *Revista de Occidente*, n° 145, abril, 1975.

da por su propio padre en forma de serpiente). En esta hipótesis, y siguiendo a Kerényi, la semilla de la granada sería «la sangre —seminal— del himeneo»[9]. *Siempre según este escritor, Demeter y Perséfona serían dos aspectos de la misma figura: la primera, del terrenal; la segunda «más bien fantasmal y trascendente»*[10], *lo que encaja aceptablemente con lo expuesto en la novela benetiana, donde Demetria es visible, corporal, mientras Coré se mantiene elusiva y distante. De otra manera se contraponen las figuras cuando se recuerda que, adscrita a lo ctónico, concepto referido a las profundidades «frías y muertas [que] no tienen nada que ver con la fertilidad»*[11], *Coré-Perséfona se opone a lo terrenal y fecundante que representa Demeter.*

Punto todavía sin dilucidar es el de la significación del caballo reapareciente en el texto. Recurriendo a los helenistas de que cito, todavía es posible añadir que, según el mito, en Arcadia experimentó Demeter una aventura semejante a la de Koré: raptada por un dios, Poseidón, se metamorfoseó en yegua y se ocultó en un establo, donde el dios bajo forma de garañón la poseyó y engendró en ella una «misteriosa» hija y un mítico corcel[12]. *Relacionar este episodio con el caballo de Un viaje de invierno y con la «misteriosa» hija viajera a quien allí se espera no me parece extravagante. Un amplio abanico de posibilidades enriquece y hace más incitante la lectura.*

Según Jung, el caballo blanco «es un bien conocido símbolo de la vida»[13], *y una discípula suya, M.L. von Franz, precisa que los caballos salvajes simbolizan a menudo los impulsos incontrolables que pueden surgir del inconsciente, tesis que se ajusta a la oscura situación y a la complejidad de la trama. Recordaré finalmente que Poseidón (posis-das: marido de la tierra-Deméter) era en una vieja leyenda un poder macho de fertilidad que se une con un*

---

[9] C. KERÉNYI: *Eleusis,* Schocken Books, 1977, p. 31.
[10] *Ibid*, p. 33.
[11] W.K.C. GUTHRIE: *The Greek and their Gods*, Boston, Beacon Press, 1961, p. 217.
[12] KERÉNYI: *Eleusis*, p. 31, y GUTHRIE, p. 95.
[13] *Man and his Symbols*, Londres, Aldus Book, 1964, p. 98.

poder hembra de igual tipo y tienen sucesión. «Estos viejos poderes —concluye Guthrie— fueron imaginados en forma de caballo»[14]. *Los motivos se entretejen, y en la textura resultante destaca el carácter emblemático del caballo, análogo en su modo de figuración a los cuervos que simbolizan la desolación del espacio por donde vaga Demetria.*

En La otra casa de Mazón *(1973) las dificultades son de distinto orden: no están en la fábula, ni en el tema, ni en el lenguaje, sino en la trama, es decir en el modo de presentación de los incidentes. La retirada de información, la información diferida, la reiteración de un motivo, la reaparición de un tema que parecía sumergido... Estas modalidades de la construcción, unidas a la ruptura de la temporalidad, a la simultaneidad de tiempos o de espacios, o a la de ambos, producen un discurso narrativo regido por la complicación.*

El autor ha impuesto al material un orden peculiar, suyo; ha alternado narración y diálogo, incluyendo al margen algunas acotaciones; juntó en la escena vivos y muertos, y sentó a la figura mítica junto a criaturas regionatas con quienes el lector se halla familiarizado. Y es interesante comprobar cómo narración y diálogo se interpenetran, mutuamente permeables, complementarios.

Cuatro años más tarde, En el estado *(1977), se ofrece al lector como una pieza sin argumento, sin acción y sin personajes: puro texto, espacio de sí mismo en que el tiempo (cronológico o psicológico) no existe. Por no pasar, ni siquiera pasa el tiempo. Sucesión de parodias, ingeniosas, divertidas, lúgubres, obscenas... Flaubert, pretexto del texto, se desliza del referente maníaco a la desmesura y la hipérbole. A los manes de la exactitud debemos ocho o diez páginas de una intensidad (de humor) rara.*

La ironía es protagonista y principio rector de este libro: dirigida a los personajes, a los textos otras, a los autores de esos textos y al lector mismo. Ironía que puede ser «reveladora», como cuando la ternura excesiva y peligrosa que Kleist registra en una escena casi incestuosa de re-

---

[14] GUTHRIE, p. 97.

conciliación entre padre e hija (en La Marquesa de O*), se muda en el desgarro grotesco del viejo libidinoso y su nietecilla. Al lector se le impone una tarea de reconocimiento y descifrado que puede ser ardua, pero que es desde luego estimulante: en un espacio literario tan verdaderamente impregnado de literatura, ha de perderse si quiere encontrar las respuestas que necesita.*

Más que nunca el lector sirve, ha de servir una función estructural precisa y ajustarse en su consistencia a las solicitaciones del texto. Esto quiere decir que, como en otras obras de Benet, debe sumergirse en el ambiente cultural de que la creación parte para entenderla correctamente[15].

6

Y al fin Saúl llegó. Saúl ante Samuel *(1980) retuvo y entretuvo al autor durante varios años: siete, según propia confesión. Otra vuelta de tuerca a la saga regionata y a la guerra civil; otro retorno a los territorios míticos y a las circunvoluciones textuales. Puro estilo, estilo de asombrosa pureza, el discurso narrativo vestirá el parco argumento con ropajes suntuosos. Un párrafo inicial terso y ambiguo a la vez sitúa al lector en un espacio conocido que, de alguna manera se afirma en la triple negación.* «No se llamó nunca de ninguna manera..., pero de alguna manera se llamará si un día llega a existir»[16]. *No tuvo nombre, ciertamente, al comienzo de* En el estado *(indirectamente conectado con este), pero aquí sí lo tendrá, como tendrá la consistencia textual que el lector familiarizado con la obra de Benet pronto identifica en su singularidad: en su estilo.*

Historia de un adulterio y de un fratricidio, imbricada con la guerra cainita en que los hermanos se sitúan en po-

---
[15] Por ejemplo, reconocer sin dificultad mayor la filiación de los textos parodiados, lo que supone haber leído a Turguénev, Flaubert, Kleist, Forster...
[16] «Yo no existo», empieza por declarar el amigo Manso, de Galdós.

siciones antagónicas, la narración avanza en un discurso de andadura lenta en que los motivos recurrentes (el olmo, el timbre, el telegrama, los naipes...) son resonancias, ecos —y, desde luego, indicadores de presencias, figuras y situaciones. La utilización del flashback *hace que el rendimiento de los motivos (su utilidad iluminadora) no alcance su plenitud hasta momentos avanzados de la narración. Que, como los cuervos o el caballo en* Un viaje de invierno, *esos motivos funcionan emblemáticamente, no parece dudoso: los naipes, por ejemplo, se asocian a la figura de la abuela (de los hermanos) que es, a la vez, la Sibila adivinadora del destino. Mencionarlos es sugerir su presencia.*

Discurso continuado en que un párrafo, el primero, ocupa casi cuarenta páginas (9-46). Toda la segunda parte (155-291) es un extenso monólogo del «primo» dirigido a uno de los hermanos, sorprendente tour de force *que en otra ocasión habrá de ser analizado con detenimiento. Los enlaces en la continuidad del discurso eliminan las transiciones: se pasa de un momento a otro, de una situación a otra sin que nada lo advierta. Si las primeras veces esas transiciones cogen al lector desprevenido, no ocurre luego lo mismo: se incorporan al sistema de expectaciones propuestas por la trama; son parte y característica del modo discursivo; no solamente un rasgo estilístico sino un medio de condensar diversas acciones —y sucesos— en el discurso narrativo.*

La digresión, natural en este tipo de relato indirecto y circunvalatorio, es excelente medio para prolongar el suspense, haciendo que la escena derive a la reflexión, a la imagen alusiva, a pensamientos que dilatan la situación inicial. Una metáfora puede prolongarse dos páginas, como la espléndida analogía amor tardío-ropa vieja. En páginas así la brillantez de la prosa es deslumbrante, como —por distinta razón, por el virtuosismo desplegado en la descripción— lo son las dedicadas (cuatro, nada menos) a los pechos de la mujer.

Lo dicho por el narrador o por los personajes, revela en ocasiones la presencia del autor implícito; no explícitamente, lo que —claro está— sería imposible, pero con el acento que el lector ha conocido o reconocido en textos dictados por la misma voz. Su mano está, desde luego, en esos largos espacios de expectación abiertos por la memoria de un hecho (los tiros en la nuca del hermano asesinado, por ejemplo) en una página y no cerrados o continuados hasta casi treinta después.

Estas indicaciones sumarias, funcionales, recíbanse como anticipo del estudio pormenorizado que Saúl ante Samuel merece. Su complejidad estructural y algunos ardides menores, como el de no dar nombre a los personajes, tienden a imponer una lectura más intensa y concentrada, y me parecen estímulos más bien que obstáculos al incitante ejercicio intelectual que textos así provocan.

7

No siempre el novelista, el gran novelista, acierta en la misma medida cuando se trata de escribir cuentos o narraciones breves. Ni ser buen cuentista garantiza capacidad para moverse con la misma soltura en la novela. Galdós y Borges prueban lo dicho. Y la razón es clara: la novela y el cuento son objetos de la misma especie, pero de distinto género. No es seguro que la extensión sea lo que les diferencie, aun si por supuesto la novela haya de ser larga y el cuento corto.

Definirlo y trazar las fronteras que lo separan de otros tipos de ficción es empeño de resultados inciertos. Definiciones de practicantes como Horacio Quiroga y Enrique Anderson Imbert que realizaron alguna incursión teórico-crítica en el asunto no van mucho más lejos de señalar la brevedad como primera condición del cuento. Y ¿cuan breve será lo breve? Que pueda leerse en una hora para verlo de un tirón en su totalidad, decía Edgar A. Poe en su estudio sobre Hawthorne; que se lea «de una sola sentada», corrobora Anderson Imbert; que tenga soltura, energía y brevedad, previene Quiroga[17].

---

[17] E. ANDERSON IMBERT: *El cuento español*, Buenos Aires, Columba, 1959, p. 7; Horacio QUIROGA: «La retórica del cuento», en *Sobre literatura*, Montevideo, Arca, 1970, págs. 114-117.

El novelista crea un espacio literario en donde ocurren mil cosas, admirables u horribles: dilatados y varios, sus ámbitos consienten una extensión del tiempo y una presentación del personaje por sus pasos contados. El cuentista va derecho a lo suyo, referir un incidente sin demasiadas complicaciones y mejor sin ninguna. Esto implica una estructura sencilla en que cada elemento concurra a una finalidad concreta claramente intuída desde el comienzo. Quiroga señaló como recursos de efecto seguro empezar el cuento por el fin, comenzar ex-abrupto y repetir al final el motivo inicial[18]. *Recursos aprendidos de Poe, como de él aprendió la conveniencia de unificar el incidente en forma que cuanto se escriba sirva un designio invariable.*

Estruturas apretadas, ascéticas (rigor en la organización y en la coherencia), ajustadas a una trama tanto más eficaz cuanto consienta mover la peripecia con flexibilidad y rapidez, cargándose al paso de los incidentes susceptibles de enriquecerla. La intensidad estará en proporción inversa a las explicaciones que el narrador se permita.

El asunto puede ser tenue, pero es imprescindible: un leve sueño, un casi nada, poco más que un gesto —como en algún cuento de Azorín—, pero desde luego algo que reúna en la página sujeto, tiempo, espacio y ocurrencia. En torno al incidente o al personaje gira la narración, informando con fidelidad y concisión de un sucedido que sería trivial si las gracias del estilo no lo hicieran interesante y significativo.

La regla suprema es contar; regla elemental, en verdad, que no debe subordinarse a la efusión sentimental ni al adoctrinamiento; regla impuesta por la estética del renunciamiento aludida al hablar de ascetismo. Poner en tela de juicio lo tan obvio (y por ahí se extravía más de uno) es renunciar a lo más excitante de la aventura creadora. El montaje, las cadencias de la prosa, el ritmo, más que los temas, diferencia a un Chejov de un Stevenson, a un Benet de un Rulfo. Lo decisivo es el modo de contar, es decir —y vuelvo a lo mismo—, el estilo.

No se da unanimidad de pareceres respecto a lo que es-

---

[18] «El manual del perfecto cuentista», en *Sobre literatura*, p. 61.

tilo sea; la palabra abarca más de lo que suele creerse. El estilo da por supuesta una perspectiva («el hombre» de Buffon) que colorea cuanto toca y determina el modo de composición, ajustado a una visión y a un designio, y el modo de caracterización (descriptivo, directo, oblicuo) encaminado a iluminar o a dejar en sombra los entes convocados por el texto. Estilo es retórica en las imágenes (metáfora, metonimia, símbolo), según su dinamismo inclinará la narración a la condensación, a la distensión, a la aceleración... Tono y ritmo son factores estilísticos y se relacionan con el punto de vista (irónico, tierno, impersonal, emocional...) y con el lenguaje que los revela y establece distancias entre narrador y texto, y por implicación entre texto y lector.

Basta enfrentarse con las situaciones desde perspectivas diferentes para que todo cambie. Y no es preciso recurrir a Ortega para confirmar este hecho. El desarrollo de la fábula depende de la perspectiva y del estilo adecuado para contarla que se adaptará a lo que se ve y al sistema de motivos en que la visión cristaliza. Sin percepción, no intuición y sin intuición no punto desde el cual configurar la materia en núcleo de la sustancia (sustancia, igual a textura más forma). Bachelard y muchos con él piensan que la función poética consiste en «dar una forma nueva al mundo»[19]. Creación, pues, de una sustancia en la forma, configurada por el estilo. Benet, buen lector de Henry James, pudiera dar por suya la frase de éste cuando decía: «En literatura nos movemos a través de un mundo en el cual nada sabemos salvo por el estilo, pero en el cual también todo es salvado por él»[20].

Si esta proposición es válida, como creo, los cuentos de Juan Benet pueden ser buen ejemplo para demostrarla. Dejando a un lado las generalizaciones examinaré los casos concretos, los cuentos recogidos en este volumen que a mi juicio son los de mayor tensión dramática: narraciones de oscura refulgencia, alguna vez extrañas adrede, espec-

---

[19] Gaston BACHELARD: *L'eau et les rêves*, París, Corti, p. 81.
[20] Citado en William VEELER: *Henry James: the lessons of the Master*, The University of Chicago Press, 1975, p. V.

trales incluso, ambientadas en los recovecos tortuosos del laberinto —de los laberintos— siempre dóciles amigos del autor. Necesitó crear un mundo así, a imagen y semejanza de realidades turbias que por vías indirectas acaban por imponer la verdad de su consistencia. Si recurre al mito es porque esa verdad, «eterna», ya rozó con mano sigilosa los himnos homéricos, la tragedia remota.

¿No fue algo así lo escrito por Malraux en el prólogo a la traducción francesa de Santuario? Sí; y esa es una de las razones de la semejanza tan a menudo recordada entre Faulkner y Benet. Los dos han vivido, como Eurípides, en tiempos de destrucción, cuando la enajenación es la regla y la decadencia el signo de la época. Si Benet se complace en describir la ruina, Faulkner es el cronista de ella. Es su tema: el gran tema de los dos. Decadencia y ruina se asocian a la sombra: escenarios, paisajes y figuras parecen irreales, quebrados también. Algo pasa a sus gentes: el miedo, el amor o el odio..., que para el lector son vislumbres, visiones de una fragmentada realidad-irreal.

Hace muchos años titulé «El misterioso William Faulkner» un ensayo sobre este novelista. El calificativo cuadra bien a Juan Benet, en parte porque sus historias nos retienen al borde de la sombra, donde el caos ha instalado sus dominios. Luces precarias dejan las situaciones borrosas. Quizá es necesario buscar en otro texto la aclaración no leída en éste, renunciando a elucubraciones referenciales que los textos no piden; más bien las rechazan.

8

En «Una tumba» el lector se enfrenta con el mal absoluto, con el Mal sin atenuantes ni explicación lógica, con intervención de poderes sobrenaturales. Mal personificado en un espectro, pero que es anterior a él y le sobrevivirá. Aguda perpepción de la perversidad como poder de las tinieblas, manifiesto en los horrores. Horrores pugnaces e innobles a quienes se les siente palpitar, aprestarse a saltar al cuello del lector desde la entraña de la trivialidad. No cabe explicar racionalmente ni su razón de ser ni la entidad de su ser.

Embebido en las almas, parte y sustancia de ellas, al acecho o en plena operación, el mal es una realidad insoslayable. Los males visibles, individuales o sociales, pese a su frecuencia y a sus efectos parecen susceptibles de remedio porque son diagnosticables. Si el mal absoluto y oscuro, enfermedad del alma, es personificado en forma de fantasma o de demonio, es para hacerle vulnerable al exorcismo. Cuando en «Duelo» la perversidad adquiera forma reconocible, rostro y hasta nombre, el horror queda fijado, puestos límites al espanto; en «Una tumba» el mal es expresión de la sombra, dinamización de la negrura, de una perversidad respirable.

Que la narración sea escueta relación de hechos, sin comentarios ni apartes, con objetividad tan cabal que hasta parezca despego, contribuye a presentar los hechos con nitidez que la versión emocional hubiera enturbiado. La frialdad narrativa excluye la voluntad de persuadir y coloca al lector frente a los hechos, cargándole con el empeño de visualizar lo esbozado y de atribuir (de imaginar) un significado a esos hechos.

Historia de un espectro, un guarda y un niño, parte de la muerte, en el pasado, del viejo militar —déspota— abuelo del niño. Muerte «inverosímil», con un referente preciso escogido por su historicismo, es decir por su probada realidad (el asesinato de Rasputín). Como éste, el abuelo resiste tenazmente las tentativas de ejecutarle, y en definitiva resulta invulnerable a la muerte, pues la sobrevive en el fantasma que protege o acosa, según el caso, a los habitantes de la casa que fue suya y en cuyo huerto está su tumba.

¿Quién hace al espectro? Realidad en el texto, generador del texto, plantea cuestiones que lo trascienden. ¿Es producto de la imaginación, del miedo, del deseo? Aun si nos inclinamos por la afirmativa, el encono de la muchedumbre que profana su tumba revela una densa acumulación de horrores imaginados y temores vividos, una persistencia en el odio indicadora de la vitalidad de la amenaza sentida por quien lo padece. Extremos de la vio-

lencia presentados con la ambigüedad y la sutileza de un James y con la percepción —intuitiva, diríamos— de que el misterio es una realidad de que conviene tener conciencia.

Un momento del relato no solamente es dramático, sino muy revelador del enlace del episodio con la tradición. En la cuarta parte de «Una tumba», «el tío» cierra con dificultad la puerta del dormitorio del niño. La puerta se abre de nuevo, sin que el hombre consiga cerrarla «a pesar de empujarla con todas sus fuerzas, con los pies clavados en el suelo». En sus gritos («maldito, maldito») y en su jadeo se siente la presencia y el poder de la fuerza sin nombre, que sólo cede y obedece a la palabra del heredero que lo domina.

Pues bien, este incidente, tan bien entramado en el texto y en la narración, se relaciona con creencias —y sucesos— registrados en todas las épocas, incluso en la nuestra. Una investigadora de las tradiciones y ¿supersticiones? irlandesas ha recogido casos de que informantes dignos de crédito dieron testimonio. Mencionaré dos, claramente relacionados con la narración benetiana. La vicepresidenta del Eddington Women's Institute habló de cosas que sucedían en su casita de Glastenburg, cosas «no estremecedoras; solamente raras». Le resultaba imposible abrir la puerta de una de las alcobas, «como si estuviera trancada». Pero, añadía: «si se lo pedía cortesmente, se abría para mí sin dificultad, a menudo sin ser tocada.»[21].

No menos pertinente es lo contado por un tal William Butterfield. Trató inútilmente de abrir con la llave una puerta; algo extraño sucedía, en vez de levantar el picaporte, la llave giraba y giraba en la cerradura. Empujó y logró abrirla un poco, pero apenas entreabierta fue inmediatamente empujada y cerrada de nuevo. Con «un supremo esfuerzo, la forzó a que se abriera por completo, y de vuelta se cerró otra vez con un gran ¡pam!». En este instante un montón de pequeñas criaturas salieron y se fueron[22].

---

[21] K.M. BRIGGS: *The Fairies in tradition and literature*, Londres, Kegan Paul, 1962, p. 137.
[22] *Ibidem*, p. 133.

Así se produce el enlace, la conexión. Y el episodio fantástico está integrado en una narración configurada por la fusión de lo extraordinario y lo cotidiano, entretejido con hilos de una realidad de que es parte la historia. El misterio y la realidad histórica coincidentes en un texto y compitiendo en la naturalidad del horror.

Más complicado de lectura es el cuento «Duelo», cuyo título (combate, condolencia) apunta en dos direcciones: la pugna entre el protagonista y su criado, y el dolor de la señorita Amelia por la muerte de su única amiga. Todavía podía pensarse que el rótulo se refiere irónicamente al «pesar», ni fingido siquiera, atribuible al protagonista por la muerte de Rosa. Esta desviación irónica encaja bien con el estilo benetiano y —secundario pero no desdeñable— con las actitudes del autor, según ese estilo las declara. A través de una prosa impasible, distanciada, se describen acontecimientos cuya crueldad aún lo parece más por lo elusivo de la presentación, por el modo como el lector es llevado, poco a poco, a descubrir el horror de la narración.

Una primera observación se impone: en contraste con «Una tumba» y con otros cuentos incluidos en este volumen, «Duelo» está en buena parte dialogado: el narrador alterna la descripción en tercera persona con la escena dramática, es decir con la presentación en vivo y no reportada de los incidentes más significativos (con excepción del crimen).

Si alguna vez parece justificado hablar de goticismo en las ficciones de Benet, este sería el caso. La desmesura en la caracterización, la sensación de fatalidad —y de futilidad— inesquivable que planea sobre los personajes, el aislamiento espacial, la negación del tiempo histórico, son factores concurrentes en esa complacencia en lo extraño —y en lo horrible— que caracteriza el género llamado «gótico» en la literatura anglosajona.

Esto es lo más evidente: tal vez no es tan visible la reducción del espacio narrativo a espacio textual. Más allá de él no hay nada: para Amelia y para Blanco no hay escape, no hay otro lugar, otros lugares. Incomunicados con el resto del mundo, que —aquí— es Macerta, es Región, *nombres de lo inaccesible. Rosa llega a Macerta, para cobrar la pensión y para, al regreso, morir. Los personajes existen en el texto: este es el sitio de su vida, y de su confinamiento en el dolor.*

Quien sufre, vive. ¿A manos de quién? De una figura grotesca, apenas humana. El llamado Lucas se le aparece a Rosa —sección 5ª— como un «monstruo», «cara de cartón», «cabeza parada en la expectante y atónita actitud de un autómata de porcelana», «cara de invulnerable y desdeñable pasta»... Deshumanización evidente, corregida por otras observaciones que aluden a la negrura de su condición: «traje negro», «sombrero negro», «silueta negra». Negro que contrasta hasta con el nombre del criado, Blanco (un «blanco» es un cobarde), su víctima, unidos como lo están el verdugo y el torturado; dice el texto: «mártir y verdugo.»

Una veintena de veces el sombrero representa al personaje. Este uso sistemático de la sinécdoque tiene sentido en cuanto refuerza lo deshumanizado de la figura. La cabeza es accesorio del sombrero, suspendida o enroscada, «definitivamente unida» al sombrero que —definitivamente también— usurpa la posición reservada al protagonista. Las «persianas verdes», también sinecdóquicamente, anuncian el espacio de la última clausura donde Amelia teje su padecer, y el olor a lejía señala la presencia de Rosa. Además de su función representativa, las sinécdoques sirven para revelar indirectamente la consistencia del personaje: la malignidad sombría del protagonista, por ejemplo, o la condición servil de Rosa.

Texto tan cargado de alusiones, no podía rehuir la contaminación mitológica, y así, Amelia es una Penélope sin Ulises, reumática y desmemoriada, cuya misión «era coser y bordar indefinidamente, deshaciendo y reanudando con la ciega energía de un Sísifo la labor de 1934 ó 40 ó 50...». El goticismo a que antes me refería se relaciona con el de Faulkner, maestro del género. La narración «A Rose for Emily» es traducible con leve alteración del segundo nombre por «Una rosa para Amelia» (Emilia-Amelia). Flor marchita del principio y del final, y nombre del personaje, además de otro posible título de la narración.

Marchita ha de ser la ofrenda, para subrayar el paralelismo con la mujer asesinada. Y lo que se dice de Amelia conviene sin duda a Emily, «resto de otra edad», «sepulcro andando», «último vástago de toda una rama degenerada».

Las analogías con Faulkner no acaban ahí. El siniestro protagonista se parece a Popeye, el gangster de *Sanctuary*; es, como aquél, una especie de muñeco inmisericorde, siempre con sombrero, siempre sádico. Más curiosamente —pues si las relaciones intertextuales con Faulkner son previsibles, es raro encontrar la conexión con Galdós— Rosa, sirvienta que sostiene a un ama desmemoriada y medio lela, recuerda a la Benina de *Misericordia* en su condición y en su voluntad de mantener a la señora en el auto-engaño «inventando historias de apresuradas prometidas compañeras de novena y falsas catequesis...». El narrador la ve así: «Rosa la pobre, Rosa la buena, Rosa la humilde, la del corazón grande [...], Rosa una santa, criatura del cielo, pedazo de pan».

En los actos rituales del primer capítulo la palabra clave es «ceremonia», ceremonia irrisoria que consiste en depositar una rosa «cortada tiempo atrás», en la tumba de Rosa. Circularidad del rito determinante de una estructura narrativa que sirve para mantener vivo el recuerdo, y la amenaza implícita, en las víctimas. El ceremonial «año tras año conmemoraba su triunfo» (el del protagonista), y el sustantivo reaparece, incesante, en una narración en que el tiempo es el no-tiempo sin mañanas ni tardes, como el texto dice.

Ese tiempo detenido, ese vivir en un instante cristalizado (pero que ni siquiera se repite) reaparece con curiosas variantes en las ficciones de Benet. El orden «natural» de la temporalidad fue destruido, no ya invertido, subvertido, negado, y como consecuencia de esa destrucción los hechos aparecen en mentes y discurso oscilando entre la fragmentación y el caos.

Quizá, puesto que acabo de hacerlo al referirme a «Duelo», cabría sugerir para «Después» un título paródico, algo así como «Por quién suena la campanilla». Por quién y de qué mano procede el impulso que la hace sonar *y pone en movimiento la narración; pues la narración se mueve, aún si la acción apenas. Esa campanilla cuyo son deja indiferentes a los personajes, afecta en cambio al lector forzado a preguntarse por qué suena y para quién. Es un aviso, una llamada —claro— y el lector, oyéndola, siente la premonición, el símbolo, el signo de algo impreciso y que al reiterarse, lejos de aclarar su sentido parece diluirse en la trivialización.*

Construir un objeto literario destacando la utilización de la sinécdoque quiere decir que el carácter alusivo de las menciones será a la vez elusivo: la alusión escapa en y por su fugacidad misma. Veámoslo en «Después» (o retorne el lector a Un viaje de invierno, *donde emblemas y figuraciones textuales, operando en distinta dirección producen análogos efectos de esquividad —en la aprehensión— y de persistencia —en la reiteración—). «Después» es una narración de fuerza penetrante e insidiosa, conseguida por el diestro despliegue de los motivos. Despliegue en cuanto se esparcen en el texto; no en cuanto alarde de su presencia, disimulada en la cadena verbal.*

Sucesos ambiguos por la falta de antecedentes. Como en otros cuentos de Benet, pero más significativamente, lo que en este ocurre, ocurre después: luego hubo un antes. Ahora es después. En algún momento, antes, ocurre algo, una violación, una tentativa, tal vez solamente una intención, o un deseo...

De los dos personajes centrales, uno es joven, viejo el otro. Después del hecho realizado o pretendido, el joven fue confinado bajo la vigilancia del viejo... Casa en ruinas. Tiempo inmóvil (el reló no marca las horas) o, dicho más exactamente, instante dilatado en la parálisis que no lo diferencia de otros y al unirlo y fundirlo con ellos produce esa impresión de una inmovilidad que es espacio más que tiempo: en ella los personajes envejecen sin cambiar.

Los motivos operan en forma de sinécdoques. Lo que los personajes son y hacen, la síntesis de su existencia está representada en los vasos de aguardiente que infatigablemente sostienen en las manos. De esos vasos surge a veces el hombro femenino, metonímico emblema de la mujer del antes e inequívoco indicador de su presencia (de su persistencia) ahora. La memoria del joven está «destruida y dispersa en mil fragmentos irreconciliables»; en esos fragmentos habita el olvido y es precisamente de esos olvidos y no de la memoria de donde surge, alucinante, borrosa, la figura sin rostro: sólo una blancura, la blancura del hombro, siempre allí, aun cuando no se la mencione, obsesión del joven y del viejo, de ese uno y ese otro, semejantes y antagónicos. Juntos siempre, encerrados juntos; beben, luchan. Su destino y su existencia son análogos: aislados, condenados a progresiva decadencia que encuentra su paralelo en la ruina de la casa, incomunicados.

No comunican entre sí, ni con el exterior. En el curso de los años los únicos visitantes fueron «la mujer de la comida, el hombre del vino, la mujer de la ropa, la mujer de la venganza y, algunas veces al año, el doctor Sebastián». Este para vincularlos al mundo de Región. Sin ser sordos, no oyen («no eran sordos», reitera el narrador); no pueden o no quieren oír, ni siquiera los campanillazos de la misteriosa llamada que se repite a lo largo del cuento. Esos campanillazos son el primero de los motivos en darse de alta en el texto; los oye el lector en la primera línea y volverá a oirlos en los párrafos finales.

Con el motivo de la campanilla enlaza el de la mano infantil que la agita, o se diría que la agita (en el primer momento no es seguro; sí lo es veinte páginas más adelante), pues el narrador se limita a afirmar que la mano sale de las aguas. «Aguas del tiempo», cuya función está clara: «restablecer el verdadero equilibrio del caos». Ellas son el motivo más visible de la trama, y el de simbolismo más claro. Trama, pues, de motivos entretejidos: campanilla-llamada, mano-agua, enlazados según digo, constituyen el marco y el fondo, a la vez, donde los vasos predican la monotonía con el brillo del hombro desnudo emergiendo del olvido. Motivos menores: puerta cerrada, malla metálica sugieren la cautividad, la espera de nada y de la nada en que se consumen dos vidas entre tragos de castillaza, que es, justamente, «forma licuada de la nada», complementación de la subida creciente de las aguas posesivas.

¿Quién habla en «Después»? ¿Cuáles y de quién son

las voces que en el texto se oyen? La voz narrativa pertenece a un sujeto que ni habita en el espacio de la narración, ni siente el menor impulso de dejarse arrastrar a él. Voz distante, pero no indiferente, como lo indican la adjetivación y las imágenes. Sin aspirar a la omnisciencia, o tal vez reticente, el narrador recoge algunas palabras del viejo; ninguna del joven, inmerso en un silencio precursor del que la muerte le asegura. Se habla del presente y desde el presente, pero el pasado se ingiere en el discurso.

¿Se repite la tentativa de violación, en circunstancias diferentes, o es una alucinación del joven que, de regreso a la casa paterna, es acogido por una mujer, otra («una señora de edad»; la luz del hombro emblemático está ausente), que despierta los ecos de otro tiempo? El perfume, el aroma (como el ladrido del perro en «Espacio», de Juan Ramón Jiménez, resonante a distancia de años y mares) y la presencia de la camarera dan ocasión a una escena descrita con conflictiva duplicidad: el viejo insiste en que no es la misma, mientras el narrador, beligerante a su modo, insinúa que sí lo es.

El detalle con que se describe la pelea contribuye a reforzar su realidad, aun si es la realidad de una divagación imaginaria en que la mujer espera el cumplimiento de un acto iniciado años atrás. El brillo del hombro desnudo se asocia ya con «la pelota perdida», emblema del niño que fue, reapareciente en el último párrafo, cuando las aguas anegan la casa en donde el cuerpo del joven descansa en el ataúd. La mano infantil que emerge de las aguas (del tiempo) es la suya, como suya es la pelota que flota sobre ella (sobre la memoria ya extinta), final y único signo que sobrevive al olvido.

«Aguas del tiempo», y también aguas del sueño en que vive y de que vive el protagonista sin nombre; su vida es sueño y un sueño; el hombro desnudo; sueño de la inconsciencia y, por metonimia, del inconsciente mismo, de la espera de todo y de la espera de nada (de la visión, de la repetición, de la realización por fin del abrazo intentado en el ayer), de una espera que concluirá con la muerte. Y de esas aguas de sueño, de ese inconsciente surge la mano que llama, la mano del niño que anuncia muerte.

El despliegue reiterado, sistemático, de los motivos, aquí, como en los textos de Benet ya comentados, sirve una función intensificadora del significado. Lo que aisladamente pudo pasar inadvertido, subrayado y retenido por la acumulación y la repetición que le añade un plus de significación, adquiere distinto valor: la imagen opera como símbolo. El hombro desnudo, símbolo del deseo, entra en el tiempo y lo anula. Un símbolo, decía Coleridge, «es un signo incluido en la idea que representa»[23].

9

La aptitud, el don, la facilidad de transformar la vulgaridad en singularidad, lo cotidiano en misterio, se manifiesta en «De lejos» con notable relieve: «sorprendente», «inesperado», «velo de misterio», «timbre [de voz] enigmático» y expresiones de análogo jaez, dan el tono de un relato marcado por la ausencia del protagonista, de quién teniendo a su cargo la función protagónica, la cumplimenta «desde lejos», desde más allá de un texto donde su ausencia se traduce en presencia gracias a la tensa expectativa que de su llegada crea el narrador, para quien todo es «extraño».

Cabañas, monte, callejas, fonduchos apenas dignos de ese nombre, pertenecen a una realidad más bien sórdida que contrasta enérgicamente con el espacio de la inquietud de la mente narradora, creadora en la verbalización de sus propios recintos de ansiedad. Los encuentros con el personaje, mitificado de propósito, son en verdad apariciones («apariciones tránsfugas y casi irreales, en medio del sueño») que remiten a una «última realidad», contagiada de onirismo, situada extramuros de la razón y de lo razonable. Mundo oscuro, mundo de la sombra activa, como lo precisa sin equívoco la mención de Peter Schlemihl, el personaje de Chamisso.

No escatima el texto las sugerencias de la vacilación:

---

[23] Citado en Mrs. Murray ANGSLEY: *Symbolism of the East and West* (1900), reprinted by Kennikat Press, 1971, p. 213.

«Creo recordar», dice el narrador al comienzo de un párrafo y de otro y del siguiente. Así la textualidad declara su incertidumbre y cuanto a continuación recoja quedará marcado por la falta de certeza. Una escena singular se incrusta en la narración: el protagonista revive el encuentro de Emaús según la leyenda y el pincel la recuerdan; la descripción se ajusta con fidelidad al cuadro de Rembrand, en el conjunto y en los detalles. Claroscuro adecuado al indeciso trazado de la escena, de la situación, y de las que inmediatamente la siguen y la prolongan, convocando de nuevo al llamado Blaer, no tanto en persona como en imagen de la obsesión en que el narrador habita y en cuya palabra reconoce su propia voz.

Blaer, el protagonista, la alucinación y el alucinado, deja de existir cuando la sombra —como el personaje de Chamisso— le abandona. «Lo otro», lo indefinible desaparece tras asistir sin ser notado a un relato que acaba sin cerrarse. El marco de la narración, tan neta y convencionalmente puesto al comienzo, no es necesario al final, quizá por que los auditores fueron ausentándose para destacar la soledad de la voz narrativa que ya no necesitará el estímulo, «con un poco de hielo», que le fue suministrado mientras la narración duraba.

Del misterio al problema la distancia es considerable, mas acaso imperceptible. «Una línea incompleta», como toda ficción policiaca, presenta un problema, aún si por inclinación estilística del autor y del género, el tono la acerca a «De lejos» y a las narraciones «misteriosas», de que hablaré en seguida. Es, además, un cuento paródico (precursor de las páginas de En el estado ya comentadas). La pauta es transparente. Benet toma prestadas a Conan Doyle dos figuras arquetípicas de la narración policial post-poeana y anacrónicamente las traslada a Región (mencionando de paso a otro inglés bien conocido de la España de los cuarenta y de los cincuenta, Walter Starkie, aun si disimulándolo en su avatar bohemio de tiempos anteriores).

Si la ironía raras veces se distancia de la prosa de Benet, aquí la satura. La escritura es un juego y una delicia. Antes de introducir a Mr. Holmes y a su amigo, el narrador se consiente una divertida y nada fantástica divagación sobre la aparición en la comarca regionata de «viajeros ingleses con propósitos inconfesables o incomprensibles», observando que alguno hasta llegó «buscando una mujer para contraer matrimonio con ella».

Más en el contexto global que en el pormenor, pero en la misma dirección irónica y con mayor alcance significativo, opera la circunstancia de que los viajeros aparezcan en Región pretextando ser investigadores de arcillas y cenizas volátiles, determinando el que con el tiempo se convierta la tierra en «centro mundial de la ciencia de las arcillas y de las cenizas volátiles e incluso en lugar de peregrinación para keramólogos y koniortólogos», con lo demás que sigue.

Ironías, claro, que son apartes o digresiones en que el asunto no se diluye, aun si se sumerge imponiendo al lector una atención cerrada para retener el hilo de la acción. Lo digresivo, en Benet, suele encaminarse a ese fin; al lector de estas páginas le está vedado distraerse; los zigzagueos de la prosa son una tentación —como lo son los paréntesis, las observaciones marginales—; una tentación a la que se debe ceder, pero sin ignorar las razones de su propuesta y de su retórica.

El primer dato, ciertamente parvo, para identificar a los ingleses es la mención de las iniciales de uno de ellos, J H W, en las maletas de que son portadores. A partir del capítulo segundo se vislumbra quien es el nuevo narrador. A los conocedores de la obra de Doyle, el estilo y el modo le resultarán familiares: el narrador habla de su amigo, como el Dr. Watson de Holmes, reportando la situación inicial, la energía física y mental del hombre enfrentado con una cuestión difícil, las drogas, el brote neurótico... La información dibuja la figura; la parodia es minuciosa y cabal[24].

---

[24] Parodia no tanto de un cuento concreto como del modo narrativo de Conan Doyle y de sus estructuras casi invariables de presentación y desarrollo: los dos amigos en el despacho de Holmes, el visitante inesperado, las adivinaciones del protagonista y los indicios en que se basan, el modo de poner orden al relator, las observaciones factuales de Watson, las reacciones del investigador a medida que escucha al eventual cliente y su decisión de hacerse cargo del caso.

Las páginas en inglés son la clave del relato total, un centro que irradia hacia lo precedente y hacia lo subsiguiente. Cuento dentro del cuento —recurso favorito de Doyle—, todavía encapsula lo contado por el cliente del detective, semilla de todo lo demás, plantada por el autor no al comienzo sino aproximadamente a mitad del texto. Que la conclusión sólo sea concluyente para quien haya desenmarañado cuidadosamente la maraña de hipótesis de las páginas finales, parece probar que el parodiante, a diferencia del parodiado, consideró preferible envolver la solución en los laberintos y tornavueltas de la prosa. Ni las situaciones se dilucidan al explicarlas el narrador (más bien se complican), ni se cierran las puertas de la imaginación lectora. En la carta incompleta del final, se sugiere que el personaje femenino es una «aventurera» y no «la hija» del viejo Abrantes. Si así fuera, la tumba bien pudiera estar vacía.

El título de «Baalbec, una mancha», apunta a Proust (en Balbec y junto al mar, el narrador de A la recherche conoce a Albertina[25]). Y tal modo de contar y los ritmos de la prosa sugieren de alguna manera (por lo menos a este lector) un tipo de relato y un estilo de resonancias proustianas. Lo que se cuenta y aquellos de quienes se cuenta producen una curiosa sensación de déjà vu, de figuras encontradas alguna vez en un avatar distante.

«Baalbec, una mancha» es la narración más insistentemente regionata de Juan Benet. De la primera página cuelga el paraguas del doctor Sebastián, sinécdoque del médico reapareciente en diversos momentos de la saga, enlace entre los Mazón y los Abrantes, los Benzal y los Gamallo, la señorita Amelia y Blanca Servén. El narrador anticipa el título imperativo de la novela inmediata: «Quería volver a Región», y vuelve a la ruina del presente desde un pasado que recuerda bien. La analogía de lo ocurrido entonces con el teatro de ideas es muy consciente; pues el abuelo, como el Pepet de La loca de la casa, es el indiano emigrado que, al regresar de América, casa con la descendiente de una familia de clase social más elevada.

---

[25] Volumen segundo de *À l'ombre des jeunes filles en fleur*.

La ruina, tema siempre tratado con complacencia por el autor, enlaza con el de la decadencia de las familias. Volver a Región es enfrentarse con un mundo de cosas desvencijadas, rotas, destruidas. La narración descubre el efecto corruptor de la ruina en las almas, infectándolas y deteriorándolas. Una historia sórdida que, por una vez, se cierra sin ambigüedad, se resuelve en una frase que es tanto explicación como desenlace.

A raíz de publicarse «Horas en apariencia vacías» escribí que me parecía una pequeña obra maestra: sigue pareciéndomelo, y por las mismas razones: la reticencia estilística expresa con absoluta justeza la ambigüedad de la situación: la actitud del personaje central se revela en un silencio cuyo sentido puede ser contrario al que le atribuye quien, afanándose en descifrarlo, es capaz de atravesar las capas de aparente indiferencia que le distancian del objeto-sujeto de sus desvelos. Que el deseo de venganza (si deseo cabe en tal persona) se enclaustre en la pasividad puede ser insólito pero, dada la situación, no es ilógico.

Historia de guerra, aun si situada en la postguerra, puede leerse como postdata a Volverás a Región. *La figura central, enigmática y oscura, es —como el texto advierte— símbolo de «un ayer cristalizado en soledad», enigma puro que no descifra quien quiere sino quien puede. En cuanto «estampa» de la postguerra el incidente tal vez sea valorado por su valor documental; si así es, el acento recayó en el pretexto y no en lo que sobre todo lo reclama: el texto, duelo de silencios («simétricos») y callado choque en una zona tan remota del presente y tan inaccesible al superficial que sólo en el último instante y en el último párrafo podrá descubrir el capitán la malignidad hasta entonces oculta.*

En «Obiter dictum» el autor sale de Región, pero no del subgénero ya intentado en el cuento regionato «Una línea incompleta». Narración policiaca, mas construida en forma muy diferente. «Obiter dictum» se distingue por el empleo continuado del diálogo. Todo él es un interrogatorio o más bien una conversación en que el investigador se esfuerza por reconstruir los hechos que condujeron a un asesinato. Las reglas, por no decir las convencio-

nes del juego son observadas con rigor, y el realismo de la escena es acentuado por la profesionalidad del diálogo.

Según progresa éste la información se acumula, el lector va tomando conciencia del asunto y sopesando por encima del hombro del personaje las maneras posibles de entender el problema y de resolverlo. El es el llamado a decidir; para él dialogan los personajes y su aceptación de los razonamientos del comisario convertirá el final en desenlace.

Con «Catálisis» y «Syllabus» el lector regresa a los predios de la fantasía; lo cotidiano es la textura en que lo fantástico se inserta, para inducir a su aceptación y por condicionamiento estructural. A diferencia de «Una tumba» y de algún cuento no incluido en este volumen («TLB») aquellos no tratan con espectros, sino de otra cosa, aun si la presencia del intruso, en «Syllabus», pudiera relacionarse con ellos.

Los cuentos de que trato son versiones condensadas de dos temas «clásicos»: el desplazamiento espacial y el doble. No hay por qué detenerse en el estudio de los numerosos y a menudo ilustres precedentes del uno y del otro. En distintas ocasiones he investigado la cuestión y a lo dicho remito al curioso lector. Entiéndase que la proclividad de Benet a frecuentar los territorios de la imaginación es una respuesta personal —y negativa— a las limitaciones del realismo.

Instalados en la costumbre (no en el costumbrismo, bête noire del autor) los personajes de «Catálisis» pasan de la diaria monotonía a lo desconocido. En el espacio literario, y sin alterar ni su consistencia ni su unidad, acontece un desplazamiento súbito, un ingreso de las figuras en un ámbito irreal. Todo era familiar, preciso, acostumbrado, y «súbitamente» un sonido, o la sombra de un sonido, un relámpago, o su eco distante declaran un cambio, una transformación en el paisaje y en el personaje, perdido y sin resguardo en los territorios desconocidos. Es, en su extrema sencillez de construcción y narración, un cuento de terror: no de miedo, como el experimentado ante un peligro concreto, sino de pánico ante una amenaza que precisamente por ser indefinible paraliza a quien lo padece.

Nada distingue mejor a «Syllabus» que el sentido del humor. No diré más sobre la ironía benetiana, tan visible en esta narración. El título, académico y un poquito pedantesco, se refiere al programa a desarrollar por el protagonista. La normalidad es la norma y la anormalidad la sustancia; otra vez el discurso plantea la realidad de lo irreal, y declara oblicuamente la voluntad de moverse con entera libertad en el espacio literario.

Atribuir intención paródica a «Syllabus» sería aventurado; sí parece lícito relacionarlo con una ghost story de Henry James, «The jolly corner», pues la analogía en el enfrentamiento del Yo con el Otro (encarnado en la imagen de lo llamado por Unamuno Yo ex-futuro, posible un día, mas eliminado por el Yo que es) resulta plausible. El joven estudioso tardíamente inscrito en el curso del profesor manifiesta la diferencia de condición en la singularidad del comportamiento. Como el habitante de la casa en donde se instala el personaje de James, su condición es incierta, su conducta extraña. Y tampoco será descaminado asociar al extraño discípulo con el importuno visitante de William Wilson y con el rival del señor Goliadkin, aunque a diferencia de las criaturas de Poe y de Dostoievsky, no se parezca a su víctima.

«Insolencia», «falta de interés», su actitud revela proximidad y distancia; hostilidad que recuerda la de los personajes recién citados respecto a los que duplican. Enfrentado con su doble juvenil, eminentemente crítico (con su conciencia, perdida en el ayer), el profesor se siente juzgado, acosado, y al fin derrotado. Como la criatura de James, no resiste el enfrentamiento con ese otro que se parece al que pudo ser; cae desplomado (aquél desmayado) en el párrafo final. Que el cuento tenga un lado didáctico es una de las ironías de esta historia profesoral.

10

Las «fábulas» son, según este nombre indica, vehículos de una lección moral o, ateniéndonos al diccionario de la Academia, «ficción artificiosa con que se encubre una verdad», encaminada en definitiva a proporcionar «una enseñanza útil o moral». Los dos únicos ejemplos publicados hasta hoy de lo que tal vez sea una serie, se ajustan a lo indicado, y la lección moral es taxativamente explanada en el párrafo final de la segunda y sugerida en la conclusión de la primera.

Sí, dicho esto, añado que «Amor vacui» envuelve, implica o sugiere una moral y no sé si también una lección, acaso el lector proteste. Como las fábulas, esta narración no figura en la edición de cuentos completos publicada en 1977, ausencia explicable por ser cabeza de una serie en curso de escritura.

Comienza como un poema, no dedicado al sujeto-objeto sino al receptor, al «tú» que escucha la confidencia, fábula o parábola del deseo que conduce a nada. René Girard lo ha dicho, como sintetizando la lección deducible de «Amor vacui»: «Cuando el sujeto deseante toma posesión del objeto, encuentra que está cogiendo el vacío...»[26]*. Reflexión sobre una insuficiencia y descripción del ansia de conocimiento, que se realiza en la creación y sólo en ella.*

En un excelente artículo recién publicado, Kathleen Vernon lo ha visto así: «Conforme con esta percepción del caso, se pone en duda la realidad de esa mujer que sólo existe como instrumento del placer, acumulación de partes corporales conjurada por la fantasía masculina. Entendido así, el final del relato cobra otro sentido; la mujer-fantasía, irreal creación del narrador, engendrada de sus ilusiones, se desprende del velo, incapaz de resistir, de tener voluntad propia, cosa imposible en las frágiles criaturas fabricadas por los sueños. [...] El deseo no ha conseguido producir una mujer de "carne y hueso", de existencia duradera, pero ha logrado darla ser y consistencia en la narración»[27]*.*

Ignoro si Benet conoce una temprana página de André

---

[26] *Deceit, Desire and the Novel,* John Hopkins University Press, 1976, p. 174.
[27] Kathleen VERNON: «Amor, fantasía, vacío en un cuento de Juan Benet», *Insula,* n° 410, enero, 1981, págs. 1 y 10.

Gide en donde el narrador descubre el vacío tras o bajo el vestido de la mujer. La cito como muestra de una curiosa coincidencia entre escritores poco afines. Leemos en Gide: «Se me apareció muy hermosa, vestida con un traje largo bordado que caía sin pliegues hasta sus pies, como una estrella; estaba derecha, con la cabeza inclinada y sonriendo levemente. Un mono se aproximó saltando y alzó el vestido balanceando los bordes. Yo tenía miedo de ver y quería volver los ojos, pero a pesar mío miraba. Bajo el vestido no había nada: estaba negro, negro como un agujero, y yo sollozaba de desesperación. Entonces, ella cogió con las dos manos los bajos del vestido y lo echó sobre la cara. Se volvió como un saco. Y ya no ví más; la noche se cerró sobre ella...»[28].

Las diferencias saltan a la vista. Lo descrito por Gide es una pesadilla y su carácter simbolista (recuérdese la fecha de la publicación inicial de los Cahiers, 1891), transparente. Las actitudes llevan la marca de la época, y lo constatado es una ansiedad y no una certidumbre. Aun así la coincidencia es interesante: la mujer reducida al hueco, y, en Benet, explicada como objeto de placer de consistencia huera. El refinamiento del erotismo y de la escritura conducen blandamente a un final que, excusándome por lo manido del adjetivo, bien puede calificarse de desolador.

11

Después de las fábulas y de «Amor vacui» convendría hablar de otro Benet, del autor de cuentos tan divertidos como «Garet», narrado con una desenvoltura que se complace en acelerar el mecanismo de la acción; por el modo de su desarrollo, y sobre todo por el tono, este texto cede a una tentación generalmente vencida por el autor: la de la comedia de costumbres. Algo así apuntaba en «Nunca llegarás a nada», lo que indica la persistencia de una inclinación, de un aspecto de su personalidad que no

---

[28] André GIDE: *André Walter. Cahiers et Poésies*, París, Les oeuvres représentatives, 1930, p. 226.

hay por qué soslayar. Dejo para otra oportunidad el análisis de esta manera benetiana, no representada en este volumen.

Sí diré algo de «Sub rosa», una de las narraciones más sustanciosas de su autor, y representativa de su inclinación a la novela de aventuras en la línea de Stevenson, Melville y Conrad. Más cerca de la novela-corta que del cuento, y no solamente por su extensión sino por su alcance, por ir más allá de la presentación de un incidente o de un carácter. Utilizando una pauta estructural de probada eficacia, crea un mundo denso, con figuras compactas, sobriamente delineadas, atravesado por pasiones oscuras. Como los escritores mencionados, intenta una penetración en lo llamado por Harry Levin «el poder de las tinieblas».

La figura de Basterra, protagonista de la historia, responde a una mitología conocida: el marino taciturno con un secreto que la novela no dilucida sino presenta, esparciendo en el texto las claves necesarias para que el lector forme opinión o, si tanto puede, alcance una conclusión. Sub rosa significa lo dicho en confianza, bajo reserva, y sugiere un tipo de comunicación de cierta intimidad entre emisor y receptor. El narrador parece decir cuanto sabe del asunto, pero no puede o no quiere ir más lejos de la información limitada de que dispone: su omnisciencia no es tan completa que le permita entrar en las conciencias y exponer las motivaciones de las conductas; se suponen o se sugieren, pero no se establecen con seguridad.

Como en la mayoría de los textos benetianos, se solicita del lector una atención infatigable. Los acontecimientos exteriores son consecuencia, proyección, reflejo de movimientos íntimos, de pasiones cuya fuerza es intensificada por el silencio en que crecen. El empleo de las técnicas de retroceso ilumina retrospectivamente lo que primero parecía sellado y hermético: el carácter y las razones del protagonista.

Que no está solo, aunque desde el centro del escenario sean su conciencia y su perspectiva las que determinen el giro de la narración y su forma, es tan obvio que el hecho puede pasar inadvertido, como «la mirada que el reo, en el extremo de la escala, había levantado hacia él en el momento de descender a la bodega». Si momentos así se pierden, puede no constatarse la realidad del otro, su función estructural complementaria más que antagonista, y la presión que ejerce en las decisiones del personaje central.

Liberado de sus reservas por la conveniencia de mostrar en el cuadro la bravura de las situaciones, despliega el narrador una virtuosidad contagiada de lirismo a que otras páginas, otros argumentos no se prestan. La descripción, lejos de gratuita o superflua, resulta ser un modo preciso y aconómico de introspección. El mar, el viaje y sus accidentes quedan encuadrados en el misterio de personalidades que no acaban de ponerse en claro (a veces, como la del reo, apenas son un apunte, un brote que no germina, una turbia relación con el pasado). Años antes de «Sub rosa» había escrito Benet un ensayo sobre la novela del mar, asociándola con la novela del misterio[29]; y lo conseguido en su narración es una fusión, una integración de la una y la otra para explotar a fondo la invención del misterio que, conforme anticipara: «cumple un doble objeto al poner de manifiesto el interés que despierta todo enigma y al sacar todo el provecho de la intriga que despierta el curso de la investigación, el suspense, como ahora se llama». Y a la vez explotar el «misterio permanente» que aureola la novela del mar[30].

Al lector de los cuentos de Juan Benet, una observación se le impone: sus ficciones breves y sus novelas componen una unidad cuyas partes se complementan y mutuamente se aclaran. He señalado, al pasar, algunas conexiones; muchas más pudieran establecerse si el espacio lo consintiera. La ironía, las contradicciones y amplificaciones, las alteraciones de la temporalidad, la preponderancia de la memoria en la exposición, la complacencia en lo incierto, la utilización de pautas míticas como apoyo de la estructura..., cuanto en suma se relaciona con y contribuye a la

---

[29] «Algo acerca del buque fantasma», en *La inspiración y el estilo*, Revista de Occidente, 1966, p. 126.
[30] *Ibidem*, págs. 126 y 127.

complejidad del estilo refuerza esa unidad, que a estas alturas pocos negarán.

Y ya concluyendo, una advertencia: pudiera ser que el sentido de las ficciones benetianas se resista en algún punto al desvelamiento total; pudiera ser, incluso, que ni siquiera convenga esforzarse en alcanzarlo. Así lo piensa, por ejemplo, Ignacio Soldevila: «sería inaceptable la reducción racionalista de todas ellas (las pistas dejadas por el narrador en el texto) en un coherente desvelamiento del misterio»[31]. El texto es un reto y leerlo es aceptarlo: cuanto hay en él reclama comprensión, y la función del lector —iba a escribir, extremosamente, su misión—, impuesta por el texto mismo, consiste en dilucidarlo. Y esto no supone negar un problematismo que se complace en la ambigüedad y deja indecisas ciertas zonas. En este sentido tiene razón Soldevila: respetar el texto, «entenderlo», es en última instancia aceptar un código en que lo equívoco debe ser mantenido en cuanto la equivocidad sea parte necesaria de las postulaciones del texto. Mas si partes de la historia han de quedar en la sombra —laberintos sombríos— el acto narrativo —laberintos verbales— puede y debe ser rigurosa y puntualmente descifrado.

RICARDO GULLÓN

---

[31] Ignacio SOLDEVILA: *La novela desde 1936*, Madrid, Alhambra, 1980, p. 333.

UNA TUMBA
Y OTROS RELATOS

UNA TUMBA

I

La tumba había permanecido abierta casi un año, o quizá dos; y la profundidad que en un principio tuviera la fosa quedó reducida, al término de la guerra civil, a su mitad, expuesta a los rigores de un invierno —o quizá dos— y convertida durante los meses húmedos en una charca sucia y en un criadero de mosquitos en la estación cálida.

Estaba bastante lejos de la casa, en un lugar apartado de la finca, en el centro de un cuadrilátero rodeado por un macizo de mirabel, con un arco de entrada de hierro forjado coronado con una cruz añadida con posterioridad y una chapa en forma de banderola enroscada a ella —que en su día tuvo una leyenda que la intemperie había borrado— y cerrado por aquella cancela de la tarde muerta de verano que, tras atraer en otoño todas las hojas caídas en las inmediaciones, sólo se abría en invierno para barrer la mullida y húmeda hojarasca y despertar, con un rechinar triste y prolongado a todos los asustados supervivientes que habían buscado el calor de la putrefacción para resguardarse de la helada. No en vano todo el año permanecía apoyada contra ella una de esas escobas de jardinero, formada por un haz de retamas secas liadas a un palo con un alambre: una alegoría del ciclo anual. Y todo el recinto —que media comarca tenía al mismo tiempo por sagrado y maldito, venerando y execrable— se hallaba a su vez en el extremo de un antiguo jardín de una media fanega de extensión y descuidado desde hacía mucho tiempo, cuya traza parecía haber cambiado al compás de los avatares políticos de la España contemporánea.

Casi toda la guerra el recinto permaneció cerrado, la cancela con una cadena y un candado y todo el cuadrilátero protegido por una triple línea de alambre de espino, escondido entre mirabeles y aligustres. Y cuando el guarda —ya hacía lo menos un mes que la región había sido ocupada por las tropas del coronel Gamallo—, después de barrer los dos peldaños, tras abrir el candado y desenrollar la pesada cadena, empujó la cancela, antes de abrirla del todo, el niño, escabulléndose entre sus piernas se introdujo en el recinto para encaramarse a los labios de tierra que bordeaban la fosa, cubiertos de tallos muertos de tobas y tojos voraces y esqueletos de tirsos silvestres.

  El guarda lanzó una maldición y quiso golpearle con el mango de la escoba. «Hostia de niño» dijo, al encaramarse al mismo montón y contemplar —por primera vez en uno o dos años— el agua estancada de la fosa, de color chocolate verdoso, circundada por una orla de baba negra y salpicada de cadáveres de insectos y hojas podridas y tallos flotantes envueltos en una minúscula pero tensa telilla pelágica. Entonces el sol brilló como no lo había hecho en muchos meses y la sombra del niño fue proyectada, de los pies a la cabeza, todo a lo largo de la tumba para fijar sobre aquella película impresionable la silueta que el dominio había elegido como seña de identificación y reconocimiento del depósito que le tenía reservado. Un poco de arena, empujada por sus propios pies, cayó al agua y toda la sombra tembló al ser recorrida por las ondas que habían de grabarla de manera indeleble, sobre el papel de una tarde que languideció —y se levantó un súbito ramalazo de aire fresco— al tiempo que el sol (desganado había acudido a extender el documento, molesto de ser requerido para tales oficios y fatigado de aquel formidable poder que no podía ser transferido) se retiró de nuevo tras el seto de árboles de las cercas exteriores. El guarda había traído consigo una azada y un cubo; la primera para abrir una zanja a través de los montones de tierra que bordeaban la fosa y el segundo, con una soga atada al asa, para agotar el agua. Pero aquella tarde no pudo acabar la faena porque se les vino la noche encima y volvieron a la casa con las herramientas al hombro, después de echar la cadena y cerrar el candado. El guarda —era un hombre viejo y de pocas palabras, que toda su vida había trabajado en la finca; un día se comportó como un cobarde y desde años atrás le había sido retirada la licencia para uso de armas de fuego— le dijo al niño que caminara detrás de él, sin detenerse en el camino ni volverse a mirar, sucediera lo que sucediera. A pesar de que lo había sentido detrás durante todo el breve trayecto hasta la casa solamente cuando llegaron al portalón de la cochera y entró en el área débilmente iluminada por la tulipa del arco, el guarda se volvió hacia el niño que se detuvo al mismo tiempo que él, obediente y sumiso en aquella zona de penumbra en la que ni el mismo cubo insinuaba su volumen en el vacío del campo. Dejó la azada junto al poyo de la entrada y le dijo al niño que pasara y cuando sus pisadas sonaron en las losas de la cochera sintió, si no la presencia a hurtadillas que se ocultó más allá de la luz rozando las sutiles aristas del vacío, al menos aquella otra clase de corpóreo soplo que agitó —perdiéndose— las tinieblas más próximas de una noche escabrosa y fría.

Al día siguiente, después de comer, volvieron a la faena. El guarda parecía hacerlo de mala gana, como si hubiera recibido un mandato llegado desde muy lejos que le era imposible impugnar, desoír o discutir. Llevó también un rastrillo, un podón y una pala. Primero desaguó la fosa; cuando estuvo lo bastante vacía para que el cubo apenas cogiera agua, echó dos o tres paletadas de tierra dentro y saltando sobre un rincón casi seco, continuó agotándola sirviéndose de una lata de atún abollada que había encontrado en el camino. Luego empezó a palear la tierra de los bordes y el interior, hasta descubrir por sus cuatro lados la fábrica de ladrillo que formaba la sepultura; con el podón cortó las raíces que habían crecido entre las juntas y en el tertel del fondo que luego fue rastrillado y allanado hasta estar en condición de recibir de nuevo un féretro. Cuando hubo concluido lanzó las herramientas por el aire, más allá del montón de tierra, pero antes de encaramarse al muro para salir de la fosa el niño saltó dentro, arrastrando algo de tierra consigo por lo que el guarda lanzó una imprecación. El niño, sin decir nada, se agarró a una pierna suya estrujando los pantalones de pana y escondiendo la cara en su espalda; el guarda por vez primera lo cogió por el pelo —sin violencia pero también sin delicadeza—, le obligó a desasirse de su pierna y le hizo girar la cabeza y alzar la cara para mirarle de frente. En tono más familiar y quedo, incluso con algo de apego y ternura le lanzó a los ojos la misma maldición que el niño aceptó con la supina y sumisa obediencia con que había recibido años atrás la mirada de advertencia paterna, una boca entreabierta que ofreciera a las alturas el fugaz y jubiloso agradecimiento por la mano que, con negligencia y a su pesar tal vez, había descendido sobre su cabeza para desterrar el instante de soledad. Pero entonces el guarda con inusitada agilidad saltó fuera de la fosa, casi sin necesidad de apoyar las manos sobre el sardinel del muro, y echó a correr en dirección a la entrada. Ni siquiera había tenido tiempo de ver cómo mudaba la expresión, cómo giraba la cabeza, detenía el gesto y aguzaba la vista y el oído en dirección al soplo —las hojas que se movían, la maleza cómplice que quería refugiarse en la inmovilidad y el silencio para ocultar la presencia que las agitaba—, al igual que el perro instantáneamente despierto y atento por la proximidad del amo. Y luego, tratando de encaramarse al muro para mirar por encima del montón de tierra, le oyó uno de sus breves juramentos acompañado del chirrido de la cancela, reiterado una y otra vez por el movimiento de vaivén de una de sus hojas. Cuando el niño, abandonando la fosa, logró encaramarse al montón de tierra que la bordeaba alcanzó a ver los últimos esfuerzos del guarda: empujando con todo su ímpetu contra una de sus hojas consiguió cerrar la cancela que en el último punto de su carrera —pareció que en un instante se hubiera disipado la resistencia que se oponía a sus brazos— golpeó violentamente contra la otra provocando una prolongada vibración que fue amortiguada cuando el guarda —agotado y sofocado— se apoyó de espaldas contra ella, al tiempo que se secaba el sudor de su frente y observaba incrédulo y estupefacto

—jadeando profundamente— al niño encaramado en el montón de tierra.

Ciertamente el niño ya había contemplado en otras ocasiones apoteosis anaranjadas y confusas e inacabadas cabalgatas en el cielo de la tarde, más allá del seto de la entrada de la finca. Y los ecos de la batalla de La Loma habían llegado hasta sus oídos insomnes en forma de un rugido continuo y carente de notas, como el gruñido de un perro escondido más allá del horizonte iluminado ante el pálido resplandor rojizo que, de tarde en tarde pero a intervalos iguales, era violentado por una débil protuberancia blanca. El niño la había visto llegar por el techo de su habitación, girando en la penumbra desde un extremo a otro; había oído sus llamadas —que atravesaban muchos techos y paredes— e invocaciones y, como si la espiara desde un escondrijo, pues no otra cosa podía ser su insomnio para todos aquellos que le tenían por dormido, le había sido dado a escuchar algunos fragmentos de sus conversaciones que a él sin duda se referían cuando mencionaban al querubín. Pero en aquella ocasión el guarda —que tenía bien demostrada su falta de coraje— le obligó a volver a casa marchando delante de él sin detenerse una sola vez y sin volver la cabeza. Aquella madrugada debió caer una de las últimas y fuertes heladas del invierno porque a la mañana siguiente cuando el niño, burlando la vigilancia del guarda que se lo había prohibido expresamente, se acercó a la tumba abierta saltando por encima de los barrotes de la cancela, su atención quedó sujeta y fascinada por sus propias huellas en el fondo de la fosa, solidificadas por el hielo sucio de color caramelo que recubría las medias lunas de sus tacones. Quizá podía descifrar algo en ellas, como si se tratara de una leyenda en una de esas escrituras cúficas de un solo símbolo de cuyas diferentes posiciones en el plano es preciso derivar el significado; y algo que se relacionara —cómo no— con el enigma de aquella soledad circundada siempre de lejanas, silenciosas e insinuantes manifestaciones, gracias a las cuales el niño había advertido que podía sospechar que su situación actual no era más que una espera antes de su transporte a un más allá que otras personas

—nunca presentes, la señora era la más cercana— le tenían prometido. Pero era condición necesaria el secreto, en tal medida que no se podía hablar de ello y ni el guarda ni María, su mujer, deberían maliciarse nunca que su custodia había de terminar en breve porque estaba destinado a lugares muy distintos.

El campo había quedado en completo silencio en los días que siguieron a la batalla. Pero en contraste se empezaron a oír por la finca las voces del guarda que debió despertar con ella; porque los dos años largos de guerra los había pasado sentado ante la mesa de la cocina, con los puños en las sienes tan trastornado, aturdido y obcecado que nunca probó caliente el plato de cardos o colleias hervidas que su mujer introducía entre sus codos, dos veces al día. Quizá no había hecho otra cosa que pensar en el niño desde que cerraron la casa y lo trasladaron a su vivienda y la mirada que se cambiaron la primera mañana que le despertó en su nuevo lecho —una cama metálica en un cuartucho húmedo pintado de azulete y separado de la cocina con una tela de colchón a guisa de cortina— vino a establecer el reglamento de recelo que le impedía mirarle a la cara para no dejar traslucir el temor que le infundía. El niño debía saberlo. Se preguntaba a menudo qué era lo que sabía el niño, y de dónde derivaba aquella prestancia que le revestía de una cierta majestad, de dónde sacaba fuerzas para superar su naturaleza asustadiza con un carácter tan reflexivo. Y sobre todo, no podía hacerse cargo de cuál era su manera de reflexionar. También puede decirse que casi toda la guerra transcurrió para él sentado en el otro extremo de la misma mesa de cocina, con la cabeza recostada sobre el brazo a modo de cojín, copiando incansablemente en un cuaderno —con una letra patuda y unos símbolos y garabatos incomprensibles— aquel libro de lecturas que la señora le había regalado al partir, recomendándole que lo tuviera todo escrito para su vuelta cuya fecha ni siquiera en el entorno de las vagas precisiones que el niño requería se atrevió a fijar. El guarda no sabía leer pero su mujer sí, aunque con muchas dificultades; y a pesar de que ésta le había dado en repetidas ocasiones seguridades de que se trataba de cosas inocentes y propias de su edad que nada les iba a ellos, el guarda no podía a menudo dejar de levantar la vista con la mayor zozobra hacia aquellas páginas (no podía saber si estaban sucias o limpias) que denotaban un saber que no estaba a su alcance y en las que, a causa del misterio que las envolvía vislumbraba la presencia del poder hostil que había pactado directamente con el niño para atraer a su casa la discordia y el apetito de destrucción.

   Así que cuando terminó la batalla se sintió aliviado, pensando que no tardarían mucho en venir a buscarle. Pero a las tres semanas de ocupada la ciudad sólo apareció un cartero —por aquel temido camino de Pacientes— con una carta que le entregó en mano y que —a falta de alguien más versado— el niño fue encargado de leer mientras su mujer, a espaldas de él, se secaba las manos en el delantal al tiempo que supervisaba una lectura que no comprendía. El guarda no replicó nada, volvió a sentarse a la cabecera de la mesa y toda la tarde estuvo espiando al niño y a la mujer con ojos inquisitivos, buscando el signo delator de la connivencia que había sido concertada a espaldas suyas. Sólo miraba al niño cuando afanado en su cuaderno de ejercicios hundía su mirada en su propio quehacer. Cuando —suspendida en el aire una de tantas interrogantes, apenas insinuado el soplo de una incitación o levantado el dedo invisible de aquella voluntad que anunciaba las mañanas o sepultaba las tardes a su capricho, en el lenguaje del silencio de una cocina tan sólo metrada por el silbido del cuchillo que pelaba las vainas— el niño levantaba la vista (no en busca ya de una mirada a la que acogerse sino escudriñando el vacío que al menos podía ser ocupado con la espera de la respuesta, ya que no con la respuesta misma) el guarda se ocultaba de ella. También había estado pendiente de su lápiz —regalo asimismo de la señora, que el niño guardaba como su mejor tesoro—, conjeturando qué había de durar más, si la guerra que le había procurado aquel cuidado tan peligroso o el lápiz que cada quince días menguaba un poco y que el propio niño, andando el tiempo aprendió a economizar una vez que comprendiera, que no se sabe qué precoz poder de anticipación no dirigido al entendimiento sino a la conservación no inteligente de la esperanza, que era más soportable la soledad que el fraude de una desilusión cada mediodía. La carta permaneció abierta toda una tarde o quizá dos, en el centro de la mesa de la cocina, mientras el niño escribía y dibujaba sus ejercicios y su mujer, María, pelaba patatas que echaba a una olla sujeta entre sus rodillas. De vez en cuando cogía el papel, lo miraba y tocaba y lo repasaba por ambas caras (mientras el niño y la mujer observaban en silencio los síntomas de su zozobra) y volvía a dejarlo en el mismo sitio, presa de un inmitigable trastorno. Y aunque ninguno de los dos lo había comprendido cabalmente —redactado con toda probabilidad en los términos más evasivos y compulsorios— ambos aceptaron su decisión de despejar la tumba al día siguiente como consecuencia de la orden que, al no decir otra cosa, por fuerza había de referirse al estigma que permanecía abierto para vergüenza de su memoria y memoria de su cobardía.

* * *

La tumba había sido profanada en las primeras semanas de la revolución en pleno verano. Poco antes había llegado el niño a la casa, recogido por unas amistades de su padre y trasladado y depositado allí para protegerle de las amenazas que sobre todos los de su nombre se cernían en la capital. Tiempo atrás el niño había estado en la casa, en compañía de su padre, para visitar al abuelo. Pero dos o tres años antes de la guerra el abuelo había muerto y su padre no había vuelto a poner los pies en la casa, para no añadir mayores y más numerosas desavenencias a las que ya le separaban de su hermano menor. Así que cuando el niño llegó allí, no sólo no conocía a la señora —que habitaba la casa desde pocos meses antes en compañía de dos sirvientas— sino que apenas tuvo tiempo de besar a su tío en el momento en que hacía sus precipitados preparativos para abandonar el lugar y buscar un refugio en otra provincia donde su nombre fuera menos conocido. Pocos días después de marchar su tío, apareció la venganza por el temible camino de Pacientes. La señora había ordenado al guarda apostarse en la puerta pero ni siquiera se oyeron sus voces. Cerraron y atrancaron todas las puertas —no había dentro más que tres mujeres y un niño— y desde un ventanuco del sobrado observaron la llegada de la turba —arrastrando un par de cabritos—, unas pocas cabezas que sobresalían por un camino hueco, a menudo ocultas por las hayas, con palos y herramientas al hombro como esas procesiones de maleantes que en el cuadro flamenco se aproximan al santo —en el momento en que sufre las más singulares tentaciones— para turbarle con un concierto de embudos y cacerolas. Se detuvieron frente a la casa —el niño se abrazó a una pierna de la señora, hundió la cabeza en su vientre, era la primera vez que lo hacía— y empezaron a dar voces, levantando las manos y los puños: lanzaron maldiciones, apedrearon todas las ventanas, tentaron las puertas para forzarlas, incendiaron un carro y unos cuantos enseres viejos que se guardaban en un antiguo establo y tiznaron y pintaron los muros con símbolos obscenos y blasfemos y letreros vindicativos y siglas proletarias. Era media tarde cuando, entre risas y gritos se dirigieron a la tumba cantando y con las herramientas al hombro. Primero deshicieron la lápida a porrazos —era una sencilla losa de mármol, sin ningún símbolo religioso, con una sola inscripción de un nombre y sus fechas de nacimiento y muerte—, cuyos pedazos esparcieron por el descuidado jardín que la rodeaba. Luego la excavaron con saña, en busca de aquellos restos malditos y temidos, que nadie posteriormente pudo llegar a saber adónde fueron a parar si es que en verdad se encontró algo. Y por último, hicieron una gran hoguera dentro de la fosa —recogiendo leña y fagina seca y cuantos restos combustibles encontraron alrededor de la casa— en torno a la cual toda aquella noche de verano formaron un corro, asaron los cabritos, bailaron al son de un acordeón, se bebieron unas garrafas de vino que allí quedaran para siempre y borrachos y frenéticos, fornicaron como siempre habían deseado hacerlo, sin ninguna clase de miramientos, y dando voces a la vista de los camaradas. Algunos durmieron allí, otros se fueron retirando con las primeras luces del alba, tan agotados que ya no pararon ninguna atención a la casa silenciosa y cerrada; y ya brillaba el sol bastante alto cuando a la vivienda del guarda llamaron para pedir agua los más recalcitrantes: un par de jóvenes con las gorras ladeadas arrastraban a un tercero colgado de sus hombros que a pesar de no poder sostenerse sobre sus pies —los pantalones los llevaba alrededor del cuello— saludó al guarda con un viva a la revolución cuya intención era desmentida por su tono sombrío y apologético

II

Aquella noche la señora no se acostó; en cambio acostó en su cama al niño, tras haber retirado el crucifijo que la presidía. Entraba y salía de la habitación y a ratos se sentaba a los pies de la cama para acariciarle por encima de las sábanas; y paseando una mirada desconsolada por los altos techos de la habitación le decía: «Todo esto será tuyo»; en sus manos se delataba, a pesar de su presencia de ánimo, un cierto nerviosismo que no encontraba el camino por donde salir del cuerpo y hallar el reposo y retenida un instante su atención por una uña o un hilo de su vestido, volvía a dar unos pasos, repitiendo: «Todo esto será tuyo un día.» Cerca de la madrugada —el niño gozaba de una duermevela— recostó su cabeza en la almohada, vestida y acurrucada junto a él, sin meterse dentro de la cama, y pronto quedó dormida. Su aliento despertó al niño que al sentirla tan cerca —sus bucles le acariciaban la mejilla— se incorporó haciendo equilibrios para no turbarla y le dió un beso en los labios entreabiertos. Y cuando ella replicó con un sonido interrogativo incomprensible —surgido de aquellas profundidades ignorantes en las que permanece despierto y acechante, rodeado de tinieblas y sólo iluminado por sus reflejos instintivos, aquel agente prerracional al que le es confiada la seguridad del cuerpo cuando la conciencia duerme— el niño volvió a su posición en la almohada fingiendo dormir, al tiempo que en las sombras y en torno a él se cernía la presencia protectora que sólo era capaz de percibir cuando no se sentía desamparado, un envoltorio de algodón negruzco y cálido, prefigurando la aurora paterna y en todo momento a punto de concentrarse en él, que por añadidura repetía y sumergía algunas formas humanas de los seres más próximos —miradas y labios, voces y espaldas— y en el que sus propias palabras no pronunciadas venían a fundirse con las llamadas de aquellos que en el más allá paraterrenal le instaban a formar parte del grupo.

Días más tarde —se habían serenado los ánimos y la señora había prohibido a toda la comunidad acercarse al lugar de la profanación— llegó a la casa un coche bastante destartalado, pintado de camuflaje y con unas grandes letras que anulaban el efecto de aquél. Descendieron tres hombres que preguntaron primero por su tío y por la señora después. No había tal señora, era soltera. El que parecía mandar sobre los otros era un hombre joven y moreno, con una cara afilada y dura, con patillas en boca de hacha que apuntaban como flechas hacia las hondonadas sus pómulos; no llevaba gorra pero sí una cazadora de cuero abierta, una pistola a la cintura y unos pantalones kaki de polainas con medias botas enterizas, cerradas con hebillas. Mientras bajaba la señora se sentó en una butaca del despacho, cruzó las piernas, encendió un cigarrillo y preguntó al niño quien era. Cuando la señora entró él no se levantó. La señora estuvo un rato de pie, y luego, a una indicación de él se sentó a su vez. Al hombre parecía gustarle dar a entender con el gesto que dominaba la situación; preguntaba poco, con una actitud tajante y hosca, y aguardaba las respuestas de la señora mirándola de refilón a través del humo del cigarrillo, forzando una arruga en la comisura de los labios. En un momento dado hizo un gesto a sus camaradas que, abandonando la habitación con el niño, cerraron la puerta del despacho para dejarles solos. Luego registraron toda la casa, acompañados por el niño, pero no se llevaron ni un papel. Cuando terminaron, viendo que se prolongaba la entrevista en el despacho, salieron fuera para esperar a su jefe sentados en el estribo del coche; al niño le enseñaron sus pistolas y le preguntaron ciertos particulares respecto a la señora que al niño, además de no saber responderlas (pero se referían a cosas que germinadas dentro delataban un crecimiento que empujaba, agrietándola, la superficie de la conciencia, como la bulba de una planta, palabras fetales cuyo significado quedaba envuelto en el misterio de su propio amasijo, un día destinado a adoptar una figura terminante y poderosa), hicieron enrojecer.

Una vez que se fueron, la señora estuvo más locuaz y animada. Pasearon un rato juntos, viendo los establos y cochera vacíos, los restos del carro incendiado. Aquella noche el niño se decidió a comerciar con su insomnio; llamó a la puerta del dormitorio de la señora —con insistencia— y al recibir una vaga respuesta se introdujo en la habitación, llegándose hasta la cabecera de su cama para, con su expresión más acongojada, hacerle saber que no podía dormir. Ella le hizo un hueco en el lecho y al poco rato de haber apagado la luz se fingió el dormido para hundir la cara entre sus pechos y posar la mano en su cintura y así disfrutar en el insomnio de aquella cálida y perfumada compañía —como nunca había gozado— y que con el contacto del cuerpo se trasponía al ciego limbo de los anaranjados antepasados, la anaranjada aurora paterna de la que —sin saber por qué— había sido exonerado para, sin culpa ni explicación, ser arrojado a la soledad de la finca.

Días después volvió —a la misma hora de la media tarde— el coche destartalado, ocupado tan sólo por el jefe del grupo. El niño fue el primero que le distinguió (ya sólo quedaba una sirvienta en la casa) y salió corriendo a recibirlo. Traía bajo el brazo un desordenado envoltorio de papel de estraza, cubriendo una serie de latas y paquetes sueltos, de donde extrajo una pastilla de chocolate que alegró al chico. Preguntó por la señora pero antes de que el niño pudiera responder, volvió de nuevo al coche y del asiento de atrás sacó un juguete —envuelto también en papel de estraza y atado con una cuerda mal enlazada— del que le hizo entrega, acuclillándose hasta poner la cara a su altura. Su talante había cambiado respecto a la vez anterior, debido quizá al hecho de que estando solo se podía permitir unas licencias —y hasta una cierta simpatía— que no se toleraba en presencia de sus subordinados. El chico deshizo el envoltorio de un tirón antes de que la señora saliese a la puerta de la casa; era un coche de carreras, un modelo que el niño conocía muy bien, un juguete muy caro pero que no estaba nuevo: tenía alguna abolladura, la pintura se había saltado en algún punto de una rueda abanicada. Cuando tras haberlo probado en las losas de la entrada, se dirigió corriendo a la casa para mostrarle al cabecilla cómo corría, se topó con las faldas de la sirvienta que, por orden de la señora, debía acercarse con el niño hasta la vivienda del guarda para llevarles un paquete y dar un paseo hasta la hora de cenar.

Aquellas visitas, en días y semanas sucesivos, menudearon hasta el punto que por fuerza tenían que echarle de menos cuando faltaba más de dos fechas seguidas. Siempre traía alguna chuchería para el niño, que éste recibía intrigado y complacido, aunque su alegría era nublada tanto porque nunca podía compartir el juego con el único hombre que visitaba la casa cuanto porque a su llegada era despachado a pasear con la criada hasta la hora de preparar la cena. En contraste al término de la visita la señora parecía más animada: la sentía más afectuosa y próxima a él, como si el momentáneo distanciamiento hubiera servido tan solo para demostrarles una proximidad más permanente y por suspendida más evidente. Cuando tras acompañarle al coche y cambiar sus últimas palabras con él, volvía a la casa y encontraba al niño cenando, a veces le echaba por detrás los brazos al cuello y le besaba en la oreja o en el cogote al tiempo que una guedeja suelta de su cabellera le cubría y acariciaba la cara. Y por si fuera poco —y era quizá por lo que el niño esperaba más las visitas del comandante, mucho más que por las chucherías y las golosinas y el reencuentro a la hora de la cena— por uno de aquellos convenios tácitos que a partir de uno primero parecen dictados por reflejos involuntarios que suprimen toda formulación, estaba resuelto que los días que se produjera la visita el niño había de dormir toda la noche en la cama de la señora. Y además había dejado de padecer el insomnio; ambos se dormían a la vez, hablándose por lo bajo y repitiendo, casi palabra por palabra, aquella misma conversación que iniciaban cuando el niño metido en la cama seguía regocijado el ir y venir de la señora para soltarse el pelo, lavarse los dientes y ponerse el camisón. Cuando cerraba los ojos con la mano en su cuello, la señora no tenía más que repetirle: «Esto será tuyo ¿qué harás con todo esto cuando sea tuyo?» para que el niño, por no responder con aquella invitación que siempre tenía a flor de labios pero que una temerosa premonición le impedía formular para evitar que se rompiera tan necesaria incertidumbre con una negativa que no podría afrontar ni discutir, conciliara un sueño tranquilo y sereno, con la unción que la imperfecta posesión de aquel cuerpo tan temprana, aromática e irremediablemente querido le embargaba para resistir a su lado el temor a la separación con que se anunciaba todas las mañanas. Un día que no bajó acompañando al visitante, no tuvo el niño fuerza suficiente para irse a su cama sin verla: y aunque la sirvienta le acomodó en la suya —recomendándole que no la molestara porque con toda probabilidad se encontraba indispuesta— no bien hubo apagado la luz y oyó cómo cerraba la puerta del comedor el niño se dirigió a oscuras al cuarto de la señora, dispuesto a reclamar una cuota que no le podía ser negada por una mera suposición. Estaba dormida pero se introdujo en su cama, más impregnada que nunca por el perfume de su carne; pronto su brazo le atrajo hacia su pecho, con un leve susurro somnoliento y un movimiento de todo su cuerpo; su calor era distinto, más próximo y radiante, y también lo era el gesto de su mano al apretarle bajo la nuca; y cuando el niño se arrimó a ella solícito y obediente a la imantación antes de advertir que se hallaba desnuda, su propia piel había adivinado el secreto cifrado y escondido por el tiempo —niñez que retrocedía a la ignorancia al mismo instante que un dolor futuro, aprovechando la revelación, venía a cobijarse en un recóndito reducto sólo accesible en la desesperación y trataba de despojarse de su pijama para curar su cuerpo en su calor. Aquella mañana una sonrisa de indulgente picardía no sólo desvaneció su arrobamiento sino que —con otra clase de dictados— vino a confirmar la más tenebrosa y atractiva premisa de la revelación. A partir de aquel día durmieron con frecuencia juntos y desnudos, acariciándose mutuamente en la oscuridad solamente mitigada por la luz de un supuesto, las reverberaciones de aquella única pregunta que reflejadas en su cuerpo blanco bajo las sábanas introducían un débil sendero iluminado y dirigido hacia un imposible. Por eso era mucho más opaco. La luz que desprendía su cuerpo podría iluminarle hasta su reencarnación en la forma de un hombre, no necesariamente dominado el ansiado timbre del padre por la voz de las alturas, pero también podía no ser así de vuelta a las sombras al tiempo que él era asunto al lugar que le tenían deparado. Y el niño al acariciar con su mano aquel vientre y depositar su tímido beso en su ombligo —mientras a las alturas, no a él, parecía ella preguntar lo que haría con todas sus posesiones—, sin duda se veía a sí mismo como aquel joven de la leyenda que al aproximarse a su imagen reflejada en el agua no podía sentir más que el horror que le inspiraba la cara que obediente a su voluntad —repitiendo sus guiños y balbuceos— por fuerza pretendía ser dueña y depositaria de sus sentimientos. Reconocía así a otro, indefectiblemente condenado al amor y dolor de aquel cuerpo y cuando sus cinco afiladas y puntiagudas uñas, apenas tocando su piel, trazaron cinco surcos —y a oscuras podía ver los brazos blancos al punto transformados en las rojas muestras de los arañazos que no más de unas horas perdurarían en su espalda, al igual que la luz tan sólo iluminaría una parte de su trayecto para evocarle a las sombras sin poder volver hacia atrás en pos de ellas— desde el arranque del cuello hasta la cintura, tal vez su carne insomne había anticipado toda la respuesta que podía dar al enigma de una soledad cerrada al tiempo que los surcos eran abiertos por sus dedos, para hacerle comprender en toda su fugacidad como sólo tenía una azarosa e incompleta solución en el atisbo de un placer que el anhelo agranda, en el engrandecimiento de una esperanza cuyos contornos multitudinarios nunca serán ocupados y en el sutil progreso de un deseo que al alimentarse tan sólo de un supuesto nunca fue ni será satisfecho, devolviendo al desconsuelo lo que nació de la imaginación.

Deslumbrado por la misma revelación, con una venda en los ojos había de permanecer desnudo y acurrucado junto al cálido cuerpo de la señora también desnuda durante ¿cuántas horas de una mañana que avanzaba hacia el otoño en el silencio platinado de las hayas que no rodeaban la casa? y que de nuevo fue roto por la algarada de la turba. Esa vez entraron en la casa profiriendo gritos y llevando tras sí una cabra atada a una cuerda que comenzó por mordisquear las paredes encaladas y terminó balanceándose subida a una mecedora para comer el respaldo de rejilla. El guarda no hacía sino observar fascinado el montón de muebles y enseres que iba creciendo delante de la puerta principal y el saqueo y la exorcización les ocupó de tal manera que la señora —encerrada en el pequeño escritorio con el niño entre sus brazos— no tuvo ninguna dificultad en llamar por teléfono a Región para solicitar la ayuda de su amigo. Incluso tuvo tiempo suficiente de hacer un par de maletas con sus ropas y efectos personales, al tiempo que la gente del pueblo entraba y salía para despojar lo que había sido su dormitorio y acuchillar las sábanas y mantas de su cama. Cuando llegó el coche hacía poco que habían dado fuego al montón de muebles, habían cerrado casi todas las habitaciones, habían encendido pequeñas fogatas en algunas de ellas y, tras colocar algunos crucifijos al revés, colgaron bastantes ristras de ajos en las puertas, tiznaron muchas paredes de símbolos religiosos y obscenos y recorrieron toda la casa con una pequeña procesión encabezada por la cabra y seguida de un perchero adornado con un chambergo y una capa y que luego, en el centro del vasto zaguán, fue apedreado. Y de repente los cuatro subieron al coche que pronto se había de detener frente a la vivienda del guarda. Allí se apeó ella y tras hacerle unas recomendaciones, colocarle firmemente entre las manos su cuaderno de deberes con el lápiz dentro y darle un fuerte abrazo acuclillada frente a él —mientras su amigo en el asiento del conductor le instaba a apresurarse—, tras pasarle sus dedos perfumados por los ojos que empezaban a llorar y darle un beso final en la frente —toda la revelación tenía en un instante aquella intolerable, tumultuosa y abyecta confirmación en el caos que (y esa era la segunda parte que el conocimiento trataba furiosa y silenciosamente de recusar, para volver a la ignorancia de segundos o de años antes) venía a invadirle y sólo podría ser dominado por la figura del dolor— subió al asiento delantero, cerró la portezuela y agitando un pañuelo de colores fuera de su ventanilla el coche desapareció, en las últimas luces de la tarde, por el camino de Pacientes.

Un par de horas más tarde la turba pasó de nuevo, de vuelta al pueblo, gritando y cantando, no lejos de la vivienda del guarda. El guarda, su mujer y el niño —que no osaron salir de la casa— trataron de distinguirlos en la noche, escudriñando por las rendijas de las contraventanas. Cuando todo quedó en calma salieron en la noche con mucha cautela pero el incendio ya se había extinguido y tan sólo un débil resplandor se destacaba contra el volumen en sombras de la casa; en contraste con todas las fachadas cerradas y atrancadas lo que había sido su dormitorio había quedado por un incomprensible olvido iluminado y con las contras abiertas y así hubo de quedar durante mucho tiempo. La mujer del guarda le tomó del brazo pero el niño tampoco podía llorar ni moverse; con un escalofrío había vuelto a sentir los cinco surcos abiertos, para desatar a través de ellos aquella avalancha de furor y coraje que al menos había de sepultar las lágrimas tan fútiles, anodinas e incómodas como la lluvia que al caer crepitando sobre el incendio, incapaz de aplacarlo, sólo añade el sarcasmo al poder de la devastación. Muchos meses más tarde, un año después o tal vez dos pero antes de que comenzase la batalla la luz se apagó de improviso y definitivamente pero para el niño un sabor del que no era responsable ni acaso conocedor había recogido el aviso que se le había hecho llegar con obstinada y premeditada anticipación.

III

Era la cuarta generación que sufría su enojo. No había disminuido un ápice sino que, antes al contrario, parecía haber ido en aumento, enfurecido más y más por su deshonroso final. Pero incapaz de golpear y revolverse contra sus enemigos —tal hubiera sido su deseo— su forma de vengarse adolecía de cierta innata torpeza como si maniatado en el más allá, sólo le fuera permitido patalear de vez en cuando.

Sin seguridad había muerto a manos de sus adversarios políticos, allá por el año 84 del siglo pasado. Había muerto después de una fiesta de bautizo expresamente organizada por sus enemigos de toda clase, para tenderle una celada. Como de costumbre había pavoneado de la paternidad de la criatura y de esa manera no expresa —con sugerentes guiños y apartes de rincón (para mayor indiscreción) sobre ciertas intimidades de la madre— que hace suponer faltas mucho más pecaminosas que un simple desliz. En el banquete estaba presente el padre —que no era con todo el más ofendido— y a sabiendas de que podían haber llegado a sus oídos las noticias de su jactancia, se presentó en la casa sin acompañamiento, vestido de paisano y con un revólver en el bolsillo interior de la levita. Pues habían adivinado que su naturaleza jaque y arrogante no pasaría por alto una ocasión para poner de manifiesto su hombría como la que le proporcionaba aquella invitación, en la que además una nota añadida a mano sobre el cartón, con letra cursiva inglesa, le informaba de que asistiría también a la fiesta —y no acompañada de su marido— una señora a la que tiempo atrás había tratado de cortejar, con escasos resultados. Esa era la clase de desaires a la que no podía acostumbrarse y a toda costa había de tratar de sacarse una espina tanto más aguda cuanto con mayor certeza le constaba la ligereza de la conducta de aquella dama con unas personas de mucho menos nombre y prestancia que los suyos. Con aquella nota —respaldada por cierto por la presencia de la señora— no sólo se pretendía asegurar su asistencia sino también conjurar toda clase de acompañamiento.

Le sentaron junto a la señora, no lejos de los padrinos, enfrente de la madre y del cura, que también participaba de la conjura si no es que se trataba de uno de sus organizadores. Le sirvieron bastante vino y la señora se permitió adentrarse con él en una conversación licenciosa y cuando consideraron que más lejos se hallaba de toda sospecha le sirvieron una perdiz estofada con cien gramos de cianuro potásico, una dosis suficiente para terminar con una punta de ganado. Sin embargo terminó el plato —y aun lo rebañó— sin dar la menor muestra de malestar por lo que a continuación —en el momento en que estaba más enfrascado en la charla— le fue servido un buen pedazo de pastel de hojaldre y nata con la misma dosis de veneno. Entonces vieron que empezaba a sudar, que sus ojos se apartaban de vez en cuando de su vecina, que se llevaba la servilleta a la boca y a la frente y que la situación podía ponerse comprometida si se despertaba su recelo antes que perdiese el conocimiento; porque en el fondo todos los comensales le temían. A la mitad del pastel se levantó vacilando y —no sin excusarse ante sus vecinos de mesa— abandonó el comedor para dirigirse al retrete de la casa. Allí al parecer sufrió un pequeño desvanecimiento del que pronto se repuso, se metió los dedos en la boca para provocarse unas arcadas y tras refrescarse la cara con agua y sosegarse un poco volvió a la mesa en el momento en que eran servidos el café y los licores. Pero nada más sentarse y arrimar la taza a los labios se desplomó bruscamente sobre su vecina y, salpicando su brazo con el café y arruinando su vestido, cayó al suelo. Tal como estaba previsto, y en medio de grandes alarmas, fue asistido por los comensales —uno de ellos era farmacéutico— y llevado en andas hasta la cama más próxima donde le depositaron boca arriba, le aflojaron el cuello de la camisa y le abanicaron. Le trajeron un vaso de sales y, a ruegos de los más responsables, todos los invitados se reintegraron al banquete mientras el enfermo quedaba en manos de dos conjurados, en espera de la llegada del médico. Al parecer el vaso de sales contenía otra fuerte dosis de veneno para el caso en que volviera a recobrar el conocimiento; así fue, abrió los ojos, durante un instante les contempló —horrorizado y deslumbrado por la visión pasada— y trastornado por el asombro acercó dócilmente los labios al vaso pero al primer buche se incorporó con inusitada energía, abalanzándose sobre aquel que velaba su reposo para agarrarle por el cuello al tiempo que le escupía el líquido, lanzando toda clase de improperios contra ellos, contra Dios y contra la religión. Casi le había derribado cuando a sus llamadas de auxilio acudió el otro que viendo la apurada situación en que se encontraba su compañero descargó sobre la cabeza del brigadier un terrible golpe con un candelabro de bronce, haciéndole rodar por el suelo, de nuevo sin sentido. Un hilillo de sangre muy delgado brotaba de su alborotada cabellera para inundar la cuenca de su ojo cerrado. Volvieron a depositarle en la cama, enjuagándole la herida cuya hemorragia trataron de cortar con agua timolada; su corazón seguía latiendo pero sus pulsaciones —sonoras y expectantes, como la caída de esa gota que, cortada la fuente de agua, ha de esperar a tener el volumen suficiente para romper el menisco— cada vez se espaciaban más. También el médico —o lo que fuera— participaba en la confabulación, así que —con tacto— despacharon a los pocos invitados que no estaban al tanto de los sucesos y el resto de los conjurados viendo que la agonía se prolongaba más de la cuenta decidió esperar el desenlace apurando el licor, tras dejar un retén en su cabecera. Ya era de noche cuando el sonido de un disparo levantó a todos de la mesa para correr hacia las escaleras: en el rellano superior el brigadier se sostenía con dificultad, sujetándose a la barandilla. No sólo les detuvo el arma que blandía en la derecha —un revólver negro de cañón corto— sino su aspecto terrible —la cabellera alborotada, media cara con una mancha de sangre que ocultaba un ojo hinchado, la gorguera suelta y el cinturón desabrochado, la levita cubierta de repentino polvo— buscando con su único ojo desorbitado el camino más corto para cobrarse venganza. Cuando empezó a bajar los peldaños —el arma apuntaba al suelo, balanceándose en su brazo inerte— todos los conjurados, apiñados en el arranque de la escalera, comenzaron a retroceder pero antes de alcanzar la salida el arma apuntó hacia el hueco de la puerta. Un disparo destrozó la cristalera y el grupo se disolvió, atropellando los muebles y parapetándose unos y otros tras las sillas y sillones. Poco a poco a fuerza de golpes se extinguieron las luces y en la semioscuridad, rodeado de cierta fosforescencia, le sintieron descender las escaleras a pasos graves y espaciados, acompañados del eco sordo del peldaño o de la violenta y vindicativa pulsación de su corazón. Tal vez fue el agrio e interminable estruendo de los cristales rotos que cayeron al suelo —como si nunca hubiera de terminar, una última aguja vencida por su inestabilidad provocaba todavía el correr casi líquido de diminutos fragmentos augurales sólo detenidos por las tinieblas— lo que de nuevo iluminó el salón tan sólo para destacar, enmedio del destrozo, la puerta abierta por la que había escapado el fugitivo. En el suelo del dormitorio yacía el retén, con un hombro destrozado por el balazo. Entonces se echaron al campo, en busca del fugitivo, y soltaron los perros. Al parecer no había transcurrido una hora desde que abandonara la casa y sin embargo los perros dieron con el rastro a casi una legua de distancia; lo descubrieron en un claro del bosquecillo donde se había refugiado, tras el tronco de una gran encina donde sangrando, sujetándose con una mano los pantalones y el dolorido vientre, trató de hacerse fuerte; pero llevaban lámparas de petróleo y armas de fuego; con todo, el primer perro —hacía una noche de poca luna y bastante nublada— que se aventuró en el claro cayó abatido por un solo y certero balazo que le atravesó el pecho; cambiaron unos cuantos disparos y uno de los cazadores resultó malamente herido en el vientre y cuando sintieron que, carente de munición o tras haber sufrido un nuevo desmayo, no daba en su escondrijo signos de animación se abalanzaron sobre él, echando primero los perros, para acabar con su vida a puñaladas y culatazos. Incluso le dispararon a bocajarro dos disparos al pecho. A la vista de los sucesos decidieron deshacerse del cadáver y aquella misma noche lo arrojaron a un pozo de unos cincuenta pies de profundidad, situado en la misma propiedad y no lejos del lugar donde quisieron rematarle. En evitación de posibles complicaciones se propusieron a la mañana siguiente, muy de madrugada, no sólo borrar todas las muestras de la cacería sino condenar el pozo —por tiempo indefinido— con una reja o una losa de fábrica. Cuando fueron a inspeccionarlo, con un peón que hacía las veces de albañil y que era de toda confianza del propietario, su alarma cundió de nuevo ante el rastro de un cuerpo, manchado de barro, que había traspasado el brocal para a los pocos metros perderse por el campo de encinas en dirección distinta a la que habían traído la noche anterior. Mientras unos fueron a buscar nuevamente los perros y dar la señal de alarma al resto de los conjurados, el peón iluminándose con una antorcha, bajó al fondo del pozo provisto de una barra, al objeto de inspeccionar el tirante de agua de poco calado. Pero antes de informarles de que a su entender allí no había cuerpo alguno, ya habían salido con los perros en busca del resucitado. Poco menos que les llevó todo el día dar con su rastro; le encontraron tirado en una cuneta del camino de Pacientes, a una legua más o menos de su casa, y en tal estado que sólo a duras penas le pudieron reconocer: su ropa era un amasijo de harapos húmedos, con numerosos agujeros por los que asomaba una carne blanca y señalada con moratones; casi no tenía cara, embadurnada con cieno negro manchado de sangre seca con una guirnalda de hojas podridas en torno a su cuerpo; más que un hombre se hubiera dicho una especie de arcaico, desmesurado e indefenso molusco que carente de caparazón ha de proteger su casi informe naturaleza con cuantos restos le oculten de los depredadores y bajo cuyo pusilánime y torpe aspecto late una pugnaz y no descontenta sangre convencida de llevar a un término el propósito de una existencia amenazada por todos los flancos, a no ser por aquel único blanco, casi marfileño y delicado (enmedio del barro y la hojarasca podrida) pie desnudo que con un movimiento pendular mecánico e involuntario señalaba las espaciadas y violentas pulsaciones de su corazón. Ni siquiera les miró; con la punta de un cañón apartaron las hojas y abrieron la camisa para descubrir su pecho cubierto de vello blanco.

Luego seis u ocho fusiles o escopetas disparaban a la vez con los cañones apuntados hacia el suelo y a dos palmos del pecho en que abrieron un boquete del tamaño de una gatera; no hizo un sólo gesto de réplica y tan sólo el pie desnudo se abatió sobre el suelo, casi sin que girara la pierna como si se cortara el cable que mantenía unido aquel imposible y obediente péndulo, desconectado para siempre de los impulsos del mecanismo; y allí mismo, sin cuidarse ya de las apariencias cavaron su fosa de casi dos metros de profundidad y que años más tarde su hijo —pasando por alto las habladurías que corrían sobre su vida nómada— convirtió en una tumba más honorable, con una lápida de mármol y un jardín a su alrededor, pero no por eso menos secular a causa de la negativa de la autoridad eclesiástica a sacramentar la última morada de un hombre blasfemo, que había muerto abjurando de su Dios y de la fe de sus mayores.

La lápida fue rota y repuesta en numerosas ocasiones y la leyenda quería que a manos del propio demonio que albergaba el difunto. A raíz de su muerte la fama de su ubicuidad tomó nuevo cuerpo y más luctuosas dimensiones. En verdad aquella noche que fue asesinado llegó a su casa al mismo tiempo que la jauría le buscaba por la propiedad vecina; entró como un golpe de viento estando su cubierto preparado para la cena hallándose su hijo ausente de la casa por aquellos días. Se dice que tan sólo se dirigió a su despacho para abrir la vitrina donde guardaba sus armas de fuego que al día siguiente apareció abierta y a falta de un fusil francés que estimaba mucho, capturado por él mismo en la acción de Olot. Al pasar de vuelta por el comedor tomó por el cuello la frasca de vino para beberse sin pausa todo su contenido; luego, en un acceso de ira, tiró del mantel arrojando al suelo cuanto había en la mesa y de un culatazo destrozó el aparador donde se guardaba la mejor plata y porcelana de la casa. Al estruendo acudió la servidumbre con tiempo solamente para contemplar los destrozos de su paso y la puerta de la entrada principal en el momento que golpeaba contra su marco. Ya en vida se había hablado del desdoblamiento de su personalidad; pues en el mismo verano, el mismo día y a las mismas horas en que se le había visto combatiendo al infante don Alfonso en Cuenca, trataba de detener el avance del cabecilla Savalls por la carretera de Ripoll a Puigcerdá y con el mismo arrojo, con la misma brutalidad y... con la misma gente. De forma que el capitán de voluntarios —que había abrazado la carrera de las armas llevado por su vehemencia; que gustaba hacer gala de su desprecio a los militares de profesión y a toda clase de enseñanza escolástica desde que, airado y resuelto, había subido a su montura, seguido de tres fieles, para volver las grupas a los firmantes del Convenio de Amorabieta— el mismo día que fue promovido en las llanuras del Riansares al rango de comandante por Serrano Bedoya, recibió de manos del propio Martínez Campos las insignias de brigadier en el campo de batalla geronés, entre las aclamaciones de sus compatriotas y subordinados.

Lo mismo cabía decir de su vida civil. Cuando con los numerosos ceses de hostilidades y treguas de aquella desordenada e intermitente guerra volvía a casa, nunca se podía decir con seguridad si paraba en ella, si dormía en su cama o si acompañado de un perro y un viejo asistente que montaba la guardia en la propia puerta del dormitorio, reposaba en el lecho de una señora no necesariamente viuda ni necesariamente vecina. Y cuando en cierta ocasión fue requerido por la autoridad judicial para responder a una acusación de flagrante adulterio no le fue difícil echar por tierra todos los testimonios y pronunciamientos en contra con el concurso de una dama de influencia que sin la menor vergüenza —abrochándose el chaquetón y levantando la barbilla con orgullo sin dignarse mirar a la mujer ultrajada— demostró a la audiencia la impropiedad de la acusación por cuanto podía jurar ante los evangelios que el brigadier no había abandonado su casa ni su lecho en los días de autos. Así que para muchos —para ciertas mujeres, en particular— gozaba de ciertos poderes demoníacos el menor de los cuales no era, sin duda, su capacidad para conjurar la esterilidad, razón por la cual se fue creando un sinnúmero de enemigos, sobre todo entre la gente sedentaria de los pueblos.

Pero los más encarnizados no le pudieron sobrevivir mucho tiempo: el párroco de San Marcial —que había bautizado al niño y en cuya casa con toda probabilidad se urdió la conjura—, cayó en el mismo mes de su muerte mientras celebraba la misa: no bien hubo consagrado en el momento en que llevaba a los labios el cáliz para cumplir la comunión se desplomó a los pies del altar derramando el vino sagrado sobre el ara y, con un rugido infrahumano, se abatió de bruces y agarrándose el vientre y dando volteretas quedó exánime en el refectorio «despidiendo el espíritu con la sangre» que salió de su boca en forma de un único borbotón negro y humeante, denso y pestilencial como la colada de alquitrán. Se decía que su espíritu vagaba todo el año y rondaba los palos cuyas puntas, de noche, clareaban; y que, sobre todo, le llamaban y reclamaban las mujeres a las que —aún después de muerto— seguía poseyendo a despecho de sus oraciones. Al niño tampoco tardó en visitarle y la madre —que andaba huida y apenas veía a nadie, había dejado de tratarse con su marido porque recelaba la venganza— apenas se acercaba al borde de la cuna y desinteresada de la criatura dejaba que una sirvienta lo alimentase y lavase. No tendría un par de meses cuando se le levantó en todo el cuerpo una erupción roja, un violento sarpullido de granos de cabeza negra que en pocos días dejaron su cuerpo convertido en una pústula, un par de ojos abiertos a los que ya ni siquiera alcanzaba el dolor, viciados en el hedor de sus llagas y atentos tan sólo a la mueca macabra y sonriente de una boca inmóvil que cada día se agrandaba un poco más para mostrar sus blancas encías. La muerte le llegó con los ojos abiertos, tan sólo para extremar aquella mueca hasta su más exagerada y grotesca expresión y la piel de su pecho, cuando se extinguió la fuerza de la infección, quedó señalada con infinitas cicatrices, como pistas de gusanos entrelazadas entre sí que formaban un inextricable laberinto en el cual cabía suponer que estaba escrita —en el lenguaje de su propio mal— la esotérica manda de la justicia extraterrena. Pero el cuarto en que murió ya no había de perder el hedor de sus humores podridos, a pesar de las yerbas montaraces que durante meses se cocieron allí, de las ristras de ajos que colgaron de las paredes, de los símbolos y signos de exorcización —crucifijos vueltos boca abajo, círculos incompletos, leyendas y oraciones incongruentes— con que lo ornaron para conjurar el embrujamiento. Ni siquiera los suyos pudieron eludir su influjo que tal vez se cernía sobre toda la casa y la finca si no con más saña, sí con más constancia. Era esa clase de furor incapaz de hacer distinciones y dirigido también hacia los que habían de gozar de las posesiones que tan apresuradamente le habían sido arrebatadas. Tan sólo aquel —o aquellos dos— año de guerra que la tumba permaneció abierta, y sus restos desperdigados y definitivamente perdidos, dejó de sentirse su obstinada y malévola influencia. Porque, por supuesto, una gran parte de su fuerza descansaba en las costumbres de sus descendientes y de los descendientes de sus enemigos.

IV

Todas las puertas estaban casi siempre entreabiertas, tanto las de dentro como las de fuera y, por no ser menos, incluso la cancela del pequeño cementerio, a excepción de aquel o aquellos dos años de guerra. Y eso en primer lugar fue lo que no sólo le enseñó a una muy temprana edad que nada estaba vedado —dentro de aquella somnolienta, tétrica y ridícula vastedad tan sólo limitada por los quejumbrosos reparos del miedo en los umbrales, cohibida por su propio silencio y las severas amonestaciones del espacio a sus tímidos pasos, para quedar envuelta en el anticaos protector que a los empeños infantiles había de oponer la impenetrable muralla de las mañanas ambarinas y las noches sólidas— sino lo que también había de constituir el primer estímulo a avanzar, sin ayuda de otros, sin sugerencias ni órdenes y tan sólo en atención a los impulsos nacidos en el desamparo, por aquel tiempo deleznable y harapiento que le había sido entregado para entretenerse con él y no inmiscuirse en la vida de los demás, para no importunarles con sus preguntas sin respuesta.

De repente le habían dejado solo, con todas las puertas abiertas. Pero a medida que iba pasando de una habitación a otra —y no era tanto la curiosidad lo que le inducía a empujarlas, para escrutar el interior en penumbra, sino el impulso a avanzar que provocaba el vacío que se cerraba a sus espaldas, a muy pocos pasos de él— se iba familiarizando con las tinieblas y las sombras y con el adusto continente de todos los muebles y rincones, sujetos a aquella regla de la ergástula, reducidos a su abyecta esclavitud, tan indiferente a la violencia de las horas como la cohorte plebeya a las luchas fratricidas de los grandes señores por la cabeza del imperio. Y tantas veces como se sentía llamado —la voz no sonora siempre más allá de la penumbra, el aliento de su propio yo en el ambiguo medio que clamaba por la devolución de su criatura de carne exilada en la tierra irredenta— le era preciso detenerse para atender su creciente zozobra. Pues con aquella familiaridad no se desvanecían sus aprensiones y tal vez crecía su horror al inmóvil e inocuo decorado —al mismo tiempo frágil e impenetrable, inhóspito y deleznable— testigo y acaso juez de sus tímidos e incipientes pasos. No debía esperar de ellos ni siquiera la inexcrutable amenaza pues sabiendo que su abandono no se debía al olvido —y quizá tampoco a la necesidad— a menudo se preguntaba si les estaría encomendada la doble misión de vigilarle durante su permanencia en la casa —aquella suerte de enigmática e inquebrantable obediencia al mandato del silencio, aquella hierática continencia de la guardia palaciega ante el quicio de todas las puertas que ni siquiera moviera los ojos y probablemente no bajaría las armas para cerrarle el paso que intentase franquear por que su función se limitaba a hacer más palmario el sortilegio de lo intocable, sin órdenes precisas respecto a cualquier infracción —y esconderle por la multiplicidad de los muebles y rincones con la laberíntica disposición de tantos corredores y puertas, la verdadera salida hacia la que las voces le instaban a dirigirse. Su propia imagen —rodeada de las colgaduras, en particular una de terciopelo granate cubría medio espejo para extenderse por encima del arca, observada por el militar del retrato con un gesto que era siempre el mismo a largo plazo pero que instantáneamente cambiaba de expresión con cada mirada, como si lanzase imperceptibles guiños al objeto de desmentir la inalterabilidad de un continente y una postura en los que se sintiera involuntariamente atenazado— parecía adecuarse al decorado, absuelta de su propio yo y convertida incluso en otro objeto más, dispuesto allí por la misma mano que había ingeniado tal acumulación para ocultar los últimos vestigios del cuerpo del niño, tan afanosamente buscado por todos los ámbitos en derredor suyo que había terminado por desaparecer de su entorno, presa de esa desesperada aniquilación que el buscador atribuye al objeto que debería encontrarse sin más ante la vista y al alcance de sus manos, en un medio luminoso.

Y por lo mismo que sabía (o presumía) que él debía estar *allí* infería que no era *aquél* su sitio. Acaso el miedo le hubiera sido más útil para encontrarlo y no era ciertamente la penumbra de las habitaciones —ni la proximidad de las voces sibilinas— lo que le había echado atrás. Un día —algunos años, no muchos, antes de la guerra— su tío había entrado en su dormitorio al poco rato de estar metido en la cama; se había cuidado de dejar la puerta entreabierta y cuando se hubo acercado a la cabecera de su lecho, de repente volvió apresuradamente sobre sus pasos para tratar de cerrarla; no tenía pestillo y a causa de estar vencida sobre su marco, el picaporte la cerraba sólo con dificultad. Luego se sentó en su cama para decirle que él era el único heredero, que un día todo aquello le pertenecería... cuando de repente la puerta se abrió de nuevo, girando pausadamente hasta rozar contra el suelo y rechinar en todos sus goznes; entonces su tío se abalanzó de nuevo contra la puerta, maldiciéndole: maldito, vete de aquí, tú no tienes nada que decirle, maldito, maldito. Pero no pudo con ella a pesar de empujarla con todas sus fuerzas, con los pies clavados en el suelo. Luego ya sólo pudo decir vete, vete por que su resuello no le permitía más, jadeando y sudando por aquel esfuerzo infructuoso ante el empuje de la puerta que avanzando continua y lentamente —no venciendo su infinitesimal oposición sino en obediencia a la velocidad que le imponía su propio inhumano e inexorable impulso, como accionada por un émbolo hidráulico indiferente a la acción de sus brazos—, poco a poco le fue acorralando contra la pared del cuarto. Ya no pugnaba por cerrarla sino —sus manos magnetizadas en el picaporte— por zafarse de su intolerable presión cuando acudió su padre y a una orden suya no colérica pero sí dominante, consciente del poder que ejercía sobre todo el ignorado dominio, la hoja quedó libre e inerte, soportando en el picaporte el peso del caído sujeto a él todavía con la impotente y humillada laxitud de un en otro momento vibrante y tenebroso orgullo vencido y amedrentado tan sólo por la mirada. Pero no era su padre quien a sí mismo se debía presentar como portador de la luz; tan sólo con un gesto le ordenó que se introdujera de nuevo en la cama, arreglando sus sábanas y pasando su mano por su frente, al tiempo que su hermano abandonaba la habitación. Y de nuevo acostado, comprendiendo que los ojos del niño no interrogaban sino que —dueño ya de una involuntaria y somera presciencia, avezado por sus horas de soledad a una imaginaria realidad no limitada por palabras y paredes— tan sólo esperaban el tácito consenso a un temor de otra índole (despreocupado de la penumbra y las puertas y los susurros de los corredores y la repulsiva atracción de la noche abierta) estipulado en los términos del acuerdo convenido —sin un beso ni una palabra, tan sólo las dos miradas serenas y triunfales sobre el holocausto de una inocencia infantil esfumada con las cenizas del miedo— entre padre e hijo en virtud del cual el primero se comprometía a venir en ayuda del segundo siempre y cuando éste se demostrara lo bastante fuerte como para desterrar toda clase de temores infundados, no tuvo para él más que aquella mirada de solemne confirmación, rubricada por la augural sonrisa que dejaba traslucir toda la gravedad del convenio. Estaba en otra parte, dirigida a otra audiencia, tal vez: su miedo no era más que la imagen del miedo, y su yo el reflejo silencioso suministrado por el espejo, circundado por el globo transparente disimulado por los contrastes de luces y sombras, silencio y voces, para otorgarse a sí mismo una apariencia de realidad. No, no era allí —le vino a decir—, donde tenía lugar el combate de la experiencia. Y no alargó la mano ni la mirada para señalar el lugar al que se refería; y ni siquiera al abandonar la habitación paró la menor atención sobre la puerta que obediente a su mano —como si nunca hubiera estado vencida— se cerró delicadamente sobre su marco sin rozar el suelo ni chirriar en sus goznes. Era lo mismo meses o años después: tampoco la mirada de la señora señalaba el lugar sino que más bien había quedado cristalizada en aquel medio más allá del globo de cristal o tal vez en el mismo ámbito que lo circundaba, al que todavía no tenía acceso pero al que en ciertas ocasiones —y por el silencio, no con palabras— le habían insinuado que estaba destinado. Lo único que había logrado —y siempre sabía como repetirlo— era aquilatar aquellas actitudes gracias a las cuales ellos —su padre en tiempos y la señora después, e incluso el guarda durante la guerra— parecían volver la cabeza hacia el otro mundo, para quedar petrificados ante sus umbrales. Así que la señora tan sólo le decía «más adelante, más adelante, cuando seas el dueño de todo». Sabía cómo llevarla y sin embargo desconocía a dónde iba: mientras en la cama leía a su lado había introducido su mano en el escote y había acariciado su pecho e incluso lo había descubierto. Y su mirada y su expresión se detuvieron —mucho más allá del ámbito del dormitorio— al tiempo que suspendía la lectura y dejaba caer el libro sobre su regazo bloqueada por un resorte mecánico que el niño había accionado involuntariamente pero que en lo sucesivo podría manipular a su antojo; y se preguntaba por ende si el único don de su soledad estribaría en aquel fácil acceso a todos los resortes y secretos de un mundo tan ordenado —dispuesto sin duda para otra clase de visitante, mejor conocedor del sentido de sus actos—, que obedecía a sus impulsos deteniendo o movilizando sus mecanismos sin que le fuera dado conocer la última razón del dispositivo. Así se había transfigurado, sin que lo que él buscaba llegase a identificarse

—forzosamente debía existir en algún punto una clase de parcial coincidencia— con lo que había fijado su mirada en el no ser cristalizado de una visión incompleta. Se diría que una ambigua sonrisa trataba de despuntar en su rostro —a punto de romper las tinieblas de la visión cuando sus dedos acariciaban el pequeño pezón como el tallo de un níscalo, suspensa en su propia mudez y cancelada —a la izquierda el resquemor, premonición y delicia en la comisura derecha— sobre el objeto de un culto que siendo el mismo para la mano y la piel tan distinto se insinuaba para ambas clases de conocimiento. Allí había algo que la señora también ignoraba no tanto por que el mandato de silencio le impidiera llegar a saber lo que el niño podría descubrirle, como incapacitada ya por la experiencia para trascender sus propios límites. Tal vez la señora trataba de volver atrás, a la edad del niño o a aquella otra que también había perdido el niño, algún tiempo atrás. La experiencia circunscribe todo acto y todo objeto dentro de unos contornos a duras penas erosionables por la fantasía y la vida del espíritu es tanto más rica y sugestiva cuando no estando aún trazados le es dado adentrarse dentro de la masa incompleta y maleable y llena de promesas que aquellos han de reducir a una forma. Y tal vez había de volver hacia el niño la mirada que ya no tendría para ningún amante; la misma —extasiada, irresponsable y sazonada con una porción de estulticia— con que la madre observa como el niño da vueltas al delicado y prohibido objeto (tal vez el globo terráqueo) que en sus manos sólo constituye un peligro. Allí radicaba una parte del secreto y allí trataba, por consiguiente —casi todas las noches que le era permitido—, de ser introducido para coincidir con ella en aquel otro mundo de contornos fijos que un día con un gesto le había anunciado su padre.

Era en aquel pecho donde se reproducían las palabras sin sonido de su padre, donde zumbaba la oquedad de las tinieblas. Era la naturaleza del nácar, el brillo de su piel e incluso los silbidos y lejanos portazos de su bisabuelo. Y cuando desvalijaron la casa, cerrando y trancando todas sus puertas y ventanas a excepción de aquella del dormitorio que había de quedar durante tanto tiempo iluminada, en su ánimo había de grabarse el indeleble sello de obediencia al formidable secreto pues en ella —y sólo en ella— le sería dado encontrar la interioridad que en varias ocasiones le había sido tácitamente prometida.

Todo en la casa estaba prohibido, ni siquiera le era permitido encaramarse por las paredes para mirar a través de los resquicios de los tablones o los agujeros de las contraventanas. Y cuando se desvanecieron los ecos de la batalla de La Loma y unas semanas más tarde concluyó la guerra, dio por seguro que el guarda abriría de nuevo la casa para trasladarle a ella. Pero el hombre que llegó en bicicleta, por el camino de Pacientes, con el aviso, sólo autorizó a cerrar la tumba que, abierta durante todas las hostilidades, tan sólo trajo paz y descanso a toda la vecindad y parte de la comarca. Cuando al fin pasó la última página de su cuaderno de ejercicios —y en los crepúsculos el invierno levantaba ya el peso de su lunático silencio, permitiendo a clima y vegetación sus primeros torpes y anhelantes bostezos para anunciar el término de un sueño que el durmiente abandonaba a su pesar—, comprendió que el guarda estaba a punto de cerrar de nuevo la sepultura, rellenándola con la tierra de los bordes a falta de una nueva losa. Aquella noche volvió a oírles —por vez primera en muchos meses— y vio a la señora merodeando en torno a su cama y acercándose a su cabecera para abrirle su pecho. A un giro de su cabeza y a través de su espalda desnuda también todo el ámbito sin color y sin líneas de sus deseos se volvió transparente para proyectar, de una vez para siempre, la nítida definición de sus propios y aberrantes contornos. También en el fondo estaba su padre y más allá su bisabuelo a los que ya no tenía que vislumbrar sino tan sólo verlos, seguirlos y obedecerlos. Sin duda que la puerta se abrió sobre sus mismos goznes sin rozar con el suelo, y el susurro de la oquedad en tinieblas le fue señalando el camino no como entonces aquella presencia a hurtadillas que escapaba a su vista —a través de los matorrales, más allá de los árboles en la noche, al final de los pasillos y delante de las puertas recién traspuestas— sino, mediante una inversión del sentido de su voluntad, con una invitación a seguirle para, atravesando la prohibición, llegar al término de luz de sus sombríos anhelos. Y llegó de día para toparse con el lecho recién abierto sobre la nacarina y acaramelada fosa donde había de encontrar la coincidencia de su deseo (no de su saber) con aquella clase de amor que en su beso al pecho al cerrar su vida con los estrechos límites de la carne desterraba el miedo y daba continuidad a una existencia que ya no se afanaba en buscar ni su prolongación ni la luz que despejara las tinieblas que la rodearan. Y de nuevo volvió al dormitorio —flotando sobre la losa hecha añicos— en el centro de la casa de la que era único poseedor y, sobre todo, poseedor y dueño absoluto de su soledad que ya no sería un atributo más del abandono sino la manera de formar parte de todos aquellos que con tanta y tan muda insistencia le habían reclamado y que sin duda enderredor suyo esperaban con estudiada, despectiva y flemática prestancia la llegada del guarda.

Pero fue él quien se adelantó a recibirlo, pues adivinó —con esa clase de saber instantáneo que venía de muy lejos, cruzando todas las edades para hacerle poseedor de un conocimiento incontrovertible y diáfano— qué era lo que ellos esperaban de él. Sabía que podía encararse con él porque ya no le servían sus amenazas, ni siquiera al blandir la herramienta; al contrario no era más que una confirmación de su automático y recién adquirido poder porque sin llegar a levantar totalmente la pala, comenzó a retroceder con pasos vacilantes hasta topar con los montones que rodeaban la fosa, al tiempo que con las mismas repetidas y entrecortadas palabras le maldecía.

DUELO

I

 En el silencio, en la mañana instantáneamente más tranquila, clara y remota, coloreada de nuevo y vivificada año tras año por el sonido impersonal de una lacónica mención necrológica un mismo instante intemporal parecía perdurar cristalizado en el gesto de severa, ostensible y, al parecer, sincera memoria, cuando el indiano doblaba con cuidado el papel para volverlo a guardar en la cartera.
 El otro no le llegaba a los hombros.
 No le explicaba más. Recibía un poco de dinero por ello y se limitaba a estar allí, a esperarle, a cobrar, a volverse de espaldas para santiguarse, a ayudarle a montar para acompañarle de nuevo, siguiendo al borrico a pocos pasos de distancia.
 —Descanse en paz.
 —Está bien, Blanco. No te he pedido tu opinión. Puedes largarte, si quieres.
 Pero no se iba. Era tan imposible que ni siquiera hacía falta saberlo; ni buscarle un sentido a la frase del amo.
 Todos los aniversarios de la muerte de Rosa había llevado a su tumba la ofrenda de una rosa marchita, cortada tiempo atrás, que depositaba allí sin más explicación ni ceremonia, sin quitarse el sombrero ni arrodillarse para ello.
 Al parecer, nadie tenía derecho a poner en duda la sinceridad de tal memoria ni a comprender el íntimo significado de aquella flor (la coincidencia de las dos rosas era lo único, necesariamente marchita y tan descolorida como si hubiese permanecido muchos años bloqueada en el

misal de una niña) aunque sólo fuera por el hecho de que el día en que murió Rosa estaba la estación tan adelantada como para no permitir que las rosas abundaran en los jardines.

Aparecía recortado en la loma y precedido del criado, en torno a una nube rosa de polvo temprano, sentado en la grupa del borrico balanceando las piernas como una niña. Inmutable, provocativo, vestido con aquel único traje negro y cubierto con el sombrero de fieltro negro y alas anchas, sucias de grasa, manteniendo tiesa e inmóvil —como un San José el nardo cristalino— aquella ofrenda marchita envuelta en fino papel transparente de color amarillo limón.

Vadeaba el río —casi seco en tal época—, mientras el pequeño Blanco saltaba por las piedras. Antes de subir el repecho del cementerio desmontaba de un salto —más propio de una mujer—, en virtud del cual y por acción contradictoria parecía brotar de la tierra un hombre enlutado y desproporcionado que sólo por la cabeza se correspondía con el jinete anterior, compuesto y arrogante y defectivo, triunfando desdeñosamente sobre su figura poco afortunada, para avanzar hasta la tumba —un cerco de ladrillo y una caja de tierra negra y una cruz de hierro forjado con la palabra ROSA pintada de purpurina—, donde depositaba la flor sin arrodillarse ni quitarse el sombrero, volviendo a doblar el papel para guardarlo en una cartera de tamaño octavo que contenía dos duros.

—Rosa —decía todos los años.

—La Rosa.

—Está bien, Blanco. Ya lo sé.

No sabía qué era lo que él sabía. Se quedaba detrás para descubrirse, dando vueltas a una pequeña boina descolorida, semejante a una seta —y, girando y encogiéndose un poco cuando el amo doblaba el papel, santiguarse rápidamente para que no se diese cuenta. Pero él lo sabía.

—Blanco.

—La Rosa.

—Está bien, Blanco. Ya está bien. Nadie te ha obligado a venir.

—Don Lucas.

—Tú no sabes lo que es esto —torcía la cara mirándole de soslayo, dándose dos golpes de pecho—. Tú no tienes entrañas.

—Don Lucas.

—No hace falta que me digas lo que estás pensando. Puedes largarte si quieres. Ella te ve desde el cielo.

Entonces no podía mirarle. Más que prohibido, era imposible. Decía lo mismo todos los años, encendiendo un cigarrillo, lanzando a través del humo una profética mirada a la dormida Jerusalén, bajo el sombrero ligeramente ladeado con una prestancia chulesca pero severa, altivo y compuesto y ceremonioso, despidiendo un fuerte olor a brillantina barata.

—En adelante te quedarás en casa.

—Don Lucas.

—Cállate de una vez.

No sabía por qué, qué era lo que estaba bien. Sin duda, aquello: el corto viaje anual, la ofrenda tradicional, la obediencia a un recuerdo, ya que no el propio recuerdo definitivamente colgado ante sus ojos a lo largo de aquel único maciento instante en expansión que ni las flores marchitas, ni los perfumes retraídos, ni los ladridos lejanos, ni las noches de mayo entre las calientes paredes de acero que hostigaban su deseo, ni las luchas hasta la quinta o décima sangre regando el pecho desnudo, corriendo y llorando por los pasillos en la penumbra, podían alterar.

—Don Lucas.

—Te he dicho que te calles.

—Es que me acuerdo de la Rosa.

—Me estás abriendo la herida. Mejor es que te calles, te lo advierto.

Siempre decía lo mismo, el hombre pequeño tenía que bajar la vista. No era preciso preguntarse por qué. Sabía que entonces el indiano le miraba de soslayo, lanzando el humo al aire con teatral satisfacción, una vez que los gestos y palabras del ceremonial que año tras año conmemoraba su triunfo, se habían repetido con tácita, lacónica, no ensayada y cabal exactitud.

Bajaba la vista y aguardaba a que se alejara, dando vueltas a la boina. Se santiguaba otra vez. Cuando en la orilla del río el indiano se volvía, él se volvía también. Más que su adiós a la tumba era la comprobación de un hecho: su cuerpo —un recuerdo trasero— también estaba allí, tranquilamente sepulto bajo un montón de cal, el silencioso incoloro instante que emergió del bostezo de la difunta para dar un sentido fatídico a todos los atardeceres suspensos y todos los ladridos lejanos y los deseos ahogados en la oscuridad de la caldera; una cara sesgada, violentamente quieta y partícipe en un punto de irracional quietud de una mula, carente de dolor y deseo; violenta y quieta y desorbitada, exhumando en un momento de silenciosas e imperceptibles sacudidas una suprema y desesperada aspiración a sacudirse la rienda.

—¡Blanco!

Una vez más le ayudaba a montar, enlazando sus manos para ofrecerle un estribo. Nunca se le ocurrió mirarle en aquel momento. No hacía falta saber que era imposible. Había sido siempre así y así habría de ser mientras su amo fuese su amo; esperaba encorvado a que apurase el cigarrillo, y ni siquiera le estaba permitido (no por el amo, sino por él mismo, sancionado por la costumbre anual de la que él mismo era más que obediente, depositario) apartar sus manos para evitar que le cayese la colilla en ellas, aplastada luego por la alpargata blanca, recién pintada de albayalde.

Pero aquella mañana especialmente tranquila. Atravesaban el pueblo como si volvieran de un largo cautiverio, dejando a un lado el camino de Macerta para tomar una empinada callejuela arrabalera; una reja y una persiana verde y una ventana casi a flor de suelo, donde apenas entraba la luz, donde telas blancas y vainicas y bordados eran removidos del cesto y extendidos en el antepecho por una mano zozobrante, repentinamente quieta y cerrada como una almeja cuando los cascos del burro sonaban en los adoquines, la silueta de un sombrero detrás de la persiana, una mañana de junio. Inmutable, compuesto semejante a una reproducción de sí mismo, tan frágil y desdeñable como pretenciosa y provocativa; un sombrero de grandes alas manchadas de grasa del que parecía suspendida la gran cabeza, enroscada a él como una bombilla al casquillo. Nunca había cambiado el atuendo ni la expresión; una cara truncada y definitivamente unida al sombrero (tal vez con un poco de goma de olor penetrante, una vez desaparecida la frente de cartón) con expresión de disgusto, como si aquel corto viaje anual obedeciera más que al cumplimiento de la devoción creada por él mismo a cierta diligencia anual obligatoria, el pago de la contribución sobre aquella rosa ajada surgida en su mano, idéntica a todas las precedentes, envuelta en un transparente papel de color amarillo limón.

—¡Blanco!

No parecía medir su estatura. Se detenían junto a la ventana sin un gesto ni una voz, como si dentro del ceremonial estuviera concertada aquella parada frente a la ropa recién lavada, el lagarto escondido entre los pliegues que olían a añil incapaz de moverse ante la sombra invisible y abrumadora del hombre, detrás de la persiana verde.

Volvía a desmontar al tiempo que un cigarrillo aparecía en su boca; una figura negra y roma detrás de la persiana, de insólitas proporciones cuando alzaba la persiana y asomaba la cabeza como si se tratara de su propia imagen deformada por un espejo cóncavo, un reflejo de nacimiento.

—Se llama Amelia.

—Está bien, Blanco. Nadie te ha llamado. Puedes irte, si quieres.

Él se quedaba más atrás, arrimado a la pared con la cara vuelta a la pared. Cuando terminaba el cigarrillo levantaba la persiana con la mano. Blanco, la cara en la pared, cerraba los ojos.

—¡Blanco! Ven acá.

Se acercaba de espaldas, tratando de no mirar.

—Mira lo que hay ahí —le cogía del cuello y le obligaba a girar la cabeza: un cuarto donde el polvo se removía por la luz reciente, unos pliegues de ropa blanca que cubrían una silla baja, una nuca casi calva cuidadosamente cubierta con un plisado de cabellos grises.

—Toma. Esto es un regalo que te hago yo —decía, poniéndole una mano en el hombro (una boca de barraca), sacando luego la cartera con el papel plegado y dejando en sus manos los dos duros. No hace falta que me lo agradezcas.
 —Muchas gracias, don Lucas.
 Todavía mantenía en alto la persiana, materializando una indefinible combinación de brillantina y luto, y fortaleza y desprecio tan superficial y desdeñable que trascendía a su propia persona para situarse arrogante en los dominios del cartón piedra o el anuncio de un carminativo o unas pastillas contra el mareo; encendía otro cigarrillo lanzando el humo a través de la reja y removiendo el polvo de aquella ventana recóndita donde había encontrado refugio y oscuridad el pequeño inofensivo animal, entre pliegues y pliegues de sábanas, y manteles, y juegos de té, y mañanas, y pañales inútiles que habían constituido su escremental segregación a lo largo de sus últimos treinta o cuarenta años. Treinta o cuarenta años o los que fueran —había de pensar el indiano mirando fijamente la Luca, con una calva rosa—; treinta o cuarenta veces la dosis normal de ese preparado terrible vertido sobre la ardiente juventud para calmar su acidez; veinte o treinta veces la gota calmante cayendo sobre la retorcida víscera, destruyendo su color y estirando su piel; treinta veces todo ese tiempo de disolución para aniquilar las grandes palabras en el aire y los grandes y repentinos caprichos, y los grandes y cercanos secretos, y reducir la realidad a una cabeza de piel craquelada y un pelo gris atusado con agua en torno a la que tiempo atrás —con reflejos y perfumes y ondulaciones marinas— se urdieron los primeros sueños, sonaron las grandes palabras. Una cabeza de barraca, truncada y escorada por una mueca de primitivo y permanente desdén; un traje negro que brillaba gastado y unas alpargatas inmaculadas, cuyas cintas blancas estiradas y planchadas, destacaban sobre los calcetines de algodón negro, probablemente adquiridos un día de calor en una confusa, heteróclita y medio oriental droguería americana, al tiempo que un saco de café y una caja de cigarros.

Antes de soltar la persiana (y la mano se escondía entre la ropa, como una cucaracha debajo de un zócalo, antes incluso que la luz la atacase) arrojaba a su cabeza la colilla.

—¡Blanco!

De nuevo le ayudaba a montar, temblando, mirando al suelo en un instante de temor formado tiempo atrás, mantenido y repetido cada año dentro de los límites del ceremonial.

—¡Jeee, burro! Arre, burro.

El otro le seguía detrás tratando de alcanzarle.

—Don Lucas..., don Lucas...

—Vamos, es tarde.

—Don Lucas...

—Vamos, Blanco, he dicho que vamos. Dame ese dinero, será mejor que lo guarde yo.

II

La casa se hallaba en las afueras del pueblo, en un lugar a trasmano solamente visitado algunos domingos templados por unas pocas parejas de excursionistas. Un quinta residencial desplazada de lugar y de estilo qu nunca —pese a la buena voluntad de tantas balaustradas y florones, y terrazas, y gozosas pérgolas que allí amontonó un maestro aragonés, famoso en Región hacia lo años 80— acertó a representar el papel de formal frivoli dad a que sus infantiles amos un día la destinaron, rodea da de una pequeña huerta baja, que hoy es una selva d corpulentos matorrales; erigida sobre una terraza d años han desaparecido jardines italianos trazados co macizos de boj y mirabel muy pronto devorados por violenta jara y el correoso y enfermizo yezgo, donde ocultaba una caldera abandonada color minio y unas al tas de automóvil, obsequios de la guerra. Empero conservaba todavía un antiguo cenador estilo floreal, u montón de herrumbre junto a una fuente con el agua m pura y fría de la comarca dignificada en otro tiempo p leyendas paganas, y cerrada por cuatro higueras estériles, donde aún se jugaba a prendas y se abrían sandías aquellas tardes de meriendas dominicales que preludiaban el sacramento, y donde algunas veces colgaban bragas rosas y delantales de niños gitanos.

Un día empezó a salir humo, antes de la muerte de Rosa.

Se pensaba que un algo remanente que a duras penas podía llamarse orgullo le había impedido colocar un cartel de venta, aun cuando la casa hubiera pasado a la propiedad de ratas y gatos famélicos y esporádicos mendigos que dormían junto a la caldera, y a familias de gitanos que extendían sus mantas comidas por los ratones en las oxidadas pérgolas.

Pero un día se encontró la entrada cerrada por un alambre de espino sujeto a las dos tablas.

Se había obstinado en no manifestar públicamente la puesta en venta de la casa, aun cuando los restos de la familia —dos mujeres de diferentes edades, cuya mutua relación nadie era capaz de abonar— se vieron obligados a retirarse a dos habitaciones sombrías de una casa arrabalera, pintada de azulete, que el doctor Sebastián les había proporcionado por un alquiler de unas pocas pesetas mensuales. Ella había rehusado desde un principio la hospitalidad del doctor, a quien ni siquiera atendió, ni vio, ni escuchó, ni toleró que la acompañase y la ayudara en la mudanza, una pálida y boreal mañana del invierno de mil novecientos treinta y tantos. El propio doctor hubo de contentarse con verla a través del cristal: un carro cargado con dos arcas grandes como dos sarcófagos, dos esteros de cama metálica y un rollo de colchones, a donde se agarraban las dos víctimas zarandeadas por los bandazos del carro, mirando al frente con la altiva y jaque y pretenciosa indiferencia de un par de aristócratas condenadas por el terror, conducidas a la guillotina. Tampoco se abrió la puerta una vez instalada en la nueva casa, continuando la labor —junto a la ventana— que había suspendido por unas pocas horas aquella misma mañana para recoger los bártulos y cerrar la casa definitivamente, por primera vez desde el origen de la labor.

Era algo más allá o más acá del orgullo, una suerte de irresponsable y anacrónica indiferencia que le impedía toda relación y cualquier movimiento, por lo menos abrir la puerta e introducir en una casa a un caballero —por mucha que hubiese sido su amistad con la familia—, cuya visita a esas alturas ni siquiera podía estar justificada por razones profesionales. Ni contestó —la cabeza color lana caída sobre su pecho, un destello de los lentes de plata— al devoto saludo conservador intacto desde los tiempos del casino, haciendo referencia al intacto estado virginal, puesto un día a prueba; otro, en entredicho.

Pero tampoco, que se supiera, había recibido nunca una oferta de compra.

A partir de aquel momento se empezó a sentir en el pueblo cierta ola de afecto por la señorita Amelia, una de las más significativas reliquias de las grandes familias, de un pasado que incluso había perdido la facultad de ser tema de conversación en las vespertinas tertulias y los juegos de cartas invernales. Ahora, desalojada de su arruinado castillo y expuesta a una ventana a la pública luz de una bombilla mortecina en una encrucijada arrabalera —pisadas de caballos y ladridos lejanos y gallos que cantaban por el estiércol—, era capaz de despertar entre los nuevos nombres (los nombres que no decían nada y que en diez años se habían hecho sinónimos del poder a fuerza de recorrer todas las presentes y futuras secciones de periódicos regionales y provinciales, desde las presidencias de jurados y concursos de atletismo y juegos florales hasta las delegaciones provinciales, pasando por todas las presidencias de duelos) esa mezcla de compasiva curiosidad y reservada satisfacción que provoca un fakir en un escaparate, para reclamo de unos almacenes.

Ella nunca admitió los encargos. Parecía que su misión en esta vida era coser y bordar indefinidamente deshaciendo y reanudando con la ciega energía de un Sísifo la labor de 1930 ó 40 ó 50 en aquellas largas temporadas de penuria en que era imposible adquirir nuevo género. Fue Rosa, quien, en la idea de no perturbar la quimérica y frágil existencia de la señorita Amelia con un nuevo problema económico, tuvo que aceptarlos inventando his torias de apresuradas prometidas compañeras de novena y falsas catequesis para las que la fecha de la ceremonia era todavía, como en los buenos tiempos del casino, pura cuestión de ajuar.

Rosa era una muchacha alta y nariguda desprovista de gracia, que a la sazón había entrado en una misteriosa edad, no joven ni madura, ni bien conservada ni avejentada, de marcado carácter piadoso. No tenía edad, exenta del paso de los días y los años por obra y gracia de un eterno hábito negro y un delgado cinturón de cuero negro, un buen número de rosarios y triduos que la hicieron acreedora de la plena indulgencia terrenal. Había nacido junto a la señorita Amelia, de manera espontánea, y a su lado había surgido días después, vestida ya con el hábito negro y rematada por el moño, despidiendo un tufillo personal y adoptando la postura de la máxima supervivencia —indiferentes, inmemoriadas y quietas— para formar la polvorienta, hosca y sobresaturada estampa de un ayer inmóvil e intangible, completando, por un lado, la insuficiente realidad de todo un pueblo desarraigado, impugnando, desde sus dos sillas bajas de esparto, la sentencia del tiempo irreflexivo y torpe, entre aromas de ropa blanca recién lavada y suelos de estiércol y pisadas de caballo, muy lejos de las luces fluorescentes y los aparatos de radio y los camiones de pescado. Un resto de otra edad, un sepulcro andando —se había dicho en Región—, el último vástago de toda una rama degenerada, reducida hoy al estado fósil por no haber sabido abandonar a tiempo aquellas ideas de nuevo cuño que un día germinaron y encumbraron la familia. Una pobre tonta engañada por una sociedad en quiebra y obligada ahora a saldar la cuenta a los nuevos acreedores hombres y nombres de nuevo cuño que sabían olvidar, que a sí mismos se consideraban tan lejos del orgullo como para saber perdonar y socorrer a una pobre vieja ñoña, tan necesitada de la consideración y la estima de sus vecinos como de las quince o veinte pesetas que podía sacar de las toquillas mañaneras para las embarazadas de turno. Y en verdad se habían creído superiores en otros tiempos, cuando ni siquiera sabían sus nombres ni se atrevían a aparecer en público ni pregonaban ideas de reivindicación social que nunca alimentaron.

Un día se supo que tampoco era orgullo lo que le quedaba. Probablemente no recordaba nada de lo que podría enorgullecerse ni se había formulado jamás una comparación entre sus semejantes; no había llegado a comparar más que algunos colores muy próximos: rosas y cremas, crudos y anaranjados, diferentes clases de hilos y lanas guipur para encajes reticella y Richelieu y un día —algo más tarde— la figura recortada detrás de la persiana verde con un tránsfuga del ayer. Hubiera necesitado demasiada memoria y buena voluntad para mantener semejante orgullo; era como mantener la casa de Nueva Elvira, tres plantas y huerta, y jardines, y establos, y caballerizas, y salas de cazadores, y fuentes, y chimeneas, con la pensión vitalicia que, a nombre de Rosa García, su padre le dejó en un banco de Macerta, y que Rosa estaba encargada de cobrar una vez cada dos años para no consumirla en los doce viáticos anuales. Sin duda, su cabeza estaba hueca (delegada en un interminable coser y bordar y pespuntear las interminables sábanas y juegos de mesa que pasaban por su regazo —como hubieran pasado chapas de palastro por una cizalla eléctrica— para ir a aumentar el contenido de dos arcones de madera trabajada protegidos con centenarias bolitas de alcanfor y papeles de periódicos y anacrónicas y descaradas maculaturas que aún voceaban en el fondo de la caja todas sus guerras, y victorias, y sus crisis, y sus catástrofes, y todas sus solemnidades, y homenajes sin fin, y sucesos sangrientos, y centenarios, y coronaciones marianas, y ecos de la provincia, y discursos inaugurales, que aún trataban de salir a la superficie y abandonar el vergonzoso cautiverio de un arca arrinconada, destacando sus letras sobre las planchadas sábanas) transferida de los débiles pliegues cerebrales a los blancos pliegues de la ropa impoluta atesorada y protegida en dos arcas que constituían todo su patrimonio. Un antiguo olor a alcanfor, una mancha ocre, casi rosa, en uno de los pliegues cimeros. Pero eso fue más tarde.

Antes se supo que la casa no estaba en venta no porque

aún quedara un remanente de orgullo que la impidiera poner el cartel, sino porque desde mucho tiempo atrás, antes de la mudanza, una parte o la totalidad de la finca no le pertenecía. Siempre se había dicho que, aun cuando su padre no la había dejado un céntimo al morir, al menos había legado una finca que, bien administrada le hubiera permitido algo más que un buen pasar para el resto de sus días.

Cuando murió su padre —los que le habían conocido (y sin dejar de considerarse sus amigos, habían dejado de frecuentar la casa) encargaron, a sabiendas de que en su casa no iban a encontrar un clavo, una caja para un hombre de 1,80 de talla; debajo de la cama mortuoria había lo menos un centenar de botellas vacías, y en ella, apenas cubierto con una sábana, con la misma indumentaria y postura con que exhaló su último suspiro, el cadáver del viejo Gros del tamaño de un escolar, un sonriente y colorado esqueleto cubierto en parte por una delgada piel con manchas rojas, rota en el cuello y en la barbilla; cuando lo depositaron en la caja sobraban más de dos palmos, y para evitar que bailara durante su transporte tuvieron que rellenar el hueco con unas cuantas pelotas de papel que la señorita Amelia —sin levantar la vista, sin abandonar la labor— les autorizó a coger del arca donde ella las guardaba; ella no abandonó su habitación en la planta baja; no les abrió ni les saludó, vuelta a la luz cuando entraron por el papel, sentada y reclinada sobre la ropa, la mano roja pequeña moviéndose bajo la cabeza color lana detrás del cristal cuando la caja, a hombros de unos cuantos verdaderos amigos, se perdió de vista —solamente Rosa asistió al funeral.

A partir de aquel momento comenzaron a correr por el pueblo, entonces agonizante, toda suerte de historias sobre la familia Gros. Se decía que ella era una santa; su padre, un monstruo. Su padre, un hombre débil; ella, la encarnación de la crueldad; su padre, un histérico, comido por la envidia, un histérico de pueblo; ella, una resignada, arrastrando la resignación hasta los límites de la crueldad. Al parecer, padre e hija habían suspendido toda relación a raíz de un acontecimiento pueril, inadvertido incluso para aquellos que hoy lo contaban al detalle en la reposición de un drama de 1910: ella, la esquiva y atolondrada heredera, abandonó la celda de la virtud para buscar la compañía de un cazador de dotes, una tarde de paseo por el camino de Macerta, ensayando los primeros lances; los primeros y balbuceantes giros y artificiales sorpresas ante un hombre moreno que acababa de inventar la sonrisa, una mirada sombría y agresiva, hablando de sí mismo y de las grandes pasiones con singular aplomo y gravedad. Y al instante siguiente su padre, enmarcado en el umbral de su habitación (su hermano, el violento, detrás, clavaba sus ojos a la altura de los hombros de su padre). Y al siguiente, una ardiente noche de lágrimas. Y al siguiente, un intento de fuga y un día, unas voces de noche, una entrevista clandestina, un cambio de reliquias y un principio de juramento que había de provocar la segunda fuga abortada. Y de repente, sus puños golpeaban furiosamente la puerta cerrada, mientras su hermano, el violento, corría con sus perros hasta derribar en el camino al fugitivo prometido; las lágrimas en el suelo; el dolor en el cuello y el hambre; la luz debajo de la puerta y los pasos que volvían por la alfombrada escalera, sellando una era de dolor: un primer pliegue de un velo impoluto depositado con cuidado funeral en el fondo de un arca tan profunda como una fosa donde descansaban los no-restos, los gestos frustrados de un doliente ayer, la relación de las ilusiones fallidas a la memoria que se negaba a considerarlas.

No se trataba, pues, de orgullo: eran unos cuantos créditos firmados por Tomás Gros y comprados al veinte por ciento de su valor por una enésima persona a los antiguos acreedores —desde los tenderos de ultramarinos hasta los banqueros de Macerta—, contentos de haber salvado el sesenta por ciento de su dinero, abonable en dos años, sin necesidad de provocar el deshaucio y la venta pública de los bienes de Nueva Elvira en vida de la señorita Amelia. Ella no les recibió. Eran ocho o diez, sin acompañamiento notarial, que estimaron oportuno retirarse y volver a guardar sus pagarés cuando Rosa abrió la puerta y un tufo a podredumbre les alcanzó las narices: unas sillas sin patas tiradas por el recibidor y un despojo de gasa agujereada trataba de cubrir la ausencia de cristales en el ventanal de la escalera, hinchándose con la brisa vespertina para medir como un balón de oxígeno la agonía de la casa, tanto o más elocuentes que el informe de un tasador oficial de la Caja de Ahorros.

Cuando el doctor Sebastián y el oficial del Juzgado fueron a visitarlas, solamente lograron hablar con Rosa (un hábito negro, el peculiar aroma de su virginidad). Ella debió comprenderlo y se lo repitió a sí misma —no a la inteligencia desaparecida ni a la memoria cerrada con llave, sino a las pequeñas manos rojas que por un instante suspendieron el trabajo—, se lo dijo; para colocar en sus manos abiertas la bobina de lana nueva con que había de formar una nueva madeja, como toda respuesta.

No hubo lanzamiento. Se dijo que el nuevo propietario respetaba la presencia de la señorita Amelia como la habían respetado los acreedores de su padre. Pero un día salieron, montaron en el carro y atravesaron el pueblo, bamboleándose, con la mirada estúpidamente clavada en el frente, tranquilas y tiesas como dos imágenes paseadas en procesión por un gremio de borrachos, para ser entronizadas en la nueva enjalbegada capilla arrabalera de donde hubieran salido cinco o diez o mil kilómetros de sábanas bordadas, si, como decían las curiosidades de los almanaques, se hubieran colocado una detrás de otra.

III

Antes de abrir la puerta se escondió tras la jamba.
—Retírate de ahí.
Dentro se oyó moverse un bulto torpe, al cruzar la puerta en la oscuridad.
Dejó en el suelo la lámpara de carburo. Su sombra agigantada oscilaba en la pared, un corredor de altos techos donde se perdía la silueta del sombrero. Sus manos estaban vendadas.
—Sal de ahí. Te he visto por el agujero.
Del otro lado de la puerta se oía su respiración entre-

cortada, sentado de cuclillas tras el quicio, esperando que la puerta se abriese.

—Sal de ahí, te he dicho. Sé hombre —le dijo, a través del quicio.

Luego se quitó la chaqueta y la camisa, que dejó con cuidado en el suelo. Acercó el oído al quicio; el otro contenía su respiración; la luz de la lámpara le dio de lleno descubriendo una profunda e insostenible atención; los ojos pequeños incrustados en la cara, repentinamente inmovilizada por un resorte interior a punto de saltar para iniciar el juego. Conservaba el sombrero puesto —el olor del carburo dominaba a la brillantina—, ligeramente ladeado con tétrica chulería, que imprimía a su cara inmóvil un sello de falsa pero irreductible calidad, como una careta de cartón en la que se concitaba el horror de la mirada con el primor de unos pocos mechones de pelo plateado, semejante a virutas metálicas para fregar cacerolas, untados de brillantina.

—Sé hombre —repitió.

No movió los labios para decirlo. De detrás de la puerta el otro hizo un ruido, hubo un crujido y la puerta se abrió de un golpe enmarcando al indiano con los puños en alto y la cabeza baja, en actitud de lucha. Llevaba los puños vendados.

El bulto corrió hacia el rincón. Antes que sus ojos lo distinguieran su olfato lo había descubierto: sucio, húmedo, exhalaba un intenso olor de leche agria que predominaba sobre la humedad de la penumbra (como si al fondo de la habitación durmiera un bebé), mugiendo en el rincón y mostrando al pálido reflejo del carburo —antes que unos ojos y un cuerpo y una cabeza humana— una fila de dientes blancos que temblaban ligeramente.

—Vamos a ver si esta vez te defiendes como un hombre.

No avanzó. Permaneció esperándole, al tiempo que cerraba la salida con el cuerpo, el sombrero erguido, unas piernas pequeñas y recias y unos pantalones negros sujetos con una cuerda y una arremangada camiseta de cuello cerrado, exhibiendo los brazos levantados con la actitud de un cartel pugilístico, como si encontrara un siniestro placer en contradecir su aspecto común (severo y huraño, enfundado en un sobrio traje negro, que paseaba solitario por las veredas del monte).

—Vamos, atrévete. Hoy tienes tu oportunidad.
—Hoy no. Hoy no.
—He dicho que hoy tienes tu oportunidad.
—Hoy no, don Lucas.
—Hoy te ofrezco la oportunidad de tu vida. Mucho dinero. ¿Entiendes lo que es eso? Mucho dinero.
—Don Lucas.
—¡Vamos! Pórtate como un hombre. Intenta salir.
—Hoy no puedo.

Dio una patada en el suelo, el bulto brincó.

—Estoy cansado, don Lucas. Mañana.
—Levántate si no quieres que te levante yo. Tú verás.
—Estoy cansado, don Lucas. No he pegado ojo en toda la noche.
—Te lo advierto, luego no te quejes. Voy a contar hasta diez: una, dos, tres, cuatro...
—Hoy no puedo, de verdad...
—Vas a cobrar.

Avanzó tres pasos, levantó una pierna. Entonces el bulto saltó (una fila de dientes blancos, una cabeza mojada, la carrera del ojo trazando la línea en la penumbra cuando el bulto se golpeó en el quicio), echando a un lado al indiano. Le agarró de la cintura y volvió a golpearse en el quicio hasta soltarse de su mano, corriendo por el pasillo. Se detuvo en la puerta, cerrada por una barra de guarnición; allí estaba el indiano, los puños vendados, el sombrero negro perfectamente tieso, los ojos pequeños que pugnaban por abandonar sus órbitas para clavarse en su cara como dos proyectiles sujetos por intolerables resortes.

—Tienes que luchar como un caballero, imbécil. Como un caballero, ¿qué te has creído tú?

Estaba jadeando. Levantó la mano, incapaz de hablar, tratando de prorrogar la pausa. El indiano la apartó de un manotazo y le alcanzó en el carrillo. Su cara se contrajo como un muñeco de goma estrujado por una mano infantil, conservando empero los grandes y redondos ojos, la mirada quieta, serena, tan ajena a la visión como atenta al golpe.

—A ver si entiendes de esta forma— y dio un salto atrás, los puños en alto protegidos con vendas americanas.

Luego su mirada volvió lentamente a la superficie, su brillo reducido y concentrado por las sombras de una profunda, absorta y antigua meditación.

Al segundo golpe en el cuello, el otro bajó la cabeza, metiendo el vientre. El indiano le golpeó en la nuca.

—Así no, idiota. Levanta esa cabeza si no quieres que te la levante yo.

Levantó la cabeza; en un momento vio el sombrero, sus ojos pequeños y penetrantes, el arranque de su sonrisa en los labios plegados de invulnerable y espúreo cartón. Una cabeza que bien podría encontrarse sobre el testero de una barraca misteriosa, la mandíbula inferior animada de un movimiento mecánico para anunciar en la noche la Gruta de la Muerte; un puñetazo en la frente, que le obligó a esconder su cara en las manos. Don Lucas le cogió las muñecas con sus puños vendados.

—Vamos, Blanco, o luchas como un caballero o te vas a la calle.

—No estoy bueno, don Lucas. No estoy bueno. Mañana.

—He dicho que vamos.

No había levantado la cabeza cuando le largó un golpe al costado. Luego otro le alcanzó en el cuello. El sombrero no se movió, sus ojos se achicaron. Otro por el lado opuesto; el indiano se echó atrás.

—Así me gusta.

El otro no le llegaba a los hombros, corría a su lado golpeando en su costado y en sus brazos hasta que el indiano dio con la espalda en la pared, los brazos sobre sus hombros. El sombrero no se le había movido; sus párpados estaban casi cerrados. El otro, con la cabeza en su pecho, golpeaba a ciegas en su costado y en la pared.

—Así me gusta.

Otro golpe le había alcanzado el botón del cuello, su sombrero no se había movido, pero sus ojos se cerraron más.

Al fin el pequeño hundió la cabeza en su estómago y el indiano cayó sentado sobre una silla que crujió, levantando una polvareda. Alzó una mano, jadeante, tratando de detenerle con el gesto, pero el otro volvió a embestir con la cabeza, golpeándole el pecho. Dio un bufido. La silla rodó. El indiano abrió los brazos despejando la defensa del otro para alcanzarle en la cara; obligándole a retroceder. Pero el otro volvió a hundir la cabeza para agarrarse furiosamente a la cara de cartón, estrujando su pálida boca y abriendo sus órbitas.

—¡Marrano!

Luego fueron tres, cuatro, cinco, seis golpes precisos en la nuca, en las sienes y en la cara, que la mirada —reapareciendo inmóvil tras el golpe, como un arrecife tras la espuma furiosa, tranquila, invicta y sonámbula y puramente especulativa, perdida en un éxtasis más allá del reino de la visión, huyendo de la cara macerada hacia un punto de silencioso colapso— era incapaz de advertir.

Cuando el indiano se retiró —el sonido del viento en los agujeros de los cristales, la gasa desgarrada de delicada y morbosa materia que el polvo había aterciopelado, flotando exangüe como una bandera en honor de un cadáver desconocido, una noche de calor— el otro quedó en el centro de la habitación, mirándose los pies y bamboleándose como un pelele, chorreando sangre por la nariz y la boca.

—No creerás que esto ha terminado. No te darás por vencido al primer round —dijo allá atrás, atusándose las sienes y ajustándose las vendas; en las mejillas las huellas de los dedos de Blanco.

—Límpiate un poco. Te doy dos minutos.

Se había derrumbado a cuatro patas, mirando cómo sus propias gotas caían al suelo. El indiano se acercó poniéndole una mano en la espalda; el sombrero estaba un poco echado hacia atrás mostrando en su frente una línea roja (achicada y ridiculizada su cara como si se hubiera colocado una redecilla femenina), dos líneas de sudor se juntaban en su barbilla.

—Vamos, hombre. No ha sido nada.

El otro no podía hablar. Tuvo un escalofrío cuando el

aroma de la brillantina se mezcló con la sangre. Sus manos temblaban. Sacudió la cabeza como un perro, un hilo de sangre corrió de sus narices hasta la oreja.

—Vamos, hombre, levántate. No ha sido nada.
—Don...
—Te he dicho que vamos.
—...agua.
—Déjate de aguas. Ya tendrás agua cuando acabes, no te apures.
—...agua... —sus brazos no le aguantaron más y su cabeza se desplomó en el suelo.

Abrió el grifo, en las manos trajo un poco de agua que derramó sobre su cabeza. Le pasó una mano debajo del brazo y le ayudó a incorporarse.

—Vamos, hijo, vamos. No es para tanto.

Tenía un párpado de color cárdeno, hinchado como una nuez. La piel de la mejilla —estirándose con un rictus autónomo— le obligó a sonreír enseñando las muelas.

—Así me gusta. Que seas fuerte.

De nuevo quedó en pie, sólo balanceándose estúpida y grotescamente como un anuncio de específicos contra el mareo.

—Segundo «round».

Con el revés de la mano —la venda suelta se quedó por un momento enrollada en su cara— le dio una bofetada (no un golpe de hombre a hombre, de poder a poder; tan sólo sus nudillos contra las muelas del otro, como las patrullas de dos ejércitos chocaban entre sí en una escaramuza local) que abrió su sonrisa hasta más allá de sus límites humanos, mostrando el vacío donde se escondía el animal.

Abrió el grifo, puso un cazo en el aguamanil. El otro sonreía todavía, apoyado en la pared, mostrando las muelas con la nuca en la pared y la sangre que corría por la barbilla.

Se quitó las vendas, enrollándolas con cuidado.

—No vales para nada. No me sirves de nada.

El otro no contestó. Todavía sonreía al techo y la comisura de sus labios temblaba de cuando en cuando.

—Lo único que puedo hacer contigo es jugar a la lotería.
Metió la mano en el cazo y le echó una rociada de agua.
—Te estoy hablando. ¿No tienes fuerzas ni para contestar a tu amo?
El otro le miró, volviendo lentamente la cabeza, absorto, lejano, sombrío, sonriente, tan ausente del amo como un mártir del verdugo.
—Ni siquiera puedes hablar. No vales para nada —dijo, arrojándole a la cara el agua del cazo; su mirada seguía quieta, impersonal, sombría como un arrecife que surgiera de las olas.
Un nuevo aroma le hizo volver en sí; allí estaba el indiano, el sombrero ajustado, sonriendo desdeñosamente mientras masticaba algo.
—¿No te gusta este empleo? A partir de mañana te podrás buscar otro mejor.
—Don Lucas...
—Otro mejor —dijo, sacando otro chocolate de la caja, mirando el contenido de la caja cubierto con papeles calados imitando bordados, con una capa de polvo—. Yo necesito un hombre de verdad. Un hombre de verdad.
—Don Lucas...
—Chocolate de primera calidad. Un regalo que me ha hecho una chica que se interesa por quien yo sé —dijo, llevándose a la boca otra pastilla, acercándose para mirarle de arriba abajo—; una chica para un hombre de verdad.
—Don Lucas...
—Qué, ¿te gustaría que te hicieran esos regalos, eh? —dijo, metiéndole a la fuerza una pastilla en la boca; sus ojos se abrieron más—. ¿Te gustaría tener esa chica, eh?
El otro no pudo contestar, la pastilla todavía en la boca, mirándole absorto.
—Yo se la tengo preparada al primer hombre que...
—Don Lucas, yo le...
—No puedes ni hablar. Te molesta perder el empleo, ¿eh?
—Hoy me encontraba mal, don Lucas. No he dormido.

—No puedes ni hablar —dijo, metiéndole otra pastilla—. Yo necesito un hombre de verdad.

—No me...

—Un hombre de aguante. No una damisela como tú.

—Me encontraba mal, pero ahora estoy mejor, don Lucas —le metió otra pastilla—. Aborabodréguantádodologutéquiera —dijo, tragando—, don Lucas.

—No vales para nada.

—Ahora mismo, si usted quiere. Le aseguro que ahora mismo puedo aguantar todos los rounds que usted quiera.

—Cállate. Ni siquiera puedes hablar. Lo que yo necesito es un hombre de verdad, no una damisela.

—Tercer round, señor Lucas.

—Mírate al espejo. Lávate la cara, imbécil.

IV

Pasó un invierno primaveral. Luego otro y luego otro. Y lo que un día hubo de parecer un gesto de elemental y sincera y un poco burda piedad había de convertirse en el tiempo en la ceremonia anual que conmemoraba el triunfo de la inocencia. Nada más que una rosa, una mancha y unas quemaduras en el pliegue número tantos de una memoria blanca y alcanforada, cerrada con llave.

Nadie podría precisarlo. Fue uno o dos años antes de la muerte de Rosa. El intervalo: unos pocos meses que para la figura color lana cruda —reducida de tamaño—, sentada de una vez para siempre en la silla baja de cuerda, habrían transcurrido sin números ni achaques ni ilusiones en el susurrante silencio de las telas recogidas y depositadas todas las tardes doradas y pardas como a lo largo de los otros veinte o treinta o cuarente años anteriores en que diera comienzo la labor nunca concluida. Un invierno tan dulce que incluso pudo trabajar con la ventana entreabierta desde enero hasta julio.

La luz le caería como entonces: probablemente era atrasada. Sus ojos (una huella roja de los lentes y un callo en el índice derecho) no hacían sino seguir lo que sus manos ya sabían, el hilo que los dedos encallecidos —sin necesidad del pensamiento ausente, esfumado con el rastro de un primitivo y primer pretendiente del año de Mari Castaña, ahuyentado por unos pocos ladridos— doblaban, enhebraban y pasaban y cortaban, elevando de tanto en tanto la mirada hacia la nada, la ventana arrabalera; colocada allá por un gesto fortuito, una maldición arbitraria con que su arbitraria voluntad condenaba un cuerpo despechado en una edad remota que sin transición había engullido infancia y adolescencia y una tímida juventud avergonzada de su propio brote, sepultada por la voluntad bajo una losa de ropa blanca que alzaba la vista de tarde en tarde (un prurito del animal doméstico) para no ver ni mañanas ni tardes ni la llegada de los pájaros ni el vuelo de las semillas ni el paso de los carros mañaneros ni las procesiones ni las manifestaciones sindicales ni los camiones nocturnos que quemaban gas-oil ni las familias que un día huyeron subidas a los carros, ni las tropas harapientas que entraron victoriosas por la calle con la bayoneta calada y una manta enrollada al pecho, ni grupos silenciosos de hombres que no comían desde tres días atrás, ni grupos de segadores errantes que dormían al sereno con la mano en la segur, pero sí un hombre que todos los años por la misma fecha subía por el camino de Macerta montado en un borrico para fumarse un cigarro a su vera, partido en dos por el sol, y el ala del sombrero negro ladeado en su cabeza con un deje rotundo y chulesco.

Nadie le conocía de antes. No tenía más relación con el pueblo que el pago de la contribución anual sobre la parte de los terrenos de Nueva Elvira que había correspondido en la testamentaría del difunto señor Gros al pago de sus acreedores. La otra parte, Rosa, en ninguna ocasión había dejado de no pagarla.

En un principio se dijo que era el administrador. De qué y de quién nadie lo sabía, pero era el administrador.

Un día empezó a salir humo de la casa. Las dominicales meriendas campestres cesaron a raíz de la aparición de un alambre de espino y un cartel en la puerta de entrada, la cabeza de un enorme perrazo lanudo y sucio surgiendo de detrás de un arbusto para gruñir a toda muchacha endomingada.

—Calla, «Bulo», ven acá.

Echó a correr, pero el perro la alcanzó derribándola en el suelo, olfateando sus brazos desnudos, su escote y su cuello, debajo del pelo.

Unas pisadas de alpargata. Detrás del matorral el busto de un hombre que frisaba los cincuenta (con la venia del sombrero), el formato de un antiguo y solitario y perenne desdén grabado en su cara de mayólica. Una piel curtida por un clima de ultramar, haciendo silbar las eses.

—Déjala, «Bulo». Ya está bien.

Hizo un gruñido profundo, ladró tres veces en dirección a la higuera donde un bulto se movió.

—Vamos, «Bulo», ven acá. Esta vez te equivocaste —dijo, mirando al cielo, aspirando ostensiblemente cierto aroma pasajero—. ¿Qué es eso, «Bulo»?

Como si jugara al ajedrez, adelantando el peón hacia el rey blanco para comerse su dama.

—Lo siento —dijo, sin salir de detrás del arbusto—, lo siento de verdad. Pero un día me lo agradecerá. El día que no sienta miedo de nada. Acaso también leyeron acá la fábula de los amigos y el oso. Vamos, «Bulo».

Al cruzar delante de la higuera se detuvo de nuevo.

—En cuanto a usted seguramente leyó el aviso de la entrada. Ya sabe lo que le espera la próxima vez. Vamos, «Bulo».

Desapareció en un instante, un gesto de desdén. Cuando se volvió a mirarle ya estaba arriba, muy lejos, increíblemente lejos; un rabo alegre se ocultaba entre los matorrales y una figura negra subía en amplio viraje entre la luz de la tarde y la curva de la loma. Una vara que cortó de un golpe la rama de un espino.

Después se dio en llamarle el novio de Rosa. A partir de su muerte se trasladó definitivamente a las ruinas de Nueva Elvira —que un día había empezado a reconstruir—, arrastrando tristemente por los pasillos hundidos, las habitaciones sin techo, los sótanos sombríos con un palmo de agua, una existencia desengañada y huraña sin otra compañía que la de aquel pequeño y nervioso y retraído Blanco, de aspecto inquieto y desconfiado —un pobre diablo sin casa ni familia conocida, que antes de la llegada del indiano andaba detrás de las tapias espiando a las mujeres—, que el indiano, quién sabe si llevado por cualquier idea de redención adquirida en un país extraño, una tarde de crisis, había encontrado vagabundeando por los jardines de Nueva Elvira y había tomado tal vez para su servicio o por calmar sus frustradas ambiciones paternales o para ambas cosas, buscando en el tiempo el calor de una familia devota a su persona, y la de aquel perrazo enorme y sucio especialmente adiestrado para perseguir las parejas domingueras. Se dijo que era un hombre joven, prematuramente envejecido, poseedor de una cuantiosa fortuna, que en su día había puesto a los pies de Rosa para tratar de alegrar su corazón de madera.

Pero Rosa no era de este mundo. Rosa la pobre, Rosa la buena, Rosa la humilde, la del corazón grande (del tamaño de una sandía), Rosa era una santa, criatura del cielo, pedazo de pan; Rosa la pobre, Rosa la buena, Rosa la tonta.

En un tiempo empezó a ser el comentario de las mujeres que exageraban la indiferencia por tratarse de un asunto en el que su sexo apenas tenía participación. Porque, al fin y al cabo a Rosa no la consideraban nada, ni siquiera de su sexo. Era un hombre rico, solo, que había hecho su fortuna en América y volvía a su tierra para descansar el resto de sus días; que había visto en Rosa una chica seria, humilde, sis aspiraciones de ninguna clase, que llevaría su casa a la perfección y, quién sabe, quizá le podría dar hijos, si era eso lo que él andaba buscando. Pero se dijo asimismo que Amelia se había opuesto por egoísmo, porque desde su llegada al mundo estaba acostumbrada a frustrar todo empeño de salir de la cáscara, reducida cada día un poco más —el egoísmo crece de consuno con la resignación—, asistida por Rosa (con un corazón como una sandía, que podía dejar de latir en cualquier momento), quien le hacía la comida y le fregaba los suelos y le lavaba la ropa, porque su egoísmo le impedía apercibirse de que si, al menos, podía vivir —comer verduras y patatas cocidas, coser durante diez horas al día sábanas y equipos baratos de novia— era, sin duda, gracias a Rosa y, en los últimos tiempos antes de su muerte, a aquel novio o pretendiente o protector desinteresado que le pagaba diez y veinte veces su valor unos pañuelos que se hacía bordar para ayudarlas a subsistir. Que había comprado o desgravado o liberado la finca de Nueva Elvira —cuya restauración había suspendido a raíz de un tímido, involuntario no de Rosa, obligada por la señorita Amelia— para ofrecérsela como regalo de boda que ella hubo de desbaratar, aunque sólo fuera por el involuntario, mimético deseo de morir en el lugar al que las circunstancias familiares la habían arrastrado.

Ya nunca más fue administrador. La finca pasó por otro momento de transición, esporádicamente visitada por gitanos y vagabundos y silenciosas parejas de edad y condición limítrofe que rondaban el amor sin decidirse al sacramento, no obstante las visitas del indiano, que allí volvía algunos sábados —sobre todo en los meses que siguieron a la muerte de Rosa—, acaso para destruir de una vez —las largas y delirantes noches por los pasillos sin techo, los jirones de gasa que aún colgaban de algunos cimeros, los sótanos con un palmo de agua, las escaleras hundidas, donde corrían y gritaban las ratas, las luchas a torso desnudo por las galerías sin cristales, los lamentos nocturnos de un Blanco enjaulado en una caldera, secándose las lágrimas y apretando su cara tumescente y morada contra el hábito negro de olor peculiar que aún cubría los huesos crujientes, mezclándose con los ladridos lejanos de un perro débil— los sueños patriarcales que un día alimentó a la vista de aquella casa, en compañía de la mujer idónea.

Se había hecho un nombre. Un nombre de personaje desengañado y huraño, sin la juventud necesaria para encajar el último golpe, sin la edad suficiente para restarle importancia. Un hombre al que, tras luchar y vencer a lo largo de una vida cruel y azarosa, se le negaba el último, único y más justo premio, al que acaso desde el primer instante, si es que durante sus tropicales años de lucha había tenido un instante libre para pensar en consagraciones, había consagrado todo su esfuerzo. Un hombre, viciado por la lucha, que recurría a la lucha para borrar el sueño que años atrás guió y justificó toda una vida de lucha —noches de solitario horror y ladridos lejanos, y voces humanas, y cristales rotos, y precipitadas carreras espasmódicamente detenidas y abortadas puertas adentro con una sonrisa en suspenso, súbitamente desaparecida en la noche ardiente para volver a aflorar en Región, sobre un tapete de juego con cuatro naipes en las esquinas, en un comentario pasajero.

—Pobre hombre. La tonta de Rosa.

V

—Por favor, sírvase transmitir a su señora tía mis más respetuosos saludos.

Se quedó parada. No había nadie. A unos pocos pasos, debajo de un portal cerrado, vio un par de alpargatas blancas muy juntas.

Hizo una inclinación de cabeza, sacando la cabeza de las sombras para avanzar la cara (un mosntruo en su urna morada) con una reverencia arcaica: una cara de cartón, inhabilitada para el gesto, donde se materializaba el horror, el fastidio, el énfasis de la edad; una boquilla negra con embocadura de plata, de donde emergía un cigarrillo ligeramente temblón, cuyo humo remolineaba bajo el ala del sombrero. Un traje negro que le venía un tanto justo, de tela rígida que allá en Tampico, o en Lochha, o en Tzibalchen, o en Papasquiaro, o vete a saber dónde debía haber adquirido con carácter más definitivo que una verdadera mortaja, un postrer día de calor, y unas alpargatas impecables, cuyas cintas planchadas destacaban sobre los calcetines de algodón negro.

—La acompañaré hasta la esquina. Si a usted no le importa.

Rosa no contestó. Con la cabeza baja contemplaba el dinero que aún tenía en la mano.

—Es una labor extraordinaria. La felicito —dijo, sin

alterar el gesto, abriendo el paquete y sacando un pañuelo de hilo bordado, unas iniciales entrelazadas, L. R., del tamaño de una mariposa.

—A mí no. Yo no he hecho más que plancharlos. Mi tía lo hace todo.

—He oído hablar mucho de ella. Una gran señora.

Rosa no le miró ni una vez. Todavía no se había guardado el dinero. Andaba a pasos ligeros, arrimándose a las paredes para rehuir la mirada del indiano.

—Rosa.

La cogió del brazo.

Ella se quedó petrificada, atenta interiormente a las losas de piedra. Su mano empezó a tirar de manera imperceptible, pero con increíble firmeza; el indiano la retuvo.

—Rosa, de sobra sabe usted qué es lo que me trae aquí. De sobra sabe usted cuáles son mis aspiraciones. Sólo necesito saber si las suyas coinciden con las mías.

No movió nada; la cabeza caída en actitud piadosa, miraba al suelo, el dinero apretado en sus dos manos rojas, que aún olían a lejía.

—Tiene usted miedo de contestar, Rosa. Tiene usted miedo de contrariarme, porque antes que nada existe entre nosotros un mutuo aprecio que usted no quiere perder. Yo le juro por mi honor, Rosa, que eso nunca se perderá. Antes se perderá este hombre que ve usted aquí. Se lo juro, Rosa.

Tuvo una sacudida, fue a mirarle, pero no llegó; un resorte —su cabeza parada en la expectante y atónita actitud de un autómata de porcelana detenido al iniciar el paso de baile— la cortó, quieta, transfigurada, fosilizada en un instante por un siglo de polvo e intangible virtud. Probablemente ni sintió la mano grande del indiano posada sobre las suyas para reanudar el paso de baile frustrado por una negligencia.

—Una cosa quisiera advertirle, Rosa. Le ruego que lo piense, aunque no es necesario que lo haga tanto como yo. Yo ya no soy joven, usted lo sabe, y he de estar por fuerza muy seguro de lo que digo cuando a mis años me atrevo a dar semejante paso. No se mueva, se lo ruego, Rosa, no se mueva. Pero le mentiría si le dijera que sólo lo hago por usted. Como tampoco lo hago sólo por mí, por egoísmo. Lo hago por los dos; ahora, tras mucho tiempo de vacilación, puedo decirlo con entera firmeza. Y cuando usted lo piense, hágalo por los dos también. Y por su tía de usted también. Prométamelo.

—Yo no le puedo prometer nada.
—Prométamelo, Rosa.
—Yo no le prometo nada.
—Prométemelo, te digo.
—Se lo prometo, se lo prometo.
—Gracias, Rosa, gracias por todo.
—No me dé las gracias.
—Por fuerza he de dárselas. Ya veo que tiene usted alguna prisa. Adiós Rosa. Yo le prometo a mi vez que, sea cual fuere su respuesta, guardaré estos recuerdos cerca del corazón, muy cerca del corazón —dijo, contemplando los pañuelos, dando a su voz esa entonación del charlatán, que ensalza un carminativo para menospreciar al mundo entero—. El corazón —añadió con fastidio, un espontáneo gesto de fatiga—, el corazón —suspirando profundamente, sacando del bolsillo un pequeño envoltorio en papel de estraza—. Le ruego que acepte este pequeño paquete —un frasco de colonia dominguera, de color carmesí.

Por primera vez Rosa le miró, sus manos y las suyas sobre el frasco de colonia.

—No me lo diga todavía. Espere.

Los dos quedaron en silencio. Su gesto pareció perderse alejándose por un paraje del ayer —la llanura de Lochha, el adiós a Tzibalchen, cabalgando por la noche en una mula, bajo los plátanos y sicomoros hasta alcanzar la bahía, silenciosa y plateada, unas pocas luces en fila en la línea del muelle, entre el chapoteo del agua, apoyado en la barandilla del barco que, tras el largo paréntesis de lucha, le devolvía a su tierra—, una figura del alma que por un instante afloró a su superficie trataba de abandonar la carcelaria cara de invulnerable y desdeñable pasta vaciada sobre un troquel de fanfarronería, aventura, orgullo y fastidio y crisis, y un cierto soplo de cruel y adquirido mestizaje no suficientemente desarrollada para borrar la nativa y ridícula estrechez de sienes apenas disimulada por unos pocos cabellos cuidadosamente apelotonados debajo del sombrero, untados con brillantina.

—Soy un hombre que ha vivido mucho y ha sufrido grandes desengaños. Y éste, Rosa (por mis muertos), sería el último. Yo le ruego, una vez más, que lo piense, sin dejarse llevar por los sentimientos que le inspira su situación actual. La caridad y el amor (sépalo usted) pueden darse a la par algunas veces.

—Señor Blanco.
—Llámame Blanco a secas.
—Señor Blanco.
—Usted me comprende demasiado bien. Usted no puede aniquilar su porvenir por un sacrificio estéril.
—Señor Blanco.
—Su tía de usted podrá vivir con nosotros.
—Por favor.
—Se lo dice un hombre que ha vivido mucho, que ha sufrido más. El amor —con acento de augur, sellando los labios y entornando los ojos— probablemente no dura más de veinticuatro horas. Lo que queda atrás no es cierto, lo que está por venir no vale la cuarta parte de lo presente. Te lo dice un hombre que ha vivido mucho, que ha sacrificado su vida por un porvenir más digno.
—Señor Blanco.
—Un porvenir que te engaña y empaña la vista, te impide vivir de verdad. Pero un día, Rosa, te darás cuenta de que con el amor vas a adquirir la facultad de vivir de verdad, sin sombras del porvenir.
—¡Señor Blanco!
—Sabía que no me equivocaba. Lo veía en tus ojos. Feliz tú hoy que no te hace falta saberlo porque estás viviendo —dijo, entreabriendo la boca con chulería, mirándola de soslayo, y añadió—: Por supuesto.
—¡Señor Blanco!
—Me voy, Rosa. Tengo que irme.
—Por favor, señor Blanco. No sé qué decirle.
—Estás llorando, criatura.
—No estoy llorando. Sólo que...
—Te digo que estás llorando, criatura. Déjame que te

seque esas lágrimas benditas. Déjame que te las seque con el pañuelo que bordaron tus manos. Ya sé que has pasado mucho, mucho. Pero a partir de ahora yo haré que tus penas de amor se conviertan en alegrías. Así, basta ya. Ea, basta ya, criatura.

Ella enmudeció. Mirándole con dos ojos como dos botones, un sonido estertóreo salió de su boca entreabierta. El indiano le levantó la barbilla y, echando unas cuantas gotas de colonia, le pasó, una vez más, el pañuelo por la cara.

—Lo que tú me digas estará bien dicho. Mientras tanto yo me guardaré este pañuelo para tenerlo siempre junto a mi corazón —dijo, guardándose el pañuelo en el bolsillo interior, llevando su mano hasta palpar su pecho e inclinándose luego con un movimiento repentino para besar la mano roja, cuarteada, que todavía despedía un olor a lejía.

VI

La puerta golpeó en el quicio un par de veces. Una mano se introdujo por la rendija para soltar el alambre, arrollado a un clavo. En el umbral apareció una lámpara de carburo en el centro de la figura negra, iluminando el sótano, unos cuanto baúles y marcos viejos apenas cubiertos con colgaduras y colchas deshilachadas y borlones de seda comidos por las ratas.

Había detrás un bulto. Levantó la lámpara para colocarla ante su cabeza. Respiraba profundamente, llenando el ámbito con un ronquido apacible, tendido en el bastidor de madera y cubierto con una colgadura de terciopelo negro con manchas calvas y pardas.

Había detrás un bulto. Tuvo un escalofrío y encogió la nariz cuando la luz del carburo le dio de lleno en los ojos.

—Despierta.

—¿Eh? —dijo, dormido, abriendo la boca y volviéndose del otro lado.

—Que te despiertes.

Agitó la lámpara ante sus ojos, luego le dio un sopapo.

Dejó la lámpara en el suelo y encendió un cigarrillo, echando el humo a la cara del dormido. Detrás un bulto que se movió y el hombre parpadeó.

—¿Qué, qué?

—Despierta de una vez.

Le miraba fijamente; el humo del cigarrillo remolineaba bajo el sombrero, que no debía haberse quitado ni para echarse a dormir. Sobre los pantalones negros, a medias abrochados, caían los pliegues de un jubón abierto, que dejaba al aire una pechuga blanca de apariencia infantil, donde asomaban algunas canas rizadas.

—... te he dicho mil veces que no quiero que te cierres por dentro.

—Don Lucas.

—¿Dormías bien, verdad?

—¿Qué hora es? Aún es de noche; no serán ni las cinco.

—¿Te importa mucho?

—No, don Lucas.

—Dormías a gusto, ¿eh?

—La otra noche no pegué ojo.

—Debías estar preocupado.

—No, don Lucas, no era eso.

—Ya lo creo que era eso. Probablemente una grave preocupación te quitó el sueño. Me parece que tú eres hombre de grandes preocupaciones.

El otro no respondió, escondiendo la mirada bajo la colgadura que le tapaba.

—Mírame.

El otro le miró, sólo los ojos negros salían del embozo.

—Dime si dormías a gusto.

—Sí, don Lucas. Ya lo creo.

—Levántate.

El otro no respondió, incorporado a medias en la cama —un bastidor de madera relleno de paja y papeles, y cubierto con una lona manchada de orines—, tratando con dificultad de mantener los párpados abiertos.

—Una carga excesiva para tus débiles hombros.

Había un bulto detrás. Lanzó la bocanada hasta el techo, en silencio, observando las manchas de luz.

—Demasiadas preocupaciones.
Le echó la bocanada en la cara, basculando hacia atrás.
—No te duermas.
—Todavía es de noche. Me podría dejar un poco más.
—¿Quieres que te duerma para siempre?
—¿Eh?
—«¡Bulo!»
Algo se movió detrás, el hombre abrió los ojos.
—No, don Lucas, no. Ahora no. Hace dos noches que no he pegado ojo. Ahora no. Ahora no. Por lo que más quiera, don Lucas.
—«¡Bulo!»
Era un enorme perro de majada, sucio, de color canela, que se le quedó mirando entreabriendo los ojos —casi encarnados, unas legañas húmedas le corrían por la cara— y bostezando.
—Vamos, sube, «Bulo».
Subió de un salto a la cama. Lanzó un gruñido. El otro retrocedió. De detrás del jubón, envueltos en un pañuelo blanco, el indiano sacó un terrón de azúcar que lanzó al aire, seguido por la mirada aburrida del perro.
—¿Te gustaría darte una carrera por el jardín?
El otro hizo no con la cabeza.
—¿Te gustaría echar unos guantes?
El otro volvió a hacer no, mirando al perro.
—Entonces, ¿qué te gustaría hacer?
—Déjeme dormir, don Lucas. Llévese el perro. Déjeme dormir.
—Eres un niño. No se puede hacer nada de tí. Eres un niño.
—Don Lucas, le prometo que mañana. Don Lucas. Le prometo que mañana.
—¿Qué sabes tú de mañana? ¿Qué sabes tú de eso, imbécil?
—Déjelo para mañana, don Lucas. Déjelo.
—Me tienes preocupado —aplastó el cigarro con la punta de la alpargata, hizo una mueca de desprecio—; te aseguro que me tienes muy preocupado. No tengo más remedio que tomar una resolución contigo. Una resolución que nunca creí que fuese necesaria.

—Don Lucas.
—Tú me has obligado a ello.
—Yo no quería escaparme, se lo juro.
—De cualquier forma, no volverá a ocurrir.
—De verdad le digo que no quería escaparme.
—Estoy escarmentado. Una y no más...
—Se lo digo de verdad. Se lo juro por lo que más quiera.
—Cállate.
Otra vez lanzó el terrón al aire. Luego estuvo contemplándolo de cerca hasta que con un rápido movimiento lo estrelló en la cabeza de Blanco. El perro saltó, apartando a Blanco de un manotazo y hurgando en su lecho para buscar el azúcar.
—Negra ingratitud.
—Don Lucas, de verdad se lo digo. Yo sólo quería dar una vuelta —el perro le miraba tranquilamente mientras masticaba el azúcar; luego bostezó. Se sentó en el borde del lecho, acariciando la pechuga del animal.
—Me he sacrificado como un padre por ti. Todo lo he dejado por ti, por ti. Para hacer de ti un hombre. Un hombre que pudiese ir por la calle con la cabeza bien alta, digno de tal nombre. Y mira de qué forma me lo pagas: escapándote de la casa para rondar alguna mujerzuela. Para largarte con alguna mujerzuela. Esa es la manera que tienes tú de pagar todo lo que he hecho por ti. Te aseguro que me entran ganas de arrancarte la piel, granuja.
Levantó la voz, levantó los puños al cielo en actitud dramática para hundir la cabeza en sus manos, reteniendo la respiración.
—Don Lucas...
—Sólo puedo confiar en ti, «Bulo». Solamente tú me ofreces la verdadera amistad. Está bien, «Bulo», está bien.
—Don Lucas...
—Qué sería de mí sin ti. Qué sería de mí —sacó otro terrón de azúcar, el perro avanzó la cabeza—. Tú sabes lo que he hecho por él. Un pobre diablo que no tenía dónde caerse muerto —el otro se metió en la cama, bajando la vista; levantó un poco la cobertura para escon-

der la cabeza y se santiguó rápidamente. Don Lucas lo vio— y ahí lo tienes ahora: bien alimentado, bien vestido, heredero de una fortuna nada desdeñable, acosado por todas las muchachas casaderas del país... Está bien, «Bulo», ya que él lo quiere así le dejaremos salir, a condición de que no vuelva a poner los pies en esta casa.

El otro, debajo de la cobertura, rompió a llorar.

—¿No es eso lo que querías? Responde.

El otro no pudo contestar.

—Vamos, «Bulo», sácalo de ahí —dijo, echándole el terrón en la cama al tiempo que se llevaba el pañuelo a la nariz para aspirar el aroma de la colonia barata. El perro levantó la cobertura, gruñéndole en la cara. Don Lucas le agarró por la camisa. —Vamos, responde: ¿no es eso lo que querías?

—No, don Lucas. Usted sabe que no, don Lucas.

—No me vengas ahora con golpes de pecho, ¿entiendes? Me he pasado toda una noche buscándote por el monte. ¿Te das cuenta lo que es eso? ¿Te das cuenta de lo que es para un padre soltar al perro para buscar al hijo ingrato, tener que atar con cadenas al hijo ingrato para no verle hundido en el vicio? ¿Te das cuenta, animal, te das cuenta? ¿No ves que me estás enterrando vivo?

No tenía una lágrima, el otro bajaba la vista. Al fin le soltó para enjugarse la frente —el sombrero negro inmóvil— y los ojos.

—Ésa es la triste verdad, «Bulo», —durante un largo rato permaneció llevándose repetidas veces a la nariz el pañuelo perfumado con colonia dominguera, aspirando con los ojos entornados al tiempo que acariciaba la pechuga del perro—, solamente puedo confiar en ti.

—Don Lucas, se lo juro por lo que más quiero.

—Tú no quieres a nadie.

—Se lo juro por lo que más quiero.

—Toma, huele —le dijo, alargándole el pañuelo.

El otro retrocedió, metiendo los brazos bajo la cobertura.

—Que huelas, te digo —repitió. De un golpe le metió el pañuelo en las narices—. Di: ¿te gusta como huele?

—Donnucas.

119

—¿Te gusta como huele?
—Sí, don Lucas.
—¿Te gustaría tener una mujer que oliera así?
El otro se derrumbó en la cama, mirando al techo y abriendo la boca de cuando en cuando, como un pescado en un cesto.
—Di ¿te gustaría?
—Don Lucas...
—He pensado que tal vez sea la mejor solución. Prefiero que tengas la mujer en casa a que cada semana te largues por ahí en busca de mujerzuelas. ¿Qué dices tú a eso?
El otro hizo un ruido, mirando al techo. El pañuelo se le había quedado junto a su cara; solamente la cabeza sobresalía de la colgadura de terciopelo.
—Te estoy preguntando algo.
—Que ya lo creo, don Lucas.
—Está bien. Así será; ya ves que soy complaciente. Antes de un mes iré a la ciudad y te traeré una mujer para ti sólo. Eso si no viene ella antes, ¿eh? —dijo, sonriendo, dándole una palmada en la cara—. ¿Qué dices tú a eso?
—Nada.
—¿Ah, no dices nada?
—Sí, don Lucas, que muy bien.
—Esto es. La señora de Blanco. Siempre me han gustado las escenas familiares. Toda la vida no he hecho otra cosa que tratar de rodearme de una familia. ¿Y qué dices tú, «Bulo»?
Cogió el pañuelo de nuevo —el otro bajó la vista del techo, observándole desde el embozo— y aspiró profundamente. Luego envolvió un terrón de azúcar en él y lo arrojó al rincón.
—Vamos, «Bulo», tráemelo.
Cuando lo volvió a coger le restregó el hocico con él, luego deshizo el nudo y lo extendió en el suelo con el azúcar en el centro.
—Toma. Tienes que irte acostumbrando a este olor.

VII

Una mancha en un pliegue postrero. La rosa ajada envuelta en papel transparente de color amarillo limón.
—Bueeenas tardes.
—Se llama Amelia.
—Lo sé, Blanco, lo sé. Jeee, burro. Arre, burro —lo golpeó en el lomo, con una mueca de desdén exagerada hasta lo macabro por la sombra recta del ala omnímoda; sentado en la grupa a lo mujer y el cuerpo levemente escorado con la apurada apostura de una pepona recostada en un sofá, cruzó por la ventana sin hacer caso de Blanco, que le seguía a pasos cortos, la mirada en el suelo—. Ya lo sé, Blanco, ya lo sé.

Dentro no se oía nada. El aire fresco de la penumbra y la ropa limpia, una mano inerte que despedía efluvios de lejía, más inmovilizada que una cucaracha bajo la luz, tras los montones de vainicas.

—La vida de estas gentes —miraba apenas hacia la ventana— el sueño de una mula picada por las moscas —bajo el sol, abriendo una boca provocativa que parecía accionada por un hombre escondido.

Sin duda fue la primera mancha en muchos kilómetros de ropa blanca (la respiración entrecortada), la mirada caprichosa y cruelmente recortada sobre el fondo blanco de la tela amontonada en las dos arcas que contenían el trabajo de más de tres decenios, años y sábanas que engulleron edades, un no aiborotado y frustrado noviazgo extinto aquel mismo año, 1915.

Ni siquiera había levantado la vista del punto donde estuvieron las botas femeninas cuando ya no alcanzaba a escuchar —tras el postigo cerrado— la respiración entrecortada; las botas detrás de la puerta cerrada se detuvieron una vez más ante la otra puerta, la expresión tercamente detenida con fastidio y seguridad, no avejentado, pero maduro, el cruel y ultrajado trance de un ayer celosamente guardado por una conciencia implacable, recostado en la reja hasta que la habitación fue invadida por las franjas moradas fundidas con su silueta —cortada por la palma añeja que colgaba atada con cintas blancas— para avanzar la cara (un monstruo saliendo de la urna morada) cuando la habitación se iluminó por la luz color de tocino extendida sobre las desordenadas labores blancas de donde pareció brotar el pálido, transfigurado, híbrido recordatorio del ayer, la mascarilla del odio conservado intacto en la efigie difunta y rediviva moldeada en la blanca y deleznable harina de un sueño extempóreo y envuelta en el rancio aliento de la cara de cartón surgiendo intolerablemente invencible; mil veces rota y mil veces compuesta con una mezcla de la más barata cola de carpintero y la más barata brillantina de granel, trayendo consigo la mano blanca y acartonada y peluda —el cuerpo prono, el ala negra, la mirada aunando todo el horror acumulado durante treinta años de insomnio—, que cayó sobre su muñeca para clavarle las uñas al tiempo que la retorcía.

—Parece que he llegado a tiempo. ¿No te parece, vieja?

No se había inmutado. No había levantado la vista ni movido la otra mano, que aún sostenía la aguja.

—Me atrevo a pensar que no esperaba mi visita. Pero yo no me olvido de las viejas amistades. Yo no me olvido nunca ni de las deudas que tengo que pagar ni de las gentes a las que debo un favor. No me olvido nunca. Tú sí —dijo, al tiempo que retorcía su mano.

Ella lo sabía a medias. Probablemente Rosa había empezado a contar algo a la señorita Amelia, reumática, desmemoriada, casi sorda, y posiblemente idiota, mientras sentadas junto a la ventana se ayudaban a enhebrar, hilvanar y desmadejar y bordar un mediano equipo de novia, puro parloteo de una tarde de costura. Rosa le podía haber contado —no para ser escuchada por lo oídos semisordos e indiferentes, sino, de alguna manera, para oírlo de nuevo, aunque fuera de sus propios labios, y creérselo de una vez— una tarde anterior. Apenas sonriente, atontada, vacilante y en algún momento inquieta, trataba con palabras veladas y preguntas de aparente ingenuidad de adentrarse por un terreno desconocido en el que —por un simple juramento, el obsequio de un frasco que no llegaba a los cuatro duros y un fogoso, reprimido beso en la mano— se creía experta. Y probablemente también le extrañaron sus propias palabras, tanto las que eran apenas oídas sin ser escuchadas como las que ella se guardaba por pudor esperando y confiando que la facultad receptiva de la señorita Amelia lograse extraerlas del silencio sin apelar a su voluntad, y sin contrariar su recato; fue abandonando una sonrisa estéril, la cara crédula dispuesta a creerse lo que todavía su entendimiento se resistía a considerar si por un milagro de su naturaleza la señorita Amelia hubiera dejado entrever su tácito y adecuado sí, a medida que se iba escuchando, sin precipitarse, a anticipar el miedo y la incredulidad a lo que ella misma sabía que se iba a contar al perder la vista para fijar el vacío, el vespertino silencio de los bordados dorados, el mortecino tic-tac del despertador trasero que acentuó su sonido para señalar el cambio de estado de un cuerpo que abandonaba el limbo para interesarse definitivamente en el aburrimiento vespertino, más que el tránsito del desengaño a la resignación, mordiéndose los labios y pinchándose repetidas veces en el mismo punto de la yema al querer concentrarse en un punto de la tela para soslayar la visión, más allá del cristal glauco, de tardes y tardes de futura labor.

—¿Y qué más?
—No, nada más.
—Nada más.
—Entonces, ¿qué quiere ese señor?
—Nada, no quiere nada.
—Entonces, ¿por qué demuestra tanto interés?
—¿Interés?
—Interés, sí, interés —con las manos quietas, la miraba por encima de los lentes—. Tú misma me has dicho que te espera a la puerta de la iglesia y te acompaña hasta la esquina.
—Es que quiere que le haga una ropa.
—¿Ropa? ¿Qué clase de ropa?
—Unos pañuelos, no sé, unas camisas.
—Tú no sabes hacer camisas de hombre —luego añadió—: ¿No será que te hace la corte?
—¿Eh?

—¿No será que se quiere casar?
—No.
—¿Cómo sabes que no?
—Yo qué sé. A lo mejor sí, a lo mejor sí. A lo mejor se quiere casar. Yo qué sé.
—No le vuelvas a ver. No le vuelvas a hacer caso. Si te vuelve a molestar le vuelves la espalda y te vienes derecha a casa. ¿Entiendes?

Pero él lo sabía, acodado en la reja, compuesto y provocativo simulando una actitud puramente reflexiva y volviéndose de cuando en cuando para echar el humo del cigarrillo sobre la cabeza color lana cruda humillada bajo el peso de su sombra.

—¿Tú no te habrías acordado de invitarme a la boda, verdad, bruja? Ni siquiera te acordabas de que yo seguía pisando la tierra. No pensabas que yo podría volver cualquier día ¿verdad, vieja imbécil?

Cuando retiró su mano había surgido en su muñeca, más milagrosa que si brotara de una reliquia de madera, una primera gota de sangre del tamaño de una mariquita, que corrió velozmente por la mano, como espoleada por una larga y sombría clausura, para gotear varias veces en la blanca impoluta memoria extendida sobre su regazo.

—¿Dónde está?

Ella no contestó. El lo sabía: Rosa había salido aquella misma mañana para Macerta, a fin de cobrar la pensión bienal que bien administrada apenas les duraba un par de meses. Y no había de volver —ella misma se lo había dicho— hasta bien entrada la noche, haciendo el camino a pie desde la parada del ordinario del Auge, no lejos del lugar de Nueva Elvira, que debía atravesar.

—¿Dónde está? —repitió, ya era de noche. Había empezado a tiritar; no había movido la cabeza ni la mano sangrante ni la mirada clavada en la ropa, pero empezó a tiritar.

—Ya puedes despedirte de esa boda. No pienso permitirla. No pienso permitir por más tiempo que hagas tu antojo con lo que me pertenece. Sí, me pertenece y ahora soy yo el que manda, ¿me oyes? Ya puedes despedirte de ella. ¿Quién es ese novio que le has buscado?

No levantó la cabeza; estaba tiritando.

—¿Quién es ese Blanco?

«Vete. Vete. Que se vaya. No le dejes que siga ahí. Que se vaya. Que se vaya para siempre. Llévatelo. Llévatelo para siempre. Dios. Dios. Dios.»

Pero él estaba allí, casi vuelto de espaldas, dejando que la luz color hueso iluminara una mejilla de mayólica, un pliegue modulado por el fastidio, aplastando los cigarrillos en el antepecho de la ventana, la punta quemada de una sábana. Luego, el salto de un gato en la oscuridad, la calle vacía, el muro detrás. El monótono tic-tac a su espalda creció en énfasis, extendiendo sobre el ámbito en penumbra el rigor de las horas. Quién sabe si tantos y tantos pliegues de ropa blanca alcanforada no habían logrado sino dormir el oído para exacerbar la interna y premonitoria audición —un preoído exacerbado y preciso, tanto más certero y terrible que aquel equívoco sentido externo cuando más ahogado el grito en una cuneta solitaria— de un trance final, los gestos de violencia en torno a la Rosa agitada, el último intento de liberación vencido y silenciado por el abrazo final, en una cuneta solitaria.

De pronto echó a correr. Abrió la puerta, pero el brazo de Lucas la detuvo.

—Quieta, vieja. ¿Dónde quieres ir a estas horas?

No la miraba a ella, apoyado con chulería en la jamba de la puerta, ofreciéndole el ala del sombrero, sino sus botas negras antiguas (arrinconadas durante largas temporadas) con los cordones sueltos.

—El tiempo no pasa en balde —dijo Lucas, sin moverse.

Y ella retrocedió arrastrando penosamente los pies deformes, buscando a ciegas el picaporte.

—Puede que tus botas sean las mismas, pero tus pies han cambiado.

Una vez todavía intentó volverse.

—Tus botas.

Cerró la puerta de un golpe. Luego la otra. Encendió la luz eléctrica, cerró las contraventanas. Durante un largo rato el tic-tac del reloj fue acallado por el insistente y despreocupado tamborileo de sus dedos en los cristales de afuera.

«Dios. Dios. Dios. Llévatelo. Llévatelo de aquí. Déjame coser. Cosiendo siempre. Por Dios. Por Dios. Por Dios. Por Dios.»

VIII

—Sal de ahí.

Dentro se oyó una voz ahogada repetida por el eco de la caldera, los pasos que resonaron por dentro.

—Sal de ahí, te digo. Llevo prisa.

Al fondo del agujero apareció una cabeza pequeña. El indiano metió la mano en el registro y tirando del pelo sacó a Blanco por la cabeza, como una bayeta de un cubo de agua sucia.

Antes que el sol le diera en la cara se había llevado una mano a los ojos para ocultar sus lágrimas.

—Vamos, te digo que tengo prisa.

El otro se secó con los dedos.

—¿No sabes qué día es hoy?

En su mano traía el envoltorio: un papel transparente de color amarillo limón que contenía la rosa marchita. Se había afeitado, se había puesto una corbata negra y limpia y unas alpargatas nuevas. Un mechón de pelos como virutas metálicas se los había apelotonado detrás de la oreja y toda su cara y su figura —recia y desproporcionada, la cabeza enorme, un furioso y contenido embite para vencer su mediocre estatura— colocada de espaldas al sol a la altura de los matorrales parecía nimbada por un aura de viciosa, compuesta y reconcentrada beatitud.

El otro, asomando la cabeza por la boca del registro, no se atrevió a mirarle.

—Ya lo sé, señor Lucas, ya lo sé.

—No lo sabes. Qué lo vas a saber —le miró sonriendo con superioridad.

—Sí que lo sé, señor Lucas. No me diga que no lo sé.

—Qué lo vas a saber.

—No me diga usted eso, señor Lucas. Bien que me acuerdo —dijo, santiguándose.

—Vamos a ver: dime qué día es hoy.

—No quisiera recordarlo —dijo el otro, vagamente, apoyado en la boquilla y ocultándose de la mirada del indiano, contemplando el jardín—; no quisiera otra cosa que no volver a acordarme de ello en toda mi vida, don Lucas.

—Vamos, dilo, o te quedas ahí para siempre.

Bajó la cabeza. Don Lucas encendió el segundo cigarrillo mirando el humo sin dejar de sonreír.

—Hoy hace un año que murió la Rosa.

Don Lucas —contemplando la ceniza, golpeando el cigarrillo con el dedo pequeño— hizo un no con la cabeza.

—No —añadió.

—Hoy hace dos años de la muerte de Rosa.

—No.

—Tres años.

—Tampoco.

—Va para dos años, don Lucas. Que me quede aquí muerto si no hace dos años que...

—He dicho que no. Me parece que será mejor que te refresque la memoria.

—Hoy no, don Lucas. Hoy no puedo. No he dormido en toda la noche. Don Lucas...

—Estamos a doce de julio. Y Rosa murió el veintidós de mayo. ¿Es que ya no te acuerdas?

Era cierto; no era el aniversario de su muerte, era el aniversario del día que exhumaron sus restos, casi dos meses después de haber desaparecido. Fue el propio Lucas quien la encontró un veintiuno de mayo y dio parte al Juzgado, cuando —según se decía—, una vez sobrepuesto de tan duro golpe, había decidido tomar posesión de la propiedad que legítimamente le correspondía por muerte sin descendencia ni testamento ni parientes reconocidos de su sedicente prometida y copropietaria, Rosa García, hija natural —al decir de esa gente, con tácita conmiseración al violento, insepulto e insobornable pasado de su pueblo— de algún Gros, aquel joven violento

127

muerto en su flor, o de aquel padre arruinado o quién sabe si de la propia Amelia; un cadáver descompuesto, tan sólo reconocible por el escapulario, un hábito negro hecho jirones y un monedero vacío, donde sólo habían hallado un frasco de colonia barata, que aún contenía líquido, sin aroma ni color.

El que menos aportó una razón para admitirlo todo: el robo, el intento de violación, la fuga desesperada por miedo a la señorita Amelia, la virtud perdida aquella misma tarde, la desgraciada cita de amor en una caldera abandonada de donde no acertó a salir.

—Lo digo por si acaso un día se te ocurre largarte por ahí, detrás de alguna mujerzuela.

—Eso no, señor Blanco, se lo juro. Eso no volverá a ocurrir. Lo juro, señor Blanco, que nunca más saldré de aquí.

—Eres un místico, Blanco. Eso está bien. Vamos, sal de ahí.

El otro —llamado Blanco— hizo un gesto de dolor. Tenía el carrillo izquierdo hinchado, los pómulos salientes, los ojos hundidos y vivificadamente fijos, que ya no pugnaban por mirar ni siquiera fluir en pos de la luz apacible, las mañanas de sol, las alargadas tardes, los años furtivos flatulentamente idos y venidos por los caminos amarillos y las encinas solitarias hasta las cordilleras azules, los suspensos y amanzanados atardeceres, las despejadas noches solamente limitadas por ladridos lejanos y ocultos, definitivamente apostados en aquel veintidós de mayo en expansión; sus propios pasos detenidos y expandidos aquella noche, corriendo por el jardín tras el perro jadeante y su aliento en expansión; la sombra, la cuneta, el perfume; sus gritos histéricos —«Señor Blanco, señor Blanco, señor Blanco, Blanco, Blanco, Blanco»— que jalonaron los estertores de su cuerpo debajo del perro como continuas y silenciosas explosiones; su cuerpo (con una mezcla de correa y colonia) largo y nudoso y repentinamente quieto tras aceptar su peso como rúbrica y postrer diligencia al ultraje de la muerte, en silenciosa y doliente expansión, exhalando sus últimos suspiros al tiempo que la figura creciente del amo surgía del fondo, las alpargatas blancas muy cerca de su cabeza; el traje negro recogido, el monedero con la sonrisa en expansión, unos dientes blancos, un arañazo en la cara, en un instante tranquila y creciente, liberada por el fuego de unos pocos billetes que el señor Lucas —enrojeciéndose delante de la luna— dejó caer al suelo; la luna discretamente apostada en el veintidós de mayo para contemplar cómo el perro olfateaba entre las zarzas el intenso aroma perdido creciente unido por los siglos de los siglos al vuelo del pañuelo llevado por la sonrisa cortante y creciente para restregarlo por su nariz, para depositarlo, al fin, en las últimas brasas vertiendo un poco de aquella infernal colonia que el perro ladró; hasta la caldera de color ladrillo delante de la casa, donde había, por los siglos de los siglos, de transcurrir el infinitésimal y duradero bostezo de un veintidós de mayo infinitamente expandido incoloro e inodoro en incontenible y silencioso crescendo más allá de las paredes oxidadas, donde anidó, entre porquerías acumuladas debajo del registro, el funerario amor transformado en matrimonio místico a medida que sus brazos desnudos se fueron detumesciendo, y se vaciaron sus órbitas, y desapareció su dorada nariz y surgieron los huesos, de color de rata, y los sonrientes y caleidoscópicos dientes, empero quedó el hábito con su aroma peculiar y un leve rastro de aquella diabólica colonia que todavía —y por los siglos de los siglos— le embriagaba el sentido, donde se secaba el sudor y las lágrimas, que todas las noches —impotente y desesperado— retorcía con sus manos hasta formar una gran pelota, que introducía en su boca hasta provocarse arcadas; cómo luego —a través del registro circular— las mañanas volvían tras las noches de lejanos ladridos y obsesionantes figuras y provocadas arcadas, huyendo de una fecha, fijando en el zumbido de los insectos en torno a la boca del registro, la expansión de un ayer, la estela de un perfume.

El indiano le echó una mano. Luego se levantó a pulso, deslizándose boca abajo fuera de la caldera.

Antes de las nueve ya estaban en el cementerio. Una rosa que contaba cincuenta y un días, cortada el veintidós de mayo, depositada en su tumba, sin ostentación ni ceremonia alguna, sin quitarse el sombrero ni arrodillarse para ello, el doce de julio. Luego le daba dos duros, que —según él mismo gustaba de explicar— correspondían no al interés, sino a la amortización de unas cuantas pesetas gastadas en las exequias de la virginidad y las virtudes de la raza.

—¿Qué harías tú con tanto dinero? —le había dicho aquella noche, al tiempo que le pisaba la mano cuando él, sosteniéndose los pantalones con la otra mano, se abalanzó por el monedero. Luego encendió una cerilla —él retiró la mano— mirándole fijamente a un palmo de sus narices—. Esto es lo menos que debes pagar.

Se quedaba atrás. Cuando alcanzaban la ventana encendía otro cigarrillo, que se colocaba en la comisura de los labios, apoyándose en la reja hasta que, lanzando la última bocanada por la rendija de la persiana, aplastaba la colilla en la vainica.

—Vengo de llevarle unas flores a su última morada. A ver cuando puedo hacer lo mismo por tí, vieja imbécil.

HORAS EN APARIENCIA VACIAS

Los martillazos se empezaron a oír en las primeras horas de una mañana. El Juzgado se había instalado en una casa grande y vieja no lejos del Ayuntamiento y sobre el dintel de su entrada, con unas tablas pintadas de rojo y amarillo, quedó improvisado aquel cartel con el primer símbolo del nuevo régimen:

Todo por la Patria

Desde la mañana soldados y voluntarios montaron la guardia a la puerta. Más tarde un hombre con pantalones de paisano, pero con camisa azul y guerrera militar, ordenó cerrar una hoja y al cabo de cierto tiempo volvió a salir para clavar en ella una cuartilla mecanografiada, sellada con un tampón morado, extracto y fruto de varias horas de tecleo de una máquina de escribir que había sido traída con anterioridad. Un pelotón de soldados, conducidos por un sargento, había recorrido el pueblo con una camioneta pintada de camuflaje para buscar un cierto número de sillas, mesas, unas colgaduras de terciopelo corinto, unas pocas estufas de leña y tres o cuatro crucifijos. En el interior no cesaron ni los martillazos ni el tecleo de máquinas, con esa apenas simulada e impaciente diligencia de los tramoyistas que, a telón bajado, se afanan por abreviar el cambio de decorado durante un entreacto que se ha prolongado en exceso.

En el balcón central montaron también una grosera asta, aprovechando un palo de la luz, y —al toque de un corneta que con la guardia salió apresuradamente de la casa, ajustándose los correajes y abrochándose las guerreras— izaron una bandera roja y gualda de un tamaño tan falto de medida que las personas que entraban y salían se veían obligadas a apartarla de la cara.

Cuando dieron por terminada la instalación provisional el mismo pelotón de soldados y voluntarios, provistos de brochas, estarcidos y botes de pintura negra, se repartió por las calles del pueblo —como para fijar los anuncios de la nueva presentación que se avecinaba— con orden de decorar algunos de los puntos y rincones más significativos y frecuentados con los símbolos, efigies y emblemas del nuevo régimen.

Con todo no se despertó mucha curiosidad. A excepción de algunas mujeres y hombres de edad, apenas hubo testigos de los actos que siguieron al breve desfile. Una semana antes, en contraste, cuando se apagaron los ecos de la batalla del Torce (con la incertidumbre de los combates se había levantado una niebla purpúrea) surgieron en el crepúsculo cientos de luces que se habían mantenido apagadas durante mucho tiempo. Fue la apoteosis de un día neutro, de un primer instante atónito ante la cesación del fuego, envuelto en la fugaz crisálida del vaho. A la mañana siguiente cuando las primeras tropas —en doble fila india, una en cada acera— comenzaron a subir hacia la humeante ciudad, cuando los primeros camiones y acemileros cruzaron el puente de Aragón, con el rebullir de aquél ejército que despertaba y se desperezaba tras varios meses de un húmedo sueño en las trincheras, algunas ventanas seguían iluminadas, aún seguían encendidas las farolas arrabaleras de la carretera —trazada en la niebla— como para significar el abandono de la ciudad cuando vapor, tierra, agua y fuego se fundieron en un solo elemento para envolver el instante del colapso.

Había sido una ocupación silenciosa que llevaron a cabo dos columnas de a pie, acompañadas de los acemileros y sus caballerías y unos pocos camiones Henschel salpicados de barro que ocultaba el llamativo camuflaje, repletos de soldados. El mismo día de la ocupación, al mediodía, y en virtud de una autorización especial, firmada por el propio coronel Gamallo y concedida en gracia a sus circunstancias familiares, llegó el capitán en el pequeño coche cerrado del EM, de color verde pardo. Había hecho las oposiciones al Cuerpo Jurídico antes de la guerra y ya el año anterior ascendió un grado por méritos de guerra de forma que, a pesar de su juventud, ya ostentaba tres estrellas en la bocamanga y fumaba cigarrillos de cuarterón, en una boquilla de resina sintética. Y a quien no le fue difícil, en cuanto se recuperó de las heridas producidas por una bomba de mano que habían de provocar una anquilosis parcial del brazo izquierdo y en el momento —mediada ya la guerra— en que los hombres eran tan imprescindibles en los frentes como en los despachos oficiales, ser devuelto al ejercicio de una profesión sobrecargada de trabajo en aquel entonces. Y que por un involuntario sarcasmo, provocado por la reluctancia del coronel Gamallo y su Estado Mayor a entrar en la plaza a la que había puesto asedio durante varios meses, fue durante más de veinticuatro horas la más alta jerarquía militar en el momento de su ocupación. Cuando bajó del pequeño Balilla en la plaza del Ciento —sin otro público que los soldados— parecía confundido. Ya se habían estacionado tres camiones de tropa, pero soldados y clases —careciendo de órdenes específicas, sosteniendo las banderas y los gorros en los cañones de los mosquetones— no se habían decidido a descender para contemplar la soleada soledad de la plaza, asomando sus cabezas por encima de las valderas— con la supina y expectante pasividad de un público que espera en el coso el comienzo de la función. Se sacudió la ceniza y el polvo de la guerrera y con un gesto extremado se ajustó el correaje. Un sargento abandonó su asiento en la cabina de un camión y, subiéndose los pantalones, se acercó a él para darle la novedad. Cuando el capitán le apeó de su posición con un gesto de la boquilla, le requirió las órdenes y consultó un reloj de bolsillo. El capitán se guardó de confesar que ignoraba y carecía de toda clase de órdenes y advirtiéndole que mantuviera a la tropa en la misma posición, se despidió de él tras solicitar una asistencia.

Por culpa de su incómoda posición, su primera visita a su tía fue muy breve, lo justo para saludarla y besarla en la mejilla y con las palabras y fórmulas de sentimiento menos convencionales que pudo hilvanar, hacerle patente su propio dolor por la tragedia que se había cebado con todos los suyos, al tiempo que solicitaba su permiso para residir en la casa mientras durase su comisión y hacerle una compañía que, aunque insuficiente y a destiempo, sólo podía ser bien recibida por quien había sido tan cruelmente despojada. Pero aquella primera y breve visita le alarmó; ciertamente no había esperado encontrar una acogida calurosa; pero tampoco había anticipado un tal distanciamiento en una persona tan vivaz y afable y que, desde niño, le había distinguido con especiales deferencia y cariño; no solamente no pareció animarse con la idea de acogerle en su casa sino que hasta creyó adivinar un gesto de malestar cuando el asistente dejó en el recibidor sus efectos personales. Por la tarde, con la ayuda de los suboficiales ordenó la disposición y alojamiento de la tropa y, tomando sobre sí problemas que no eran de su competencia, estuvo atareado hasta muy tarde, conformándose con un rancho frío y una taza de café para no volver a la casa hasta bien entrada la noche. A la mañana siguiente bastante temprano llegaron otros dos coches repletos de oficiales casi todos de mayor graduación que él y que, sin reparar demasiado en su presencia, devolviéndole distraídamente el saludo, se dirigieron hacia la Casa Consistorial. Al poco rato se produjo un revuelo de gente ante la puerta principal, se izó la bandera, se montó la guardia, un comandante pasó revista a la tropa formada en la plaza, se ocuparon otros puntos de la ciudad que hasta entonces habían sido desatendidos y antes de la media mañana la ocupación total de Región quedó consumada.

* * *

Pronto se había de anticipar el verano, quién sabe si acuciado por la concentración de guerreras, correajes, actitudes marciales y camisas abiertas que sólo parecen surgir y proliferar bajo un sol de plano, para transformar la primavera en una estación rigurosamente seca. Apenas florecidos los escasos mirtos y lilos, cuya flor se mantenía en aquel clima hasta entrado junio, comenzaron a agostarse. Todas las mañanas muy temprano, a la vuelta de la iglesia, regaba durante una hora los últimos vestigios y macetas de geranios y clavelinas del jardín, transformado en un humilde huerto durante la guerra. Hablaba muy poco, demasiado celosa de preservar una apostura y una dignidad cuya mejor garantía era el silencio. Cuando terminaba de desayunarse —un pedazo de pan y un tazón de malta y leche que le eran servidos en un rincón de la mesa— el capitán, los días que se quedaba a trabajar en la casa, pasaba a rendirle su saludo matutino; sentada en el mirador del salón, suspendía por un momento la selección de lanas de su caja de costura y levantaba su mirada por encima de sus lentes de alambre de oro. Día a día su perfil, balanceándose contra el fondo de cristales, visillos y estores amarillentos y calendarios atrasados, había ido adquiriendo esa silenciosa y sibilina autoridad del péndulo, indiferente a los rayos de sol y atenta tan sólo al crujido con que la casi centenaria mecedora mantenía el cómputo. No hacía sino extraer madejas de lana de diversos colores neutros para rebobinarlas en pelotas del tamaño de una naranja, que depositaba con sumo orden en una vieja caja de zapatos, sobre el suelo del mirador. Al principio llegó a pensar si en su cabeza ya no habría espacio para otra cosa, si la tragedia la habría dejado incapaz para todo, incluso para la reproducción del dolor. Y, sin embargo, constituía todo un símbolo: hasta el coronel Gamallo —tan desdeñoso y suspicaz respecto a todo lo de Región que no llegó a hacer noche en la ciudad y solamente en dos ocasiones puso el pie en ella, sólo el tiempo preciso para satisfacer sus compromisos y cumplimentar las diligencias con su GC— se sintió obligado a visitarla para presentarle sus respetos, tras haber sido introducido por el propio capitán, y testimoniarle el agradecimiento de toda la Patria por los muchos sufrimientos y la dura prueba que había pasado quien —según palabras cuasioficiales— «tanto o más que cualquier otro podía enorgullecerse de personificar los ideales que habían motivado la cruzada». Fue una visita un tanto difícil y bastante silenciosa, además de solemne, en la que el coronel apenas se limitó a pronunciar las frases de ritual para tales ocasiones en cuanto portavoz de un sentimiento que por lo que tenía de social y patriótico apenas expresaba nada personal. Sentados en sendas sillas junto a su mecedora, sin atreverse siquiera a apoyarse en el medallón, se limitó a decir que ciertamente martirios como el suyo habían sido y serían todavía necesarios a fin de gozar de la paz que todos habían anhelado.

Entonces suspiró y levantó el mentón, su mirada se perdió por los ventanales del mirador, sus manos acariciaron con suavidad los brazos sin barniz de la mecedora, y dijo:

—No ha pasado nada.

El coronel se levantó; insinuó un torpe ademán de besar su mano y al retirarse dejó disimuladamente sobre una esquina de la mesa del comedor el estuche cerrado que contenía la medalla que le había sido concedida, rogándole al capitán que le hiciera entrega de ella cuando lo considerase más oportuno. Pero ni siquiera con él —con su sobrino— abandonó su mutismo.

Días después trató con timidez de requerir de ella algunos detalles y pormenores sobre las circunstancias que habían rodeado su tragedia; pero no obtuvo, a guisa de respuesta, más que una muy rápida, incisiva y vidriada mirada —delatora en un instante de la dilatada e inconfesada razón que sustentaba su pertinaz retraimiento, de la reserva de dolor o de odio que aún escondía en sus entrañas, de tal manera reprimida que ya no contaba con la fuerza necesaria para levantar su voz o mover sus manos, tan sólo para iluminar y acerar sus pupilas— que en seguida sería desmentida por la suspirante y hermética apostura de siempre, acaso arrepentida de la fugaz e involuntaria aparición de la violencia.

Volvió a tomar asiento confundido cuando una mañana, observándole por encima de los lentes, le comunicó que necesitaba tomarle unas medidas porque era su propósito confeccionarle un jersey de lana. Y tomándolo como un síntoma de su apaciguamiento volvió de nuevo a insistir en sus preguntas, sin obtener el menor resultado. Ya no le obsesionaban los pormenores de la pasada tragedia —la que había impuesto el sacrificio de su marido y sus dos hijos, los tres fusilados ante la misma tapia— respecto a la que en lo sucesivo evitaría la menor alusión, por respeto a ella y por disimulo hacia su propia vergüenza en cuanto superviviente, reserva que parecía obligada y obtemperada a aquella otra que había llegado a retirar de la vista todos los recuerdos de los fallecidos (que al parecer guardaba en su dormitorio a cobijo de toda indiscreción) con tal rigor que sus nombres y memorias parecían definitivamente borrados de la casa, tanto como la amenaza que pesaba sobre su último pariente —concuñado suyo— hacia el que por un sarcasmo no infrecuente en aquellos días habría de caer todo el ineluctable peso de la justicia de no mediar una fuerza muy considerable movilizada en su favor. En cuanto a la medalla ni siquiera la miró; distraídamente escuchó sus palabras —como si la mención no fuese dirigida a ella— y sin el menor interés volvió la vista hacia el estuche que había de quedar en el mismo punto donde lo dejara el coronel, hasta que a la noche lo retiró la sirvienta para poner el mantel a la hora de la cena. Lo colocó encima del aparador y ahí quedó para no recibir otro cuidado que el paso del plumero con que todas las mañanas se quitaba el polvo de la plata y la cristalería, símbolo explícito del involuntario desdén con que en aquella casa eran recibidas las recompensas y los reconocimientos y sentimientos de gratitud por las pérdidas sufridas. Para él no tuvo una sola palabra de afecto ni en ninguna ocasión llegó a sincerarse, cosa que andando el tiempo el capitán no pudo más que agradecer, cohibido por su propia timidez y aturdido por un sentido de culpa en un ambiente que si un día le fue familiar con el holocausto se había distanciado y sacralizado, hurtándole toda intimidad, ya que lo último que deseara fuera ser tenido por una suerte de compensación a tales pérdidas aun cuando por su orfandad, por los lazos de familia y afecto que le habían unido a ella, por la amistad y el cariño sin par que le habían profesado en vida sus primos mártires, reunía todas las condiciones para ello. No sabía cómo abordar, vedadas como le estaban todas las referencias a la tragedia poco menos que fratricida y a sus consecuencias pasadas y presentes —y no era la menor la exigüidad de sus recursos, reducida a la viudedad y, por otro gesto de orgullo no exento de ironía, privada de las rentas de la tierra manchada con la sangre de los suyos—, pero toda vez que uno de los más graves cargos que pesaba sobre el acusado era la pasividad —la más cómoda, pero también la más inexcusable forma de enemistad, para el hombre situado en el poder— que había demostrado hacia sus parientes cuando estuvo en su mano salvarles la vida, no podía por menos de pensar que en cuanto cierta intimidad se lo permitiera había de recabar su valioso testimonio para aportarlo a la prueba, en cuanto le constara que semejante intervención podría ser conseguida sin volver a abrir las cicatrices de la mutilación. Su cuello, tan esbelto en otro tiempo, ya no parecía tener juego ni servir para otra cosa sino como pedestal de la resignación: su mirada se había acostumbrado a los objetos lejanos —más allá de los cristales rotos y todavía no repuestos, unidos con papel de goma y esparadrapo, y los marcos engatillados; más allá de los tejados hacia el vacío insomne de los silenciosos colapsos y el argentado fulgor de un ayer cristalizado en soledad, edad y calvicie; y más allá del siempre presente y evanescente apocalipsis— y sus manos, carentes de toda memoria, sólo prestaban atención a sus madejas de lana y a aquella ya antigua profesión de silencio, guardada entre los brazos de la mecedora, alejada ya la amenaza del azar.

Los primeros días pesaba demasiado el símbolo; luego comprendió que el objeto de enigmática y apesadumbrada carne ni siquiera se había detenido a pensar en ello: si un día el dolor se había apoderado de él no era para —al cabo de unos meses o unos años— cederlo a un culto menor o transferirlo a la piedad. Todos los días acudía con puntualidad a la iglesia y durante la primera semana se decidió a acompañarla, espoleado por sus propias indecisiones y por aquella obediente e inexperta falta de costumbre que le inducía, como a un colegial, a seguir el ejemplo de sus mayores. Pero pronto dejó de hacerlo, persuadido de que incluso para arrodillarse junto a ella constituía un estorbo a su inconfesado pero patente deseo de soledad, a aquella clase de impenetrable piedad —endurecida por la resolución, recelosa de sus propias debilidades— que tan incómoda tenía que sentirse en presencia de testigos; un bienestar ultrajado y arruinado, un siempre ofendido sentimiento de paz y de justicia buscaban de consuno un consuelo lejos del reconocimiento de la deuda —y quizás el ahorro del orgullo era la primera premisa de una actitud decidida a no negociar más que consigo misma. Por lo mismo que ya no podía presentar su demanda más que al tribunal de Dios, sabía que no debía apelar ni comparecer ante otra justicia terrena que a la inmanente necesidad de equilibrio que el tiempo —y la fe— imponen al necesitado, ni esperar otro plazo que aquel ilimitado que la esperanza abre para probarse, ni aguardar otro fallo, volviendo a actualizar y rehabilitar una antigua jerarquía de la soledad, olvidada en los años de armonía y satisfacciones familiares, que la restauración de su propia persona, en el límite primero de la fe, como objeto principal de cuidado. Todo eso lo aprendió tal vez mientras ella tomaba sus medidas y hacía sus pruebas, obligándole a permanecer firme con la mirada clavada en el ventanal, por encima de su cabeza cana, su cabellera estirada y rala que exhalaba el aroma de la edad, y, con los lentes calados, cuando ajustaba el hombro para observar el exceso que cubría la mitad de sus dedos, observaba con parsimonia su pecho sin dirigirle una sola mirada a la cara. Aquella actitud tan recta y estricta le reconfortó tanto que el respeto al símbolo dejó paso a otro sentimiento, más imbuido de una cierta veneración engendrada por su propia experiencia.

Con excepción de los deberes caseros —las comidas frugales, el riego del jardín, el interminable tejer en la mecedora del mirador— no parecía ocuparse ni interesarse en nada y ni siquiera paraba mientes a la victoria de la causa, por la que habían sucumbido los suyos, y a la nueva era que se anunciaba con ella. Era el mismo sacrificio —sin duda— en aras a un fruto que para ella carecía de sabor, lo que en su fuero interno se había negado a aceptar. Ya nada podía cambiar, después de la tragedia: la paz o la guerra, la victoria o la derrota le eran en cierto modo indiferentes. Otra cosa hubiera sido si, por una sola vez, hubiera podido entrever una finalidad distinta a la que regía su hogar y velaba por el orden familiar: pero parecía ya demasiado simple para lograrlo y —por consiguiente— insobornable a cualquier clase de justificación, incluso a aquella, la más incuestionable, que le procuraba la religión. No había estado preparada para la prueba y, en consecuencia, solamente con la pérdida —no la renuncia— de muchos de sus atributos personales había logrado soportarla: no abandonaba el pañuelo, escondido en la bocamanga, pero era tan sólo para sonarse cada cuarto de hora.

Cuando a punto de estar concluido el jersey de lana —antes de que la llegada de la sirvienta le obligara a recoger sus papeles extendidos sobre la mesa— volvió a insinuar ciertas preguntas, aunque no en forma interrogativa, sobre algunos hechos y personas relacionadas con los sumarios, ella no sólo adivinó sus intenciones, sino que eludió toda respuesta de manera que no tuviera que llamarse a engaño, tranquilamente indiferente y sólo atenta a su labor, con un suspiro o un gesto del pañuelo para apretar la nariz casi transparente en cuyo tabique los lentes de hilo de oro habían dejado una permanente huella roja. Tan sólo abandonó su mutismo tiempo después, para una imprevista solicitud.

Los últimos días de junio fueron a tal extremo calurosos que incluso ella —para quien ya no existían los climas ni casi los días, ni el silencio de la casa o el alboroto de la calle— debió resentirse de ello porque abandonó el tejido de lana para entretenerse con remiendos y bordados de ropa blanca y fresca. No levantó la mirada de la aguja —mientras el capitán sorbía la malta a pequeños sorbos, interesado en la lectura del diario de la capital que llegaba con una fecha de retraso— para exponer de manera apenas perceptible que había algo que se podía hacer y que estaba en su mano al menos intentarlo.

En el momento de decirlo no lo oyó o si lo oyó no lo relacionó con algo que a él le incumbiera. Se sintió avergonzado, incapaz de indicarle que lo repitiera. Apartó el diario y observó los restos de achicoria en el fondo del tazón porque ella había callado de nuevo (instantáneamente alejada y desvinculada de unas palabras que pronunciadas por un espíritu viajero ya nada tenían que ver con ella, concentrada de nuevo en su costura), al tiempo que la sirvienta retiraba el servicio del desayuno, las galletas y la fuente de pasas, sin dar otras señales de su comezón que las discretas y furtivas miradas hacia el mirador donde cosía su señora. Y ahora buscaba el sentido y acaso la vuelta de aquellas palabras impersonales y átonas, carentes de toda intención, de toda súplica y de cualquier emoción, que la aguja al contacto de la sábana blanca parecía reproducir para sí con secreta cólera, pero que ella se negaba a repetir humillada acaso de la escasa atención que había despertado o avergonzada del inútil sacrificio de su compostura y su silencio. Unos días más tarde fue la sirvienta quien lo repitió —entre lágrimas e hipidos— obligándole a retirarse con ella a un rincón del pasillo para, a escondidas de su señora, hacerle saber que se trataba de un sobrino suyo —lo único que le quedaba en este mundo— que como prisionero republicano —apenas contaba veintidós años, había conducido un camión durante la guerra y, en los últimos meses, el coche de un alto personaje— esperaba en el campo de Macerta ser juzgado por las autoridades militares.

* * *

—¿Juzgado?
Aún resonaban —palabras, en contraste, con un marcado acento no de duda ni de asombro, sino de jactancia— sobre el tecleo de las máquinas de escribir y las conversaciones de mesa a mesa. Pequeño, sin lustre, prematuramente encanecido y con aquel aire de accidental, in-

voluntaria y perversa virginidad, parecía en todo momento poder escudriñar y descubrir las intenciones de ruegos y preguntas tan parcamente expuestos: un cigarrillo —encendido o apagado— descansaba permanentemente en el borde izquierdo de su mesa —señalada con una serie continua de quemaduras—, junto a la máquina de escribir cuyo ininterrumpido tecleo era el mejor descanso para el capitán; porque sólo cesaba para ser consultado y acosado con una cuestión enojosa del sumario (cuya explicación nunca satisfacía al secretario) o para ser escrutado —a través de la llama y la nube del cigarrillo— por aquel hombre mucho mejor conocedor que él de la maquinaria judicial, siempre dispuesto con gestos y medias palabras a poner, expresa o tácitamente, de manifiesto su disconformidad con la manera de proceder del capitán. De igual manera que ella consideró superfluo insistir una segunda vez en su ruego —tal vez sólo llegó a apuntarlo, la formulación abortada por el recato— y evitó a todo trance formalizar en una u otra forma la deuda derivada de él (siendo el sentimiento de compasión lo que trataba de conjurar), a sí mismo se impuso en sus relaciones con el secretario y haciendo uso de su jerarquía, un laconismo que al otro distaba mucho de satisfacer. Tan sólo le pidió que solicitara del campo la ficha del muchacho —tan escueta y reducida a los datos del estadillo, por la falta de antecedentes anteriores a la guerra, por su papel casi nulo en ésta, que casi fue preciso inventarla—, haciéndose cargo del resto de las diligencias. Y sin requerir más que su nombre, su filiación y su fecha de ingreso en el campo —una vez que comprendió lo que de él se exigía— en un par de semanas o en menos de un mes consiguió sacarlo de su reclusión para que volviera a entrar en filas —pues se hallaba en edad militar— en el Regimiento de Infantería, acantonado en el mismo Macerta. Y educado ya en el mismo voto de laconismo ni habló de justicia ni mencionó el hecho en la casa —seguro de que sería dado a conocer por el propio interesado, sin perder una fecha— a fin de no romper aquella suerte de implacable y frágil sortilegio que emanaba la silenciosa figura sobre el balcón del mirador.

Ni siquiera hizo noche en Macerta, por lo que a la hora de cenar ya estaba de vuelta en la casa, con las manos vacías. suponía que el muchacho ya habría escrito a su tía (ella sin decir una palabra había intentado besarle la mano, al abrirle la puerta) y pensaba que quizá ya no le sería tan difícil hablar del otro caso en términos más explícitos. Pero por otra parte su servicio tuvo —en ese sentido— efectos contraproducentes, toda vez que habiendo aprendido en una ocasión a ser requerido con una mirada o a lo más un gesto, con un tímido ruego no repetido, no tendría en lo sucesivo sino que adivinar la norma que informara la conducta que se esperaba de él. Por eso fue a Macerta, solicitando un coche para ir y volver en el mismo día.

Ya había comenzado octubre la cuenta de las tardes frías: el locutorio era un simple lugar de paso habilitado a tal efecto, desnudo, con cuatro puertas y un ventano protegido con doble malla de acero, unas paredes desconchadas y sucias y garabateadas con graffiti, un suelo de hormigón bruñido en el centro del cual ardía un cubo de brasas con cuatro sillas alrededor de él: dos guardias armados —con las mantas por los hombros— sostenían entre sí una conversación mortecina y apenas se levantaron para saludarle, adivinando su graduación bajo la gabardina abotonada hasta el cuello. Tampoco levantaron la mirada cuando introdujeron al reo, un hombre que frisaría los sesenta años, que con las manos se apretaba los codos para retener el poco calor que guardaban unas ropas insuficientes. En un principio le miró con desconfianza, luego con extrañeza, y más tarde —cuando le hizo entrega de la manta, mintiendo respecto a su donante— con amarga suficiencia. Pero no respondió a sus preguntas sino con monosílabos, no aclaró ninguna de las cuestiones ni despejó los cargos que pesaban sobre él, no se extendió sobre su participación en los hechos recogidos en el sumario y por los que, ya desde el principio del apuntamiento, el instructor podía colegir que el fiscal solicitaría para él la última pena. No negó nada, con la mirada desviada de su interlocutor y clavada en el suelo, abrumado en apariencia por el frío y tan incapaz de pensar en otra cosa que ni siquiera desdobló la manta. La entrevista se prolongó durante media hora y no porque necesitara todo ese tiempo para recoger la información que precisaba, sino por la resistencia del capitán —confiado en que lograría romper su silencio— a darla por terminada antes de quedar satisfecho. Incluso se levantó el reo y él permaneció sentado —ante el ligero asombro de los vigilantes— para hacerle comprender cuál era su propósito, qué clase de deber le había empujado hasta allí, cómo debía interpretar su presencia y su interés, qué era lo que esperaba. Pero inmutable —en cierto modo victorioso— ni siquiera de pie apartó la mirada del mismo punto del suelo, allá donde una mancha del pavimento retenía su atención con mucha mayor firmeza que las pocas vicisitudes de un porvenir sellado.

—¿Y bien?

Pero no obtuvo ninguna respuesta, se frotaba los brazos con las manos, un pie trataba de siluetear o borrar la mancha de aceite sobre el pavimento. Y solamente cuando el capitán se incorporó, desvió sus ojos hacia él para mirarle al sesgo (ambos eran de una misma estatura) y hacerle comprender con el gesto lo lejos que se sentía de él, de sus propósitos e intenciones, dueño de una clase de convicción a la que por su juventud tardaría mucho en llegar y demasiado seguro de la clase de suerte que le tenían deparada unas fuerzas que —así lo decía el brillo de las pupilas, una breve sonrisa que asomó a guisa de despedida— sólo en virtud de casos semejantes podría él —el capitán— empezar a conocer. Y susurrando unas frases que no llegó a comprender cabalmente (el ejemplo que llega tarde, el conocimiento que se alcanza con el sacrificio, la codicia que se disfraza de generosidad...) dio media vuelta para aporrear la puerta que fue abierta por el vigilante que esperaba al otro lado de ella.

* * *

El capitán le observó, de pie ante su propia mesa; no había en su expresión ni curiosidad ni extrañeza ni, ciertamente, el continente de mesurada y deferente aquiescencia que estaba acostumbrado a encontrar en sus subordinados de más edad. Porque el capitán era joven, mucho más joven de lo que representaba. Desde un principio el secretario se había tomado la libertad de ignorarle (a pesar de que como instructor del sumario le había advertido, con anterioridad, pero con la timidez no dictada por sus escrúpulos, sino por el deseo de disimular lo mucho que le iba en ello, de su interés por estudiar personalmente el caso en todos sus detalles y ser informado de cuantas comunicaciones se refirieran a él) hasta que el sumario estuvo completo, y hasta llegó a sentarse frente a su mesa con el propósito de fumar de su petaca y repasar conjuntamente todos los hechos y datos del expediente, contenido en un montón de hojas, oficios y declaraciones juradas reunidos en una carpeta abierta. Antes de concluir el cigarrillo el joven había aprendido a recordar que el mecanismo de la justicia rara vez se pone en movimiento en virtud de una opinión y que, por consiguiente, el montón de papeles y la satisfacción profesional del secretario constituían obstáculos de tal envergadura que, para llegar a donde él quería, tenía que empezar, volver a empezar, desde mucho más lejos.

—¿Estudiarlo? —le preguntó con una mueca cargada de intención, al tiempo que aplastaba la colilla en el cenicero. El capitán recogió la carpeta del expediente y ostensiblemente la guardó en un cajón de su mesa que cerró con llave.

Con las primeras evasivas había querido darle a entender no tanto que se trataba de un caso singular —en el que estaba particularmente interesado por razones de familia, cuyos vínculos el secretario con toda seguridad había averiguado sin más trabajo que leer la ficha del reo— cuanto que constituía su manera personal de tratar y estudiar todos los expedientes de cierta importancia. Esa era —le vino a decir, haciendo uso de un arma indiscutible contra quien, en ese terreno, siempre se hallaba por delante de él— una de las grandes razones de la cruzada. Nunca se habían mirado con simpatía y ambos sentían que personalizaban —dentro de la misma amalgama victoriosa— elementos, ideales y móviles muy diferentes. Era un hombre tosco y carente de educación, de maneras poco higiénicas y un lenguaje de arrabal, que parecía haber alcanzado el cenit de sus ambiciones con el uso de la guerrera —aunque su camisa seguía siendo azul— y la sardineta de oro bordada en la bocamanga, las yemas de los dedos de color caoba y las uñas ennegrecidas. A los pocos días, sólo por la manera de dejar el cigarrillo en el borde quemado del tablero, colocar en el carro el papel con el debido margen y teclear sin pausa en los párrafos expositivos, con arreglo a las fórmulas que conocía de memoria, comprendió que dentro del mecanismo de la justicia era una pieza motora con la que forzosamente tenía que engranar si quería llevar adelante su gestión con alguna facilidad. Pero cuando el otro, soplando las cenizas que habían caído entre las teclas y golpeando nerviosamente en la barra de los espacios y retrayendo el carro para releer el último párrafo, sin necesidad de mirarle y sólo por el tono del dictado comprendió que aquel primer acto constituía una capitulación de su superior (y cómo lo sintió [la facultad de adivinar su interés en una frase evasiva y su vacilación en la inquietud de su porte y en la inestabilidad de su ceniza] representaba el mayor ahorro de toda una vida de subordinado) y presumió que a partir de entonces estaba en condiciones de completar la información del sumario de acuerdo con sus inveteradas normas. El capitán ni siquiera se volvió para autorizarle a seguir una vez que la máquina de escribir, ávida de velocidad tras la intolerable espera, reanudó su golpeteo con una furia hasta entonces desconocida en aquel despacho.

El secretario de vez en cuando acompañaba su redacción con una palabra pronunciada en alta voz —una voz concluyente— y el capitán, en contraste, confiaba en el futuro. A media mañana descolgó la gorra y dejó caer los guantes en ella; de pie cortó en dos una cuartilla impresa y en el reverso escribió con lápiz azul un nombre y unas señas que, a propósito, dejó en su mesa debajo de la escribanía para que fuera leída por el secretario tan pronto como abandonara su despacho. Con todo, una vez bajo el dintel de la puerta pensó que era necesario, para todos los efectos, dar alguna satisfacción a aquel hombre que —en definitiva— era quien establecía el curso de la instrucción.

A la vuelta de Macerta se encontró con el informe reservado que el SIPIM envió al Juzgado, a instancias de la instrucción. No era muy extenso, como de costumbre. Lo leyó con atención y rapidez y, adelantándose por una vez a sus deseos, lo puso en manos del secretario; un poco boquiabierto, cruzó las manos sobre la espalda y reclinó la cabeza, invadido por la instantánea e indefinible sensación de naufragio, la repentina y casi inmotivada caída del alma en el abismo de la futilidad y de la impotencia (vislumbrado en el remoto ayer, aparentemente cerrado en un momento de entusiasmo estudiantil o patriótica entrega y abierto de nuevo por un accidente incomprensible o una palabra errabunda), donde se cierra la penumbra para que pierdan sentido las palabras que animaron la conducta que presumió de haber saltado para siempre por encima de él. Porque todo lo veía —aún colgado del mismo abismo—, tan concluso y no modificable, un orden tan preestablecido —y no necesariamente más justo que fáctico— y tan inaccesible que hasta la función del secretario se le antojó innecesaria.

Al volver al mediodía a la hora de comer no se atrevió —porque no podía soportar su no mirada, la tácita acusación que no prescribiría nunca— a saludarla con las palabras de costumbre. En efecto, no levantó la mirada de la madeja, dando a entender lo mucho que esperaba de él. Y entonces —mientras al unísono tomaban la sopa— decidió hacer por ella y por su concuñado lo que nunca habría atrevido a hacer por sí mismo, tal vez por temor al secretario. La cabeza cana, la frente tersa y brillante surcada de finas arrugas de bordes afilados, como las incisiones de una navaja en una masa de barro fresco, y festoneada por la orla de motas ocres que señalaban el paso indeleble de las privaciones, la actitud vencida y retraída (la mirada no se apartaba del plato) y la faz de la que para siempre estaba desterrada la alegría, reclusa en la seriedad para el resto de sus días, le inducían a pensar hasta qué punto podía antojársele ridículo su empeño; era una dimensión del sacrificio que nunca podría alcanzar, tal vez la muerte le había empujado hasta el mismo borde del frío eterno para encontrar ahora consuelo en el calor de su hogar y tanto había perdido que ya no le quedaba ni el deseo de pedir porque —rebasado determinado límite entre el sacrificio y el holocausto— nada existía que le pudiera devolver al estado de necesidad; su sola presencia —impenetrable, no enigmática, simple y perversa— parecía reclamar —con el poder de ese silencio fruncido en el primer y definitivo gesto del cadáver, al apoderarse en un instante de lo que fue un cuerpo animado— el restablecimiento del imperio de la justicia para hacer soportable un tiempo sin destinación. Ante tal ejemplo, ¿en qué se había esforzado? Unas tímidas diligencias —no mucho más que lo que el ejercicio de su profesión exigiera—, en todo momento disminuidas por su propio disimulo. Apenas había empezado su combate y ya se encontraba vencido por un ejemplo que nunca sería capaz de superar. Y ni siquiera se lo exigía la parca, contradictoriamente silenciosa y omnipotente presencia, juramentada a un poder más alto y desdeñosa respecto a todas las ofrendas que le eran ofrecidas con temor; aún más (sin duda ella ignoraba lo que él sabía), la casa no era propiedad suya y subsistía gracias a las rentas de aquel pariente que —con simétrico silencio— esperaba su veredicto en el campo de Macerta. Que entre ellos existía un vínculo secreto era evidente; el más intrascendente pormenor bastaba para provocar, en una existencia tan ingrávida, desentendida de cuanto ocurría a su alrededor, aquella apenas perceptible vibración de una cuerda aún sensible que enfurecida se agitaba al no serle concedida la completa paz y quietud de que era acreedora por su sacrificio.

Decidió resolverlo sin tardanza, apelando a quien fuera necesario, pasando por alto las reticencias de su secretario y llegando a poner en entredicho su propia ejecutoria. Sabía de sobra que, estando concluido el sumario, era vano tratar de desestimar la confianza de su sobordinado —fracasada su misión de impedir la consolidación en el ánimo del ponente de un veredicto previo— sino era mediante la oposición de dos actitudes declaradas, a cual más empecinada, que tarde o temprano tenían que entrar en colisión sobre materias que no eran de opinión. Además carecía de la debida experiencia (una mirada, incapaz de sacudirse toda la incertidumbre anterior, violentada por el opalescente fulgor de la cuartilla, trataba de abrirse paso hacia la completa convicción que tenía enfrente) respecto a las pocas posibilidades que le ofrecía el libre examen para entablar la polémica, con garantías de éxito, frente a un prejuicio tan considerable. No sabía hasta dónde podría llegar y —aun antojándosele cosa muy lejana— sintió toda la distancia que le separaba (la mirada confundida rehusaba detenerse en aquella guerrera, en aquella corbata mugrienta y en aquella pequeña cocarda del ojal, para buscar más allá la persona que se escondía tras ellos... y que no existía, fundida con sus atributos e inseparable de ellos) de un núcleo susceptible a la persuasión. No lo encontró. Y entonces dijo, casi vomitó, todo lo que tenía dentro; a borbotones y a voces, mirándole a la cara con no contenida furia y deteniéndose cada cuatro palabras con una convulsiva falta de aliento; le dijo que era su intención hacer todo lo que estuviera en su mano, y recurrir a quien fuera preciso, para salvar a aquel hombre. Como toda respuesta, el secretario, con una sonrisa para sí mismo, dejó el expediente sobre la mesa y, por primera vez, sacó su petaca del bolsillo para ofrecérsela.

—Gracias —dijo el capitán, al tiempo que se echaba un montón de tabaco en la palma de la mano.

El juicio fue muy breve: tras el sumario apuntamiento por parte del ponente, al fiscal le bastó solicitar la máxima pena para el reo, a la vista de que hechos de tan extrema gravedad como los recogidos por la ponencia eximían de toda justificación de la aplicabilidad del código. Fue tan contundente que no tuvo que hacer uso de la retórica y, doblegada una defensa muy tímida en sus apreciaciones, el Tribunal aceptó la tesis del fiscal.

Antes de que se celebrase el juicio, al capitán le cabían

ya pocas esperanzas de lograr del Tribunal una sentencia diferente. Había hecho todo lo que estaba en su mano, a pesar de la reserva y de las recomendaciones de sus superiores; había visitado al general quien le facilitó una entrevista con el Gobernador Militar, quien —a su vez, aceptado el nombre de su tía como salvoconducto— hizo posible una breve visita al Capitán General de la Región. En todas partes, a pesar de que en ningún momento fueron desestimadas sus razones y buenas palabras, se adujo una razón más alta, una cuestión de principios, un interés que debía identificarse con los ideales que habían informado la cruzada. Llegó a preguntarse si el propio reo lo había comprendido así, mucho antes que él y por una inteligencia más directa, por una complicidad en el secreto del que sólo participaban los viejos combatientes, aun en su antagonismo: no desapareció la amargura de su cara, pero en su mirada y en la comisura de sus labios había brotado un destello de reconocimiento, como el del padre que tras el castigo insinúa lo excusable de la falta.

Un poco después —aunque de manera poco formal— solicitó de sus superiores el traslado, ni humillado ni afrentado por la petaca del secretario, pero sí amilanado por la inmutable figura del balancín que —tal vez— podría levantar la cabeza para inquirirle sin una palabra sobre la magnitud de su sacrificio. Pero cuando —por respeto a sí mismo, por no añadir el sentimiento de cobardía al de futilidad— a la vuelta de su peregrinación entró en la casa y fue derecho hacia ella —sentada en el balancín, acababa de depositar una madeja de lana en la caja de zapatos, repleta de ellas— para darle cuenta por primera vez del fracaso de su gestión y de la ineluctabilidad de la sentencia, su silueta encorvada pareció despegarse de aquel pseudoalérgico y casi inmaterial fondo de cristales del mirador, incolora y neutra en su perversa virtud, animada de una súbita y maligna energía en el momento de recuperar su auténtica entidad: y nunca con tanta claridad había de comprender el capitán que el mal acostumbra a callar y juega con la sinceridad como un maestro con su pupilo.

DE LEJOS

La conversación a lo largo de la cena y parte de la sobremesa había versado más sobre el incomprensible cambio de mentalidad que hacía casi imposible el acortamiento de distancias que separan a padres de hijos, que sobre las dificultades para el entendimiento entre distintas generaciones. Todos se quejaban de la intransigencia de la juventud y al oírles no podía por menos de pensarse hasta qué punto sus actitudes desmentían sus palabras, dictadas, al decir de ellos, por la razón y el buen sentido pero que sólo servían para desacreditar las convicciones del heterodoxo. Apenas se oyó una sola opinión respetuosa hacia los nuevos gustos y tendencias, y la falta de afinidad siendo utilizada más como pretexto del distanciamiento que como estímulo a la aproximación, era en última instancia lo que revestía su dictamen de aquel carácter judicial e inapelable que denotaba su asentamiento en unas posturas que no estaban dispuestos a modificar ni siquiera en aras del aprecio. El dueño de la casa era el que parecía más afectado, el que —sin expresiones de reproche— pintaba una situación particularmente enojosa y cuya solución no parecía estar ni mucho menos en sus manos. Sin duda se quejaba de las desviaciones que se producían en su propio hogar y parecía recrearse en poner de manifiesto el contraste entre su liberalidad y transigencia y la falta de atención con que eran recibidas sus insinuaciones por parte de sus hijos, quienes, contando con la no cómplice pero demasiado indulgente tolerancia de su madre, le habían convertido en un hombre aislado en el seno de su propia familia, mirado por casi todos como un residuo del antiguo régimen. Uno de los comensales apuntó: «No pienso en los hijos en ese sentido, y no pienso ni puedo darles otra cosa que la mejor educación posible. Otra cosa me parece una imprudente intromisión y hasta, si se quiere, una muestra de desprecio hacia ellos. Ah, ciertamente, la confianza en que cuando menos son y serán capaces de hacer lo que hicieron sus padres. Porque ¿qué es eso del legado? Una intromisión. ¿Es que no cambia todo cada día? ¿Es que no nos han enseñado desde niños a ver en tales cambios lo mejor del espíritu del progreso? ¿Qué es lo que se puede legar? El dinero; afortunadamente yo no les podré legar una fortuna y cada vez que lo pienso, más me satisface, acaso porque me haya educado en la creencia de que la posesión del dinero desde la juventud —cosa bien rara— constituye el mejor obstáculo para liberarse de la vulgaridad.»

No había sido una acusación, pero el tema —y sobre todo ciertas palabras escogidas con intención— estaba pensado en el decorado: una sala confortable, no vulgar pero tampoco exenta del gusto dominante de ciertas clases que a partir de un cierto punto detienen su educación, amueblada con lo que habría constituido a la perfección el movedizo escaparate de un decorador de lujo, adiestrado en conseguir la imagen de la riqueza haciendo uso tan sólo de modelos y reproducciones.

Después de la cena, uno de los hijos mayores hizo acto de presencia en la sobremesa, sin participar en una conversación que veía desarrollarse bajo el signo de la censura a muchas cosas que sin duda le importaban más que el aura de respeto, bienestar y complacencia con que gustaban de envolverse sus mayores. Era un joven de aire ausente y grave, bastante alto, con el pensamiento puesto en otra parte y que, sin pretender hacer ostensible una actitud de despego hacia los suyos, de vez en cuando volvía hacia la tertulia una mirada anonadada y retraída, matizada por aquella clase de impotente y apaciguada superioridad, carente de toda ironía, de quien intuía que teniendo tarde o temprano que entrar en abierto conflicto con su padre, por el momento no tenía otra opción que esperar y callar. No, ciertamente no parecía ni poco escrupuloso ni inclinado a la frivolidad; antes al contrario, cuando nos dejó (con un sumario saludo con el que no se despedía de nadie en particular, sino de toda una situación que no era la suya) la habitación quedó infestada no tanto de su vacío como de la fatídica inocencia que parecía arrastrar siempre consigo, muy a su pesar.

«Antes éramos...», «En mi tiempo...», «Los jóvenes de ahora...», «Lo que yo no comprendo...»

Aparte de su opinión sobre el valor del dinero, el cuarto comensal había permanecido callado durante casi toda la cena, sin hacer otra cosa que seguir la conversación y responder a las preguntas con aquella clase de mitigados y no vehementes asentimientos con que de una manera educada se da a entender que se está lejos de participar, en todas sus connotaciones, en la opinión ajena.

No era un hombre de mucha edad, pero parecía retirado; más tarde vine a saber que no era así, sino que, con una salud bastante quebrantada, se limitaba en aquella época a seguir de cerca las pocas inversiones en que había cristalizado su carrera en activo. Había sido muchas cosas, toda esa variada y a veces contradictoria gama de actividades que desarrolla lo que suele llamarse un hombre emprendedor; incluso en su juventud había ejercido durante unos pocos años su profesión de ingeniero de Minas; había explotado sus propias pertenencias, había comprado y dirigido su propio periódico de provincias, había fundado su casa editorial, había montado un negocio de desguace de barcos en un puerto del Cantábrico, había sido representante de maquinaria extranjera y se había casado dos veces. Y todo ello sin dejar de tener un oído atento a la cultura. Era, o fue, uno de esos hombres cada día más raros, que veían en la industria una hermana de la ciencia (no como los de hoy, para quien es tan sólo una hija de la finanza) y que con su propia vida trataban de armonizar y demostrar esa hermandad, dedicando el mismo número de horas al gabinete que al campo; era de los que estudiaban historia, investigaban el mercado y la montaña, viajaban al extranjero, de donde volvían convertidos en importadores de una pequeña industria con la que trataban de demostrar que, en un prado asturiano o en la vega del Henares, se podían conseguir unos resultados en todo análogos a los que ellos habían observado en Erkelenz o en Nottingham. Eran liberales, habían sido lectores asiduos de *El Sol,* habían saludado a la República con alborozo, y cuando en 1936 un temporal les dejó sin timón, permanecieron quince años a la deriva porque sólo alrededor de 1950 volvieron a poner sus ojos en las chimeneas asturianas o en las vegas del Henares.

«Nada resulta más comprometedor que el bienestar», creo recordar que con parecidas palabras inició su relato, no con ánimo de zanjar la discusión, pero sí consciente de que —con un tono de voz apagado, con una solvencia que no habría de ponerse en duda y hasta con el grado de infalibilidad de quien por misteriosas razones es aceptado por todas las partes en litigio como ponente del punto de vista más ecuánime— no sería interrumpido. «Muchas veces me he dicho que lo más difícil de transmitir es esa seguridad en las convicciones, adquirida en la lucha y ratificada por el éxito. No sé muy bien si lo más difícil o lo más impropio. Pero lo cierto es que cuando el padre insiste tanto en que el hijo acepte el legado de su experiencia, olvida con frecuencia que se trata por lo general de una cosa en todo personal y fortuita y que, por ende, de haber sido otra su historia se habría traducido en un reglamento distinto, si no opuesto. Eso es así no sólo para los hombres que abrazan un determinado credo, sino también para las generaciones e incluso para la sociedad y la historia, quienes con excesiva indulgencia respecto a su propio criterio gustan muchas veces de creer que han alcanzado, con la estabilidad, fórmulas de conducta de valor permanente. ¿Y no es ese el objeto primordial de una civilización que, complicada y contradicha por sus propias ramificaciones, aún persigue la seguridad del individuo como objetivo primero e indispensable? Quizá sea eso lo más discutible y pernicioso: esa seguridad en la seguridad; esa creencia de que lo mejor por no decir lo único, que puede hacer el individuo es dedicar su vida a cumplir una de las funciones prescritas por la sociedad, y ese pleno convencimiento de que sólo en ese marco es posible hacer algo para la historia de la dignidad humana. He dicho dignidad y no cambio la palabra... tal vez porque la aprendí tarde, por lo poco que me satisface —como todo aquello que se usa sin juicio ni límites— y por lo mucho que la historia nos ha obligado a recelar de ella, a los de nuestra generación. Y sobre todo aprendí a desconfiar de esa mentalidad pontifical que se enorgullece de haber desterrado el azar y, en el mausoleo de la seguridad, no soporta otra actitud que el recogimiento. Un único código de conducta para el solo objeto de la conveniencia. Ah, nuestra sociedad es filistea y no tiene abundancia de propósitos.

»En mi juventud también quise campear por mis respetos. Diré más, es lo único que satisface si se despierta una inquietud que no sé muy bien a qué sentimiento corresponde. ¿El amor propio? Lo cierto es que un destino establecido de antemano puede llegar a ser la más angustiosa, incomprensible y ultrajante respuesta a la cuestión de qué hacer con la propia vida, a eso de los veinte años. Porque, ¿a santo de qué le va a convenir a un joven la industria que ha recibido de sus mayores? Hemos de reconocer que si creyéramos a fondo todos los axiomas de las disciplinas morales acerca del espíritu y toda la palabrería sobre el respeto, la libertad y la dignidad humana, la oveja negra sería el ciudadano modelo. Porque ¿cómo se puede conciliar ese respeto con una fábrica de harinas? ¿Cómo y cuándo y por qué procedimiento de deformación se llegará a inculcar al hombre que "eso" es lo suyo? ¿Lo suyo?

»Cuando terminé mi carrera supe por un compañero de promoción de la existencia de un colega que, mucho mayor que nosotros, claro está, en algunos círculos profesionales tenía fama de hombre excéntrico y vagabundo, con algo de mago y bastante de loco. Se sabía que había viajado por América y por Africa y, siempre de la mano de ideas grandilocuentes y faraónicas, había hecho las cosas más inverosímiles para terminar, tras quince años de tribulaciones, en el mismo punto donde había empezado.

»Creo recordar que se llamaba Conrado Blaer, de familia canaria, con algo de sangre inglesa o escocesa en las venas; pertenecía a una acomodada familia que en los años anteriores a la República dio bastante que hablar. Pues bien, cuando acabé mis estudios sólo tenía una idea: dejar a un lado lo que mi padre tenía dispuesto, valerme por mí mismo y poner entre él y yo los suficientes kilómetros como para no tener que comer en su casa más de media docena de veces al año. Así que, ante el asombro de compañeros y familiares, decidí aceptar aquella oferta que a todo el mundo se le figuraba tan poco sugestiva y con mis pocos bártulos me trasladé al Noroeste de la península. Blaer llevaba ya un par de años recorriendo la Cordillera entre Murias y San Antolín de Ibias, entre Burbia y Cabriñanes, haciendo el levantamiento de aquellas corridas de cuarcita entre cuyos paquetes, afirmaba él, no sólo forzosamente habían de encontrarse considerables criaderos de mineral de zinc y de hierro —con alta proporción de fósforo, una clase que entonces sólo se sabía beneficiar en las siderurgias de Silesia— sino (lo que para él resultaba mucho más atrayente y prometedor) importantes yacimientos de tierras ricas que la técnica española ignoraba o no había sabido aprovechar y de cuya importancia él se había hecho cargo gracias a su experiencia y sus viajes por el extranjero.

»Mi primer contacto con lo que —llamémoslo así— formaba su organización, no pudo ser más decepcionante. No fue nada fácil dar con la dirección donde tenía que establecerlo y que —yo esperaba— cuando menos debía ser una oficina de cierta entidad. Creo que consumí día y medio dando vueltas por un desordenado arrabal de una capital norteña, entre chabolas, terrenos vagos y calles inacabadas, en busca de unas señas que, al doblar una esquina, parecían escabullirse hasta una más distante y caótica alineación de postes, más allá de un vertedero o un humeante montón de basuras y escoria. Era una casa minúscula, de una sola planta, angosta y fría, que desde la entrada —protegida con una tela de colchón a guisa de cortina— despedía un intenso olor a potaje frío. Esa clase de vivienda tan desprovista de toda mejora que la puerta se halla siempre abierta y la llamada es contestada por un grito femenino, ese incomodado "¿quién?" lanzado desde el fondo de la cocina por una persona que nunca podrá tener las manos libres ni desentenderse de su labor inmediata, que al poco rato —refunfuñando— aparece en el vestíbulo restregándose las manos en el delantal, con un niño —casi mejor se puede decir que es un enano— de cara desordenada, sucia y desigual de color, que mordisquea un currusco de pan. Y que ante la presencia del extraño, sin poder ocultar su mal humor, no es capaz de disimular su sorpresa con la presentación de unas no requeridas excusas por el torpe estado de la casa. Convendrán ustedes conmigo que no es precisamente la mejor manera de empezar una carrera de cierta altura, de ciertas pretensiones. Que se necesita tener bastante vocación y apetito de independencia para seguir adelante. Sí, con un poco de hielo, por favor.

»Claro está, su marido no se encontraba en casa en aquel momento, había ido a la ciudad a cumplimentar sus diligencias. Así que tuve que volver por la tarde. El marido me invitó a pasar, interponiéndose en el quicio y adoptanto ese tono requerido por la invitación a su pesar, a fin de que yo la rehusara; así que mi primer contrato de trabajo quedó cerrado en la misma calle, en una acera sin pavimentar, con un fondo de gritos infantiles y numerosas llamadas de atención a la mujer (que con todo era joven, y bastante favorecida de rasgos) para que cerrara la puerta o hiciera callar al niño. Menos mal que era un día de primavera norteña, soleado y luminoso, con un punto de remanente frescor. Su marido —además de tener otras ocupaciones menudas— era el agente de Blaer; se ocupaba de todas las tramitaciones y permisos oficiales, tenía una cuenta y un poder a su nombre y una vez al mes subía al monte para resolver algún interdicto o alguna servidumbre; su marido era sin duda la arboladura de aquella casa en la que —a la vista estaba— casi todo el dinero y el esfuerzo se consumían en conservar su buena presencia, un aspecto agradable, eficiente y digno de confianza —tan distinto al de su mujer— para atender y satisfacer sus muchas relaciones en la ciudad.

»A los pocos días, Blaer debió enviar un telegrama

emplazándome en una posada del valle alto del Torce, no lejos de El Auge, un punto que durante unos pocos días al mes utilizaba como centro de operaciones. Aunque primordialmente se ocupaba de sus investigaciones y prospecciones, también explotaba —desde uno o dos años atrás en que la había arrendado— una mina de granza de primera calidad, en la cuenca del Tarrentino, de donde sin duda salía todo el dinero que necesitaba para sus vastos proyectos, iniciados con la concesión previa de más de diez mil pertenencias, en cuyo plan de labores era mi misión secundarle.

»Como más tarde vine a saber, también de aquella pequeña mina —que era una verdadera joya— salían las sumas bastante considerables que aquel hombre dilapidaba, dos o tres sábados al mes en los garitos y casinos de las ciudades y capitales próximas. No sé por qué durante mucho tiempo —el período bastante extenso en que estuve en relación con él sin llegar al trato directo— me lo representé como un hombre corpulento, entrado en años, brusco de maneras y soltero. No era así, no era nada de eso; tampoco es que fuera menudo, pero parecía más joven de lo que era y disfrutaba de esa clase —un poco correosa— de lozanía permanente que no sé cómo adquiere el hombre que en poco tiempo y con cierta facilidad logra hacer una fortuna en ultramar. No sé de fijo si hizo toda una fortuna, yo no la llegué a ver por ningún lado; en cualquier caso no era de los que una vez adquirida se sirven de ella para proporcionarse unos pocos quebraderos de cabeza, los estrictamente necesarios para mitigar el ocio. No, de ninguna manera. Era el hombre menos ocioso que he llegado a conocer... y al mismo tiempo el más atormentado por el deseo de alcanzar una cierta y etérea cúspide del poder que, en todo momento, parecía sobrevolar por encima de él. Pertenecía a esa clase de hombres al que un mago ha hecho una misteriosa revelación; que hablan siempre con referencias veladas, descubriendo secretos a medias, haciendo sugerencias incompletas y estableciendo relaciones y conexiones, protegidas por el secreto, entre los estamentos que manipulan y controlan el poder y de las que solamente unos pocos curiosos —que parecen haberlo atisbado a través de puertas entreabiertas, revelaciones de familia, confesiones en el lecho de muerte— hablan con gran reserva y sigilo porque hasta su conocimiento es peligroso.

»Durante varios días permanecí en aquella fonda sin que Blaer compareciese. También habitaban allí un encargado suyo y un topógrafo que, por no sé qué vías recibían de tanto en tanto instrucciones suyas relativas al trabajo y que, por el correo o por el telefonillo de la Guardia Civil, le debieron comunicar mi llegada. Al poco tiempo tenían una respuesta para mí, por la cual me encomendaba el levantamiento bastante sencillo de unas pertenencias, un trabajo que estaba muy por debajo de mis facultades y mis aspiraciones. No era ciertamente para eso para lo que yo me había embarcado en tal aventura, para lo que había arriesgado el buen nombre profesional al entrar en tratos con un visionario; no era para coger un taquímetro, una merienda de fonda, cuatro peones y una caballería, para lo que yo había abandonado, en busca de más ambiciosos y desconocidos horizontes, la situación que me ofrecía la industria paterna; pero no tenía —al menos hasta que el trato directo con Blaer mitigara la inquietud que me producía aquel hombre y me demostrase con una de tantas decepciones que el aura de intriga que le envolvía se desvanecía ante las realidades cotidianas del aventurero de *papier maché*— ni intención ni posibilidad de apearme del carro, para no dar a mi padre una alegría gratuita y un costoso disgusto a mí mismo, hasta tanto no tuviera a la vista una solución igualmente sugestiva.

»Para aumentar mi descontento los hombres con quienes vivía y compartía el trabajo me miraban con la indulgencia de quienes arrastran consigo la carga de la experiencia y la confianza del patrón. Apenas podía opinar porque ni siquiera tenía opción para entrar en las conversaciones en que se ventilasen asuntos de alguna importancia y no sabían verme sino como el joven inexperto que todo lo ha aprendido en los libros. Ya supondrán ustedes que no exagero si les digo que estaba técnicamente mucho más capacitado que aquél achacoso topógrafo que todo lo sabía por rutina campera y, sin embargo, mi trabajo de campo había de ser supervisado por él —aunque se limitara a pasar la vista sobre mis anotaciones, tanto por respeto a mi título cuanto para no poner en evidencia la escasez de algunos de sus conocimientos— y en más de una ocasión a punto estuvo de producirse una cuestión de competencia a causa de nuestras discrepancias sobre los croquis, las libretas y los métodos de trabajo.

»Y por si fuera poco, la actividad de aquel encargado —que parecía gozar de toda la confianza de Blaer y podía actuar con una soltura y una independencia que para sí hubiera querido el más ambicioso de mis compañeros—, dedicado a misteriosas y sutiles transacciones, no podía poner un contrapunto más sarcástico a mis labores, casi propias de un escolar. Apasionado y seguro en cuanto hombre de mando, vehemente, entusiasta y celoso como un conjurado, todo lo que hacía —desde que se levantaba a las seis de la mañana, para dar instrucciones al personal y revisar los partes de la jornada anterior— no sólo revestía, a los ojos de todos, una gran importancia, sino que también estaba rodeado de un velo de misterio, dos categorías casi imprescindibles para convertir el trabajo en un placer. Lo tenía todo, hasta dinero; un ostensible fajo de billetes de una pulgada de espesor que en una cartera vieja de piel, cerrada con una liga de goma, no tenía el menor escrúpulo en sacar en público, aunque sólo fuera para abonar una botella de sidra. Incluso ocios y placeres, como ponían de manifiesto sus tardías y ruidosas llegadas a la fonda los sábados por la madrugada y las miradas y conversaciones que cruzaba con algunas mujeres del lugar que sin duda —acostumbradas a los recelosos y avaros paisanos—, debían considerarle como el prototipo del hombre deseable y agradecido.

»También mi primer contacto con Blaer fue tan sorprendente como inesperado. En verdad, ni siquiera llegué a verle, a medio camino entre el sueño y la estupefacción, unas facciones borrosas que el contraluz de la puerta difuminaba en la penumbra de mi dormitorio; tan sólo me había de quedar la impresión de una voz no demasiado sosegada, en exceso ocupada en ocultar o simular su precipitación para poder reparar en aquella intrascendente circunstancia: que se dirigía al único colega que había de tener a sus órdenes. En tales condiciones, todas las incógnitas que yo esperaba resolver con el encuentro no sólo no habían de quedar despejadas, sino que en días sucesivos cobrarían un cariz más inquietante y siniestro, como si su aparición en mi dormitorio a deshoras —instándome a no incorporarme, dirigiéndose en dos o tres ocasiones al encargado que esperaba en la puerta, por donde entraba toda la luz que iluminó la entrevista— introdujera instantáneamente, en un clima anodino, en una mentalidad tan sólo preparada para la aventura por una imaginación lectora, la fría y vibrante estela del peligro. No me dejó traslucir nada; tan sólo me dijo que no tenía tiempo para hablar conmigo como yo merecía, que había adquirido de mí un alto concepto y que su gente le había dado las mejores referencias, al tiempo que me ofrecía sus excusas y explicaciones por haberme encomendado un trabajo que, estando tan por debajo de mi capacidad, comprendía muy bien que no podía satisfacerme. Con cierto timbre enigmático me rogó que comprendiera su situación y, sentándose por un momento en el borde de la cama y extendiendo una mano para detener mi movimiento de incorporación, me explicó que antes de una semana tendría que hacerme cargo de una labor que —estaba seguro— habría de satisfacerme plenamente por cuanto exigiría de mí el máximo esfuerzo de toda índole; hizo un gesto a su encargado como para recabar su asentimiento, dijo por último que a través de él me cursaría las instrucciones pertinentes e, instándome a seguir en la cama, abandonó la habitación —tras cerrar la puerta— dejándome insomne y confundido, sintiendo por vez primera toda la extensión de la soledad que me rodeaba tanto en la penumbra punteada por los escuálidos brillos de aquellos muebles ajenos en todo a mí —y que en su misma quietud parecían esconder la parálisis del miedo—, tanto en la hostil inconsútil claridad de una tierra en la que todo me era extraño.

»Unos pocos días más tarde, ayudado por el encargado y tras aparejar dos caballerías y acompañado de dos peones —cuya mayor utilidad se cifraba en la protección contra la soledad—, me puse en camino hacia el escudo de Ferrellán, donde por espacio de diez o quince días debía llevar a cabo la prospección superficial del terreno y seguir en toda su continuidad —sin la ayuda siquiera de una hoja del geológico— las corridas de cuarcitas y grauwackas entre cuyos paquetes habían de encontrarse, de acuerdo con la teoría de Blaer, los criaderos de mineral.

»Era un trabajo de búsqueda que no tenía fin, tan acuciante como inconcluyente, que a la postre no podía desembocar ni en un hallazgo importante ni en el abandono de las esperanzas acuciado por los indicios nunca suficientes de impregnaciones e intrusiones, y coartado por las incertidumbres, la inmensidad y el aislamiento de aquella montaña. Por lo general la noche se nos echaba encima lejos de los caseríos y nuestra mayor fortuna consistía en cenar caliente y dormir a cobijo, tras dos o tres horas de camino de vuelta. En ese monte son raros los caseríos aislados, en aquel entonces la electrificación no había llegado a ningún punto de la montaña y los minúsculos burgos —una aglomeración de payozas con muros de pizarra y rajuela en seco, donde las personas dormían de pared por medio con el ganado y el fuego se hacía en el centro de una habitación sin chimenea, el humo escapaba por las rendijas de las paredes— apenas se distinguían, sino por las humaredas en el fondo de los barrancos, o por una tintineante y engañosa luz más allá del ramaje. Y no era raro darse de bruces con alguno, más silencioso y negro que el mismo monte, un repentino telón de tiniebla que corta en seco el cielo y el sendero.

»Creo recordar que fue en el precario refugio de un granero donde hube de verle por segunda vez, en una de aquellas apariciones tránsfugas y casi irreales, en medio del sueño: pero acaso no fue sólo a él y a eso voy. Sí, por favor, con un poco de hielo; así está bien, gracias. Fue lo otro; algo que ya no le abandonará más, que se constituirá por su propia aparición y voluntad en el sombrío, asiduo y gemelo acompañante en la marcha cuyo origen (y cuyo fin) parece desvanecerse desde el momento en que toma parte en ella. Y sin duda todo permanece igual, un orden que sigue obedeciendo a leyes físicas y morales y una sociedad que se mantiene gobernada por el saber y el interés de los hombre... sólo en apariencia. No sé dónde estará esa última realidad ni si es propio otorgarle ese apelativo, pero a partir de una noche cobra una suerte de inmaterial y perversa influencia a causa de la cual empieza a oscurecerse la creencia de que cuanto sentimos obedece a causas que la razón puede investigar. Me pregunto si lo normal es que esa experiencia goce siempre de un carácter tan infantil que, al operar sobre una mente que no se ha forjado todavía una concepción racional del universo ni ha sentido aún la necesidad de hacerse con ella, tan sólo deja un esporádico residuo de miedo silenciado durante toda la vida adulta y sólo despierto, por lo que nos dicen, al filo de la muerte. El niño, sin duda, lo ha visto muchas veces, esa sombra preterhumana que se erige en señor de sus propios misterios y sólo una vez asoma su aquilina y olvidadiza efigie para hacerle saber que el mundo que le van a enseñar la educación, la ciencia y las costumbres adolece del mismo defecto que el cuerpo mutilado de Peter Schlemihl.

»Creo recordar que jugaba a las cartas, aunque nunca lo podré saber con lo que se llama seguridad. Ni en qué siglo había empezado a jugar, allá en Emaús. Ni sé por qué razón el ámbito había quedado parcial e imperfectamente iluminado más allá del hueco junto al que tomaron acomodo. No vi ninguna vela y, aunque en aquel momento caía sobre el lugar un fuerte aguacero, estoy seguro de que no fue el resplandor de un relámpago, sino el de una iluminación igualmente fugaz, pero más pausada y mortecina, como para darme tiempo a testificar la inédita realidad de la sorpresa. Y bien, era Blaer, sentado ante una rústica mesa con la cabeza cogida entre las manos contemplando el desolado escenario de sus pérdidas —una bolsa, un plato tal vez, unos naipes o unos papeles o unos billetes, unas pocas monedas— al tiempo que su compañero de juego, con gesto desdeñoso y suficiente, al retirarse por el hueco del fondo volvía hacia mi la mirada astuta del escondido e invicto señor de las sombras.

No había visto más, pero fue suficiente y sólo más tarde recapacitará sobre ese último fundamento de nuestras convicciones que reposa sobre experiencias intransferibles; cómo una clase de seguridad queda para siempre enajenada y cómo se pierde ese efímero aplomo que según se afirma necesita todo hombre para sentirse capaz —más allá del fanatismo y la soberbia, fuera del entorno de un ficticio acomodo con su modo de vida— de dictar cualquier norma de conducta a un semejante. A tientas llegué al lugar, palpando las paredes y el suelo hasta una escalera de mano, para no encontrar más que la mesa y un plato sucio —ávido de recoger toda la luz de la llama— y unos pocos papeles que a pesar de no esclarecer nada guardé conmigo. No habían pasado diez días cuando, a causa del accidente de uno de mis peones, que en una caída sufrió una fractura de columna y de fémur, hube de abandonar el reconocimiento para volver precipitadamente a nuestro punto de origen. Le entablillamos la pierna y le fabricamos unas rústicas angarillas para trasladarlo al lugar habitado más próximo y depositarlo allí hasta la llegada de un socorro. Pero no encontré a ninguno de los nuestros y la dueña de la fonda no supo explicar su ausencia más que con alusiones imprecisas a ciertas dificultades surgidas en la mina del Tarrentino, que habían obligado tanto a Blaer como a su encargado a salir hacia allí precipitadamente, abandonando el resto de las labores. No era cosa fácil encontrar un médico para asistir —tras un viaje de día y medio a lomos de una caballería— a un hombre accidentado, acogido a la sórdida y avara hospitalidad de un paisano receloso y acostado en un granero en una colchoneta de paja, elevando al cielo noche y día —sin otra pausa que la impuesta por el agotamiento— la impaciente y desorbitada queja de la miseria. Y bien —permítanme que les diga— una semana así forma tanto o más que un año de universidad, pero cuando el peso de una incómoda fatalidad da origen a esa insoslayable y penitenciaria obediencia en virtud de la cual todos los actos están tan determinados que no es posible dar un paso ni existe la menor opción individual y no queda un solo resquicio por el que evadirse de un deber absoluto —e incluso el abandono momentáneo de una habitación maloliente donde un tirano proclama a gritos los rigores de la ley proletaria, en busca de un poco de aire fresco o de un solo instante absuelto de la dura regla del manicomio, será a los ojos de quien no juzga el máximo pecado contra esa misma solidaridad que le retiene allí—, se levanta un afán de abandono que en última instancia aspira a la nada y que en la aniquilación reconoce el medio de zafarse de todos esos después y después y después, ese atajo que a primera vista abrevia, pero que una vez tomado muestra la laberíntica e inextricable dificultad de alcanzar la paz antes de la muerte. Más allá, solamente un poco más allá del sueño, en un claro del monte y más allá de una mula que rumiando entre unos arbustos ha detenido por un instante el curso de los astros —como esa figura zodiacal en torno a la cual durante su signo todo parece girar en homenaje a su grotesca y efímera majestad—, el hombre que clama al cielo no será más que el indiscreto y vocinglero patán que por miedo a su miseria descubre el secreto de una condición que había optado por soportar su vergüenza en silencio. Ah, excelente, excelente; así está muy bien, con un poco de hielo.

»Pues bien, era Blaer; me lo he dicho y repetido mil veces, todavía no me he cansado de afirmarlo y nadie me podrá hacer abjurar de esa convicción. Solamente yo puedo decirlo y no existe nadie que me lo pueda negar: y ése es el precio más elevado de esa ciencia, que al no poder ser compartida arrastra consigo a otras muchas, a unas para privarlas en lo sucesivo de todo valor y a otras... para vivir en secreto a la sombra que arrojan. No es tan sólo una cuestión de credulidad, porque lo más valioso del escepticismo es que se extienda a zonas más amplias e inexploradas que la amortizada fe de donde salió. No digamos que el saber. Y tal vez el pecado no proceda de una participación en el mal —cuyos límites son arbitrarios, acotan tan sólo una reducida área de la conducta para disimular la extensión de lo posible, allí donde el bien, siempre pusilánime y doméstico, no llegará nunca—, sino de la incertidumbre que embarga a quien se atreve a adentrarse en una zona donde casi todo lo ignora y no es capaz de presumir las consecuencias de sus actos. No, no hay pecado cuando el acto se circunscribe dentro del conocimiento o la experiencia y sólo lo ignorado suspende la moralidad. Era Blaer; acompañado de lo otro, ¿para qué darle un nombre? Si lo tiene ¿es que le hace falta? Su influjo es más evidente que el sonido de un nombre y su aspecto no produce inquietud, pero sí molestias, ejerce una gran atracción. No, no tiene apelativo, lo que atemoriza es el propio yo embargado y enajenado por un poder —el único poder— que estará siempre por encima de todas sus facultades. No en balde era el tema favorito de Blaer, el poder. Era Blaer, lo repetiré mientras viva; lo único que no tenía de Blaer era... su presencia física y lo otro a su lado, a sus espaldas, envolviendo a las sombras con su impenitente y sarcástica arrogancia y ese... ese inmaculado temperamento, conservado intacto en el curso de los siglos, indiferente al progreso y a las generaciones y hasta a su propia influencia, no disimulando —siempre un poco más allá de la visión— su absoluta falta de interés por su propia intervención y su menosprecio por unos hombres que sólo saben atender a su bienestar; para dar a entender que eso no es lo suyo, que le parecen pueriles todas las actividades del mundo moderno y que —cada día más lejano y perdido— existe todo un ámbito en la penumbra mucho más atractivo y... más nocivo.

»Tal vez Blaer era de su misma opinión, constituido ya en acólito de un rito degenerado e inútil, en demacrado agente de una empresa sin iniciativa ni futuro, y por eso volvió aquella mirada de profunda sospecha e insistente exculpación hacia el herido, tan sólo para solicitar de mí más que perseverancia y comprensión una ampliación del crédito que le había de permitir demostrar cómo muchas cosas pueden entenderse de varias maneras o, mejor aún, en más de un campo del entendimiento. No era el suyo el más inmediato. No fue fácil encontrarle y no consideró necesario cubrir su fugitiva conducta con un expediente que resultara satisfactorio para un colaborador tan poco exigente como yo.

»Pues bien, más tarde me vino a decir que me acercara

al fuego, que tomara acomodo sobre las mantas —y estoy seguro de que retiró unas alforjas para hacerme sitio—, que bebiera un café caliente para reconfortarme, que no forzara las situaciones y que —menos aún— siguiera tratando por lo trágico un asunto que carecía de mayor importancia. Después de dos o tres días de marcha por un monte desierto —temiendo que la supervivencia del herido pudiera depender tan sólo de un gesto de impaciencia— la llegada al inesperado campamento, la presencia (?) y las palabras de Blaer serían como el término de un viaje que al echar por tierra en cada revuelta, en cada claro y en cada colina, las esperanzas puestas en la última línea del horizonte, tras haber olvidado su origen nunca tendrá otro fin que la descomposición en un movimiento, sin otro sentido que su propia repetición. "Por encima de todo hay que darse prisa —me dijo, acuclillado sobre un fuego que atizaba con una vara verde, con una manta echada sobre sus hombros y su cabeza— y por eso la tragedia de la ambición será siempre la de todo equilibrio basado en la velocidad. No, joven, no hay reposo posible. Ni siquiera hay tiempo para madurar el proyecto, para recoger todos los datos posibles y adquirir una clase de certidumbre y confianza en la obra que se emprende. Esos son privilegios del artista. Lo nuestro es otra cosa; si me apura le diré que no podemos pagar el menor tributo ni al respeto ni al futuro, no digamos ya a la posteridad; son cosas que no nos van porque nada nos dicen. Nada que sea definitivo, nada que quede, ni siquiera el nombre, tal vez lo último. En contraste, acaso sea la única manera de ser congruente con una condición mortal; estoy convencido de que el artista sacrifica todavía muchas cosas a un oficio que en gran parte extrae sus justificaciones de sentimientos derivados de la vida de los demás. La supervivencia, la gloria. Lo nuestro no, no podemos sacrificar ni los minutos, todo apremia. Se resiente la calidad, ya lo sé, es el precio necesario en una carrera que nadie presencia con calma. La muerte ha de sobrevenir a un cuerpo terminado, es la única forma en que será natural. El agotamiento; no puede ser de otra manera, no se debe; no es justo entregar un ápice de vitalidad, es un artículo demasiado precioso y breve. ¿Que no queda nada? ¿Qué quiere decir eso? Es una carrera que sólo se puede emprender cuando se está dispuesto a no hacer concesiones al porvenir: es más, cuando se alcanza cualquier seguridad el negocio ha volado porque alguien más vivo y menos precavido ha decidido arriesgar algo más, guiado tan sólo de un presentimiento. La seguridad es más bien cosa de artistas: la seguridad y el desánimo, un lujo de quienes careciendo de muchas cosas presumen que sobran horas de vida: y eso es lo único que siempre falta, horas de vida, mientras un ápice de vitalidad aliente el cuerpo", me vino a decir envuelto en sus mantas, ante un minúsculo fuego de fagina que se me antojaba el único punto animado de un universo desierto y pasivo. Pero no puedo negar —sí, un poco más de hielo también, muchas gracias— que, adormecido por aquellas palabras, sentía que era yo quien hablaba, un sentimiento que hasta entonces había guardado en embrión y que —ni siquiera responsable del enfrentamiento con mi padre— por primera vez cobraba su auténtica voz, con inusitada clarividencia.

»Ah, sí, la mañana. La mañana que tras el entusiasmo de la noche viene a restaurar el imperio crónico de la prudencia; que esa insensata aspiración nocturna de adelantar en unas pocas horas de embriaguez el curso de un tiempo donde la inercia es soberana, opone al lento caminar de un orden —astuto, sibilino y perezoso como el anciano autócrata que después de oponerse con violencia a cualquier cambio, ya no cree al término de su reinado que sea posible el más nimio— que gusta de mirarse y ensalzarse en el silencio matutino del monte. Y que al apetito de una carne cuyo repique aún resuena en las venas responde —despejada con el sueño la fantasía de la fuga y la fusión— con la inmolación del otro yo carente de identidad y clandestinamente disimulado por su parecido con el hijo del deber.

»A la mañana siguiente había desaparecido sin dejar el menor indicio de su vivac; ni las mantas ni las señales del fuego, y tan sólo la estela de una palabra incoherente e incoherentemente repetida que —como la quieta y segura figura del padre que ha quedado en tierra y complacido sigue las evoluciones del hijo encaramado en el caballo del carrusel, ignorante de que su alegría se ha trastocado en vértigo y angustia tras las primeras vueltas y vaivenes, así que ha cobrado velocidad el mecanismo— surgía de entre la atenta e indiferente muchedumbre tanto para procurarle el alivio de una seguridad perdida en la vorágine cuanto para atemorizarle con el recuerdo de una aventura que de ella partió. Es cierto, la mañana para pisar de nuevo un suelo perdido en un momento de entusiasmo nocturno. ¿Raquítico entusiasmo? Un monte perdido, un cielo sin una nube, tan sólo los graznidos —como las infructuosas revoluciones de un motor que no se decide a arrancar— de un par de urracas que no se recatan de echar al viento la enseña negra de la piratería; no había dejado rastro de su paso por allí. Un pobre hombre que había renunciado a sus lamentaciones, con la cabeza abatida, una cara demacrada y la boca entreabierta, que sólo respondía con un estertor de moribundo a mis esfuerzos para que levantase el ánimo y colaborase en la medida de sus fuerzas para hacer más fácil el viaje y su traslado. A la mañana siguiente a qué poco había quedado reducida la fascinante carrera entrevista en el delirio de la noche y el coñac: una mula holgazana, un cuerpo que parecía optar por su irremediable fin y horas y horas de camino en pos de una palabra que —marchando por delante de mí, a corta distancia— venía a demostrar lo atrás que había quedado, lo lejos que estaría siempre de aquellos que, como Blaer, habían sabido renunciar a la seguridad, para atender tan sólo al dictado del deseo de vivir. Porque al instante siguiente le vi abandonado, cubierto por un cúmulo de mantas en un claro del camino; tan sólo asomaba la cabeza, la cara color de cera cubierta de moretones y la boca entreabierta, sin un ronquido ni un estertor; ya nada, una absoluta quietud. Era la propia expresión del fin, los párpados no del todo cerrados con un resquicio para observar —quizá desde muy lejos— el último fragmento del suelo que le quedaba por ver. Aún queda algo, parece que es tarde. Por favor. La expresión: el triunfo de la desconfianza, nada del reconocimiento del error. Las intenciones de una raza de las que, por diez días de jornal, no hará gala. Lo sabía muy bien cuando se decidió a trabajar con nosotros y nada le haría apearse de un recelo de siglos. En cierto modo, intolerablemente triunfal y vindicativa, la única réplica justa al dominio de Blaer y sus secuaces sobre una condición que se ha engendrado en su propio sacrificio —el mismo sacrificio objeto de sus sarcasmos— y sin el cual el poder carecería de sentido, porque una ambición degradada simplifica las alternativas. He dicho una absoluta quietud, una clase de callado regocijo en la aniquilación como si el paciente hubiera desempolvado —guardada durante generaciones— la voluntad de acabar consigo mismo para oponer el más rotundo mentís a las dominantes palabras de su patrón; la única respuesta a la conducta del poder. Y tal vez sea el ejemplo intemporal lo que sobre todo gusta de burlarse de la acción presente, de ese ridículo y desaprensivo apresuramiento en el tiempo que el Tiempo desdice con un gesto sin edad: el contrapunto a todo lo que había dicho Blaer o quien fuera, la perversa ironía del mutis con que el actor que domina la escena sin códigos ni maestros replica a las petulantes afirmaciones de un aventajado y meritorio aprendiz. Un punto de desobediencia, he ahí todo, una revancha. Está claro, está claro, la fortaleza del débil, el señorío que el criado ejerce sobre el amo, el poder de la miseria. Por entonces supe que era muy adicto a una modalidad del juego en virtud de la cual la jugada más alta sólo era superada por la más baja: no existe, por consiguiente, una jugada máxima y ningún jugador... bien, será la última. Póker negro. Nadie juega a eso, claro está; nadie se descarta para jugar a la baja, pero en cambio queda anulada la seguridad de una baza insuperable. La inseguridad, dependencia. Excelente; no, no es tan tarde. Una miseria. Esa mirada de triunfo que debe esconder algo de la permanente incertidumbre. Como el friso de Olimpia; una razón sonriente, afable y luminosa, que, sin embargo, es consciente de que su triunfo sobre las sombras y el temor durará poco. O bien, el rictus de la caducidad, el relativo y angustioso descanso tras la victoria en el primer encuentro, a sabiendas de que por delante queda un largo combate que, asegurado siempre el triunfo diario, no terminará nunca. Hay triunfos, no hay victorias.

»Es posible que todo terminara de la manera más simple, con la llegada de mi pequeña caravana a la casa de un médico de pueblo para encomendarle el cuidado del herido, un informe amasijo de mantas y ropas, troncos y ramas y miembros sueltos, amontonados sin jerarquía en torno a una cabeza con manchas secas; un cuerpo muy distinto del que, un par de días después, ordenado gracias a una sábana blanca sería trasladado en una camilla para ser hospitalizado.

»En cuanto a Blaer, había desaparecido una vez más no sin dejar tras de sí —en los rumores, en las actitudes secretas, en la alarmada reserva de quienes parecían saber algo de él— un cierto soplo de venganza y un clima de resentimiento. Como si en la persecución del poder que había emprendido —perseguido a su vez por él— no quedara otra opción que contemplar —más que contemplar, esperar a la puerta de una fonda, con una botella de cerveza y en el atardecer, la llegada de noticias— el resultado de una apuesta para la que todos los suyos habían colaborado con sus ahorros. El resultado me había de sorprender de nuevo en el campo, cuando practicaba un levantamiento que creo recordar llevé a cabo por iniciativa mía, para matar la desgana e inactividad de aquellos días invernales, traído por el mismo heraldo de la revancha: había sido devuelto al pueblo gravemente enfermo. No, no es tan tarde, espera un poco. No sé si era febrero o marzo, en cualquier caso no eran los días más fríos del año. Un año dilapidado en el lujo más inútil. Me explico. Un poco más. Basta, basta ya. Esa clase de lujo que, pensándolo bien, no es tan inútil por cuanto a la postre servirá para ridiculizar ante uno mismo el grotesco espectro de la necesidad. ¿De la necesidad o del respeto a la probidad? ¿La probidad? ¿Una idea fija acerca de la dignidad? Es bien posible; sin duda ese disfraz de filistea honradez. Me refiero, claro está, a ese lujo que una vez probado no deja lugar para otra experiencia y ante el cual lo cotidiano queda envilecido? Que volviera Blaer, incluso acompañado de lo otro… pero inútilmente, ni siquiera con el propósito de amedrentarnos con la secreta imagen del poder y sus inescrutables y ociosos designios. El mayor lujo. He dicho la necesidad: Esa idea que en todas partes queda desmentida. La ciencia no quiere saber nada de eso, la política, tal vez. Despreciable… ¿he dicho fatalidad? No lo creo. ¿Se han ido a dormir? No sé si me explico bien. Al cabo de poco tiempo —no sé cuanto— comprendí que no estaba haciendo nada y que mi posición, justificada un día tras otro gracias a la exageración de pequeños acontecimientos, resultaba insostenible. El ridículo. Tal vez la más desapasionada mirada sobre el yo que el desdoblado es capaz de lanzar en el momento de mayor congoja y mayor clarividencia. ¿Una confirmación de la propia duda? Blaer no podía haber vuelto y ante todo tenía que responder de sus temores. Tampoco ellos tenían noticias, por fuerza estaba todo perdido. Una alucinación. Un poco más, lo poco que queda. Perdidos los ahorros, cabía pensar que había desaparecido por miedo de enfrentarse a ellos. Solamente la mujer de su apoderado de la capital, años más tarde, completamente cambiada, con un abrigo de pieles, acudiría a despedir a alguien que no era su marido —no era su marido— a la estación. La última vez que lo vi, casi sin rostro, sin sexo, sin mirada y sin físico, pero sí con temor al poder, un poder manifiesto y no ostensible a la vez, tras los reflejos del cristal del vagón no demasiado limpio. La venganza de Blaer, dirían todos. ¿Cómo? ¿No sería al revés? No sé si me explico; el caso es que yo acudí allí con el propósito de iniciar mi carrera, lejos de mis padres; no, no me interrumpa, ya sé lo que me va a decir, y a eso le voy a contestar lo siguiente. No me quedaba nada que hacer y cuando al cabo de un par de días di por terminado el levantamiento y bajé a la fonda del pueblo, supe que se trataba de Blaer. Sí, Conrado Blaer, el mismo. Apenas queda nada. También había vuelto el herido que andaba con muletas —fue el primero con quien me crucé frente a las primeras casas del pueblo— y en su expresión grabado el signo de la victoriosa revancha. Esa expresión augusta y marcial del belfo medallón, traspasada a la piedra el insomnio y la idiotez de la carne. Blaer debió morir en la misma habitación que yo había ocupado, saturada del acerbo tufo de su fiebre; la última vez que le vi si no estaba muerto poco le faltaba. Esto es, había sucumbido una vez que lo otro —y sólo se percibía por el vacío a su espalda, por la insistencia de una mirada que no sabía apartarse del punto donde quería verlo— le había abandonado para, en el dormitorio de una fonda, con la contra cerrada, desterrarle para siempre del imperio del poder y devolverle a la condición de la primera necesidad. Equitativo. Lo uno por lo otro; ni más ni menos. Parece que ya no queda nada», dijo. Su rostro parecía desvanecido en la misma penumbra que había tratado de describir, con la misma supina y atónita fijación en el vacío, ocupado por un instante por la presencia de aquello otro que durante toda la noche le había pasado inadvertido.

BAALBEC, UNA MANCHA

I

Cuando yo era niño mi madre nunca tuvo necesidad de invocar una recompensa para reducirme a su autoridad. Fui educado en una casa cuyo gobierno estaba en manos de mujeres, habitada casi exclusivamente por mujeres —la más joven era mi madre— que apenas salían al aire libre; para salir del círculo de costura yo no tenía más alternativa que refugiarme en la compañía huraña del viejo José, el criado, o pasear solitario por el jardín, tirando piedras a las ranas. Hasta los diez años apenas vi otros hombres —porque José empezaba a dejar de serlo— que los feligreses de la parroquia las mañanas de los domingos o los jueves por la tarde, media docena de veces al año, en ocasiones en que mi abuela ofrecía a sus vecinas y desmemoriadas amistades una velada de buen tono; el doctor Sebastián (o más bien el paraguas representativo del doctor Sebastián colgado del perchero que dejaba en el suelo su excrecencia de agua) y unos cuantos gitanos, también tres o cuatro veces al año.

Cuando, estando enferma, comprendió que se aproximaba el día de separarnos, mi madre me dijo algo que siempre, desde entonces, he tenido en consideración. «Prepárate en esta vida a no esperar nunca que tu virtud sea recompensada. No pienses nunca en ello; porque la virtud no necesita ni debe ser, en justicia, recompensada.»

Hasta aquellos momentos hubiera podido creer que mi madre no se había preocupado demasiado de mi educación. Dentro de mis primeros años pareció vigilarme desde lejos, un tanto resignada a la evolución de un hijo que —en una casa de campo solitaria, rodeado de mujeres de cuellos estirados y rectitud de plomada— sólo con la ayuda sobrenatural podría haber sacado a relucir sentimientos rebeldes o retorcidos.

En realidad, si mi madre no tomó una parte muy activa en la formación de mi infancia fue porque —dejando aparte las dificultades económicas que obligaron a separarnos— se apercibió de que para bien o para mal las circunstancias en que había de desarrollarse eran más que suficientes para totalizar una educación que sólo por el carácter podría verse alterada, ya que no por otra educación de signo contrario. Muchas veces me sorprendió su mirada —en el gran comedor estilo imperio rural (el suelo se había vencido en el centro y los grandes aparadores y trincheros parecían vacilar medrosamente) o en el salón contiguo, donde se desarrollaban las veladas que mi abuela convocaba entre las cada día más escasas amistades, por un compromiso casi histórico contraído para la conservación de un mito— cruzando por entre la gente desde el otro extremo de la habitación, como si temiera adivinar en mi tímida actitud el producto de una educación que una disciplina intransigente estaba moldeando sin contar con ella. Creo que ahora lo comprendería si tuviera ocasión de volverla a ver, porque el brillo significativo donde reside el secreto se borró hace mucho tiempo, dejando como toda huella el deseo insatisfecho de volver con la imaginación para confirmar un sentimiento benevolente; más que la resignación, la disimulada capacidad de sacrificio que le hubo de permitir la enajenación de su haber más preciado, tras una capitulación sin condiciones; la renuncia (o el disimulo) de sus propias convicciones para no teñir de contradictorias sombras la interrogante niñez de un hijo único.

Mi niñez y adolescencia transcurrieron casi por completo en la casa que mi familia poseía en los alrededores de Región y a la que, andando el tiempo, hubo de retirarse a vivir todo el año por una serie de motivos inconfesables escondidos tras el pretexto de la edad de mi abuela y sus deseos de vida tranquila y retirada. La casa —San

Quintín— era una hermosa y sólida edificación de tres plantas, de fábrica de ladrillo aparejada con sillares de granito. Su fachada principal daba a poniente y sobre una primera planta casi ciega corría un largo balcón con vistas sobre las terrazas de cultivo que descendían hacia Región, cuyas torres y cúpulas y macilentas columnas de humo contemplábamos por encima de los olmos; cuyo repique de campanas nos llegaba con acentos de pastoral resignación las tardes soleadas de octubre, para recordarnos nuestra irremisible soledad las mañanas sombrías de una húmeda y tardía primavera. Rodeada de grandes olmos y elevada sobre las terrazas de jardines italianos que mi abuela nunca se cuidó de reconstituir, la casa ocupaba uno de los vértices de una propiedad bastante extensa, cuatro quintas partes de la cual estaban constituidas por un monte bajo, con buenos pastos y bosques de alcornoques, desde las orillas del Torce hasta las estribaciones de la Sierra; la quinta, las vegas junto al río, eran unos bancales de regadío que producían casi la totalidad de la renta de la finca y que al correr los años e iniciarse el declive de la familia, mi abuela fue arrendando, hipotecando y malvendiendo sin demasiado conocimiento de sus hijos. En un pequeño collado, dominando la revuelta del Torce, estaba situada la casa, a la que se llegaba por un camino privado, señalado en la carretera de Macerta a Región a la altura del kilómetro nueve por dos pilonos de granito coronados por dos bolas, donde estaban grabadas —una en cada uno, con letra cursiva y pretenciosa— las iniciales de mi abuelo o del matrimonio, L.B.

La finca había sido adquirida toda ella mediante sucesivas adquisiciones que mi abuelo efectuó alrededor del setenta, y la casa se edificó aprovechando, en parte, los muros de una antigua alquería y las ruinas de una pequeña ermita dedicada al santo, el año 1874, tal como estaba grabado con la misma letra cursiva en la clave del arco de la puerta principal.

Mi abuelo hizo su fortuna en ultramar, en muy pocos años. A los treinta y cuatro años estaba de vuelta a España, convertido en un hombre rico. Era oriundo del

Sur, creo que de la provincia de Almería, y vino a Región cuando la construcción del ferrocarril de Macerta, donde trabajó de capataz a las órdenes de un tío de mi abuela o tal vez de su mismo padre (lo que con el tiempo pasó a constituir un secreto de casta). Debió ver o conocer a mi abuela y decidió casarse con ella rompiendo las diferencias en América, una solución que por aquel entonces el teatro de ideas había sugerido y puesto de moda. Recién cumplidos los veinte pasó primero a Francia, donde vivió unos meses viajando y comerciando por las ciudades del Sur, entre Grenoble, Marsella, Sette y Montpellier, asociado con un francés llamado Ducay, con cuya ayuda, y tras un juego de cartas que había de pasar a la crónica familiar con caracteres mitológicos, debió dejar sin un franco a un comerciante de granos de Sette. En América, en Méjico y Cuba sobre todo, trabajaron los dos socios en las minas, montaron un negocio de ferretería y se dedicaron a desguazar barcos por un procedimiento algo corsario. Los últimos descendientes de los Hermanos de la Costa se dedicaban, a falta de otra ocupación más incitante, al pillaje de barcos de pequeño cabotaje entre Honduras y las Grandes Antillas, que se desmantelaban en alta mar o en algunas escondidas ensenadas del Golfo de Cámpeche y eran vendidos a mi abuelo, quien los desguazaba o transformaba. Cualquiera que fuese la verdad acerca de las leyendas que corrían sobre mi abuelo y Ducay, lo cierto es que en menos de diez años el hombre fraguó una fortuna que podía competir limpiamente con cualquiera de aquellas que, en la última década del siglo pasado, se asentaron en Región (quién sabe si empujados por la calidad de la leche, lo apartado del lugar o las quimeras de una nueva tierra prometida, pregonada entonces por el teatro de ideas) con el fin de erigir una ciudad modelo para una sociedad nueva. Empezó por comprar los terrenos de San Quintín, parcela tras parcela, siguiendo un orden anárquico, haciendo todos los esfuerzos imaginables para no levantar sospechas sobre el volumen de su fortuna y no despertar la codicia y desconfianza de los paisanos. Fue siguiéndolos uno a uno, aprovechando las enemistades y odios personales, haciéndose pasar, a veces, por un comerciante en granos que vendía muy barato a cambio de la adquisición de unos pocos predios; otras veces les vendía unas cántaras de vino, quejándose de su triste y humilde condición que a duras penas le permitía comprar un mal pedazo de tierra donde tener su casa y su familia; al cabo de dos años de trotar por la Sierra pudo reunir en el despacho del registrador una carpeta que contenía los títulos de propiedad de más de dos mil hectáreas.

Alquiló una casa en Región y construyó la de San Quintín a gusto suyo; hizo venir un jardinero levantino, trajo de Francia un buen número de muebles que su amigo Ducay le proporcionó a coste reducido; se hizo ropa en Savile Row, y, con un brillante en el bolsillo del tamaño de una avellana, se presentó en casa del señor Servén a requerir la mano de su hija mayor, Blanca.

En aquella casa nacieron casi todos sus hijos, asistidos por el doctor Sebastián. Allí murió el viejo León, el año 1903; allí murió la abuela y tres de sus hijos. Aunque nací muy lejos, allí me crié yo y transcurrió casi toda mi infancia hasta los quince años, en que mi madre me internó en un pensionado para iniciar mis estudios; a los pocos meses tenía que volver con el tiempo justo para asistir a su entierro en la fosa familiar, a tiempo para entrar en el viejo salón de las veladas, lleno de gente enlutada y circunspecta que permanecía en pie por falta de sillas, en torno a un corro de señoras sentadas alrededor de mi abuela y mis tías; mi abuela se balanceaba lentamente en una mecedora, el chal sobre los hombros, y suspiraba profundamente, mirando al techo:

—Pasa, hijo, pasa. Ven a darme un beso.

II

Un día recibí una carta del nuevo propietario de San Quintín invitándome a visitarle y descansar unos días en la casa. El hombre solicitaba además mi ayuda para definir ciertos lindes cuyas referencias se habían perdido y nadie lograba recordar, así como para resolver algunos requerimientos de ciertos propietarios que estaban a punto de promover una demanda judicial. En ningún momento pasó por mi cabeza la idea de excusarme. Hacía tiempo que estaba pensado en algún pretexto para hacer aquel viaje, visitar la casa y la tumba de mi madre. Quería volver a Región, aunque estuviera deshabitada y agonizante, volver a pasear por el curso del Torce y bajo los olmos de San Quintín, volver a sentarme en la cerca, frenta a la casa de Cordón, junto a los pilonos de la entrada que había cruzado por última vez... cuarenta años atrás. Tan sólo me aterraba y detenía la idea del viaje: era penoso llegar a Macerta en un tren sin comodidades ni calefacción, que en cuarenta años no había sido capaz de ahorrar ni una de las nueve horas de un viaje abrumador. Para un hombre de mi edad, llegar a Región desde Macerta se había hecho imposible. No había ninguna línea regular ni coche de alquiler que se aviniese a adentrarse por aquella carretera. Se podía alquilar una tartana, avisando con una semana de anticipación al recadero de Región, que por quince duros se decía dispuesto a hacer el viaje cuando no estaba cerrado el puerto. Pero, aun escribiendo al recadero, era rara la vez que la tartana se presentaba en Macerta a la hora convenida o a cualquier otra. El viaje se había hecho tan poco usual que muy rara vez el postillón podía dar crédito al aviso; si no era persona muy conocida para él (y las tales personas que no estaban descansando bajo dos metros de tierra en el cementerio de El Salvador, llevaban varios años paseando su delirante soledad por las cantinas abandonadas de la ribera del Torce) tenía que mandar adelantado la mitad del importe si verdaderamente quería que él —él y el viejo carro rechinante arrastrado por un mulo desconfiado y cínico, que debía saber de memoria todas las leyendas de la tierra susurradas por las cunetas y las avalanchas traicioneras de un puerto hostil— se pusiera en camino. Pero desdichado aquel que intentase mandar los siete o diez duros, que, con toda probabilidad jamás habrían de alcanzar su destino. Hacía tiempo que en Región había desaparecido la oficina de Correos (que en vano se había mantenido abierta desde la guerra civil, quién sabe si tratando de hechizar la voluntad de un corresponsal anónimo para que volviera a despertar un soplo de interés por aquel pueblo) y no quedaba más sistema de comunicación que el antiguo teléfono del ferrocarril, que algunas noches (por el tiempo de la Pascua o en el aniversario de aquellas fiestas estivales que preludiaron toda la decadencia) descolgaban los aburridos ferroviarios de Macerta para oír silbidos, ayes y lamentaciones; historias cavernosas de fantasmas malheridos, y guardas vigilantes, y entrecortados disparos en la noche, y ronquidos de camionetas perdidas en una vereda de la Sierra, sin dejar huellas en la hierba ni rastro de sus ocupantes. Pero, aun llegando a suponer que un día el postillón lograra superar su incredulidad para ponerse en camino —un capote con esclavina, cortado por un sastre aragonés antes de la guerra del 14, una botella de castillaza en el bolsillo y la cara oculta tras un tapabocas italiano procedente del despojo de los soldados que murieron en la acción de Soceamos, y en los labios una canción rutera de la bella época—, es muy poco probable que pudiera llegar a Macerta si, siguiendo su costumbre y ateniéndose a los rigores de la amistad y el amor a la pequeña tierra, tenía que aprovechar el viaje para saludar al paso a los viejos amigos, borrachos de tristeza y aguardientes, desdentados y amnésicos, cubiertos de pieles blancas y perdidos por los rincones de la Sierra, los lugares amados de su juventud.

Cuando el nuevo propietario de San Quintín —un tal Ramón Huesca, o Ramón Fernández Huesca, un nombre nuevo para mí— se ofreció para recogerme en Macerta y trasladarnos en su coche hasta Región todas las reservas que oponía el reumatismo crónico fueron superadas por un estado de ánimo más propio para un examinando que para un viejo achacoso y egoísta. No tuve, pues, mejor cosa que hacer que dejar pasar las últimas ráfagas de un invierno excepcionalmente crudo y disponer las cosas para el viaje que iba a efectuar con la llegada del buen tiempo.

III

Era un día nublado de primavera en el que todo parecía limpio y transparente, y me figuré —estaba seguro de ello— que sin demasiado esfuerzo iba a ser capaz de mirar a través de la losa —como la adivina a través de la bola— para materializar, una vez más, el brillo húmedo de sus ojos en el fondo de las tinieblas. Pero mi primera visita fue inútil. La tumba estaba sucia, cubierta de tierra y hojarasca; una pasada tormenta que inundara parte del cementerio había dejado sobre la losa de mi familia casi dos palmos de barro endurecido, tallos podridos y ramajes arrastrados por las aguas. La losa de mi familia, como las de los héroes nacionales, estaba a ras de suelo.

El señor Huesca, tras llevarme en su coche, se había quedado discretamente a la puerta del cementerio. Pareció extrañarse de verme salir tan pronto.

—Está cubierta de barro —dije, echando el ramo en el asiento de atrás—; volveré mañana a limpiarla.

El señor Huesca era un hombre joven, de buenas maneras, que había hecho dinero con bastante rapidez con el curtido y la fabricación de pieles artificiales, negocio que, según me dijo, había sabido abandonar a su tiempo, a la llegada de los productos sintéticos.

—Tendremos que traer un par de palas, si hay tanto barro.

Había decidido dedicarse a granjero; estaba seguro de las grandes posibilidades que ofrecía Región y toda esa comarca que, «inexplicablemente, seguía olvidada y abandonada». Durante el camino de vuelta me fue hablando, muy por encima, de todos los proyectos que le rondaban la cabeza: primero una granja, una explotación agrícola que le permitiera vivir a él y a la gente que pensaba traer; luego..., no se atrevía a decirlo. A pesar de su aplomo era evidente que toda aquella inversión, y la aventura que traía consigo, no dejaba de producirle cierta inquietud. Constantemente estaba buscando no ya una palabra de aliento, sino una opinión favorable, una sentencia objetiva y confirmatoria.

Como teníamos toda la mañana por delante, decidimos recorrer, en la medida de lo posible, los límites de la finca. Yo había traído conmigo la copia del testamento de mi abuela, unas copias de los títulos de propiedad otorgados a mi abuelo donde se definía cada heredad, así como otros viejos papeles y los últimos contratos de compraventa que se hicieron en vida de mi tía Carmen.

Todo había cambiado. Todo era mucho más pequeño que lo que yo había imaginado. El primer día a duras penas pude reconocer la entrada del camino cuando el señor Huesca detuvo el coche e hizo una pequeña maniobra para seguir por él. Había olvidado que estaba cerca de un recodo de la carretera, y cuando a la izquierda aparecieron las dos pilas pensé en otro propietario, otro inventor de granjas que había prosperado lo suficiente para hacerse notar. No habían hecho más que enfoscar la piedra con un revoco blanco y cubrir las iniciales de mi abuelo con dos piezas de azulejo: «Granja Santa Fe.» Bastante deteriorada, de color pardo de monte, aún quedaba en pie una de aquellas bolas de granito que emergía de la pilastra revocada como la cabeza de un monarca repentinamente cubierto de un armiño de alquiler, en una comedia parroquial.

Casi todos los árboles de mi niñez habían desaparecido; comprendí entonces qué difícil me iba a ser localizar los recuerdos; era como volver a una casa sin muebles, cuyas habitaciones, de dimensiones irreales, se suceden en un caos de paredes de color irreal, de luces irreales y ventanas y pasillos que nunca debieron exisitr. Todas las estampas que yo llevaba conmigo tenían un árbol al fondo: un almendro en el patio trasero, rodeado de un banco de piedra tosca, donde José colgaba un espejito de soldado para afeitarse los días de fiesta; las hayas del camino por donde veía alejarse los pocos coches que llegaban a la casa, por donde un día se acercó un indio a caballo, cubierto con una capa, y las dos higueras de la terraza inferior, a cuyo pie se sentaba mi madre cuando venía de vacaciones, cruzando los pies por los tobillos, para hacer punto o unas cuentas en un pequeño cuaderno rojo mientras yo subía a las ramas; y el ciprés de la esquina, el árbol más alto de la casa, rodeado de evonimos y laureles, cuya sombra se posaba en mis mantas las noches de luna de agosto. Todo el paseo de olmos frente a la fachada principal había sido talado en la guerra, y cuando el señor Huesca detuvo el coche ante la puerta tuve la sensación de que la casa, al tiempo que yo crecía en un instante, mudaba de color y se reducía, como obedeciendo a esas mutuas alteraciones de tamaño que sufren gatos y conejos en las películas de dibujos. Yo había vivido entre la fachada y los olmos, sin saber qué era lo más alto; ahora que habían desaparecido los olmos y la casa estaba rodeada de una llanura humeante, reducida a unas dimensiones modestas, comprendía hasta qué punto las glorias familiares, todo el pasado delirante que se repite de boca en boca a través de generaciones inconscientes, no son más que transposiciones al reino infantil de un relato exagerado. Durante años habíamos vivido a la sombra de ese pasado familiar, ensalzado y cantado por las mujeres a la hora de acostarse; pero cuando la ruina se cierne sobre una familia rara vez desaprovecha la ocasión para reírse de ella al tiempo que le arrebata de un último zarpazo todos los hombres que la formaban, para dejarla reducida a un coro de abuelas huecas y tías huecas e hijas que se van ahuecando y aflautando con los cantos parroquiales en los sombríos calvarios, que pretenden justificar su naturaleza silbante destilando en los asombrados oídos infantiles las grandezas de una historia familiar más amplia que la romana, la fabulosa contextura de un abuelo recio como un Escipión, su cohorte de pretores y procónsules, criados y palafreneros; las cacerías de antaño, las correrías de un hijo rebelde como un Catilina, apuesto, rico, generoso y seductor como un Antonio, alejado, expatriado y heroicamente desaparecido como un Régulo. Yo había vuelto a Baalbec para contemplar un jardín talado, una chimenea torcida, unos grifos secos, las manchas de humedad en las paredes de un salón reducido, un balcón de metal deployé con sus chapas levantadas, oxidadas y rotas; una fachada salpicada de agujeros, por donde se vaciaba el contenido de una fábrica de cascote suelto y madera podrida.

La primera dificultad consistía, según el señor Hues-

ca, en una duplicidad de documentos relativa a la propiedad de una heredad, llamada Burrero, de unas seis hectáreas de extensión. Yo le llevé a ver Burrero, que él no había sabido localizar; era una de las vegas altas, junto a un camino que cruzaba el río con una desaparecida pasarela y franqueada por algunos cómaros, donde, en mi tiempo, siempre se encontraban restos de hogueras. Aunque el título estaba a su nombre por haberlo adquirido a su antiguo propietario, el señor Fabre, antiguo vecino de Región, quien lo había comprado y subrogado a mi abuela, existía una reclamación por parte de una tal señorita Cordón, vecina, asimismo, de Región, quien alegaba obraban en su poder ciertos documentos que atestiguaban que el mencionado terreno había sido adquirido por su difunta madre a la viuda de Benzal, el año 1915.
—¿Mil novecientos quince?
—Sí, creo que eso dice.
—Es raro; el año mil novecientos quince vivía yo todavía en la casa y Burrero seguía perteneciendo a mi abuela. Muchas tardes bajaba yo allí a merendar y ver los gitanos. Fue el último año que pasé en San Quintín. Y fue el mismo año, de eso estoy seguro, que…
—Fue el mismo año…, ¿qué?
—¿Cómo decía usted?
—Usted iba a decir que fue el mismo que…, y se calló.
—No, nada; estaba pensando en otra cosa.
Fue el mismo año que murió mi tío Enrique, el mayor de los hermanos. Lo tuvieron que sacar enfermo, casi agonizante, y llevarlo a un sanatorio, donde apenas duró cuatro meses. Pocos meses más tarde mi madre le seguía a la tumba, arrastrada por una enfermedad galopante.
La propia señorita Cordón había advertido a Ramón Huesca de la existencia de tales documentos en cuanto empezó a abrir los primeros regatos, a fin de causarle el menor perjuicio. Le dijo —así me lo refirió el propio Huesca— que en su infancia había oído hablar en alguna ocasión a su madre de la adquisición del Burrero, quejándose de que sólo le había servido para traerle mayores disgustos, aunque su madre —así lo confesaba ella con la mayor franqueza— nunca se tomó la molestia de dejar

las cosas claramente sentadas y siempre se refirió al Burrero con unos términos de vaguedad, desencanto y resignación como dando a entender que a la postre lamentaba su posesión.

Cuando los terrenos fueron adquiridos por Huesca a un precio cualquiera, alto o bajo daba lo mismo, porque nadie se imaginaba que a partir de 1920 fuera capaz nadie de dejar allí una peseta, creyó llegado el momento de formalizar una reclamación no tanto llevada por sus propios impulsos —imbuída con seguridad del mismo espíritu de indiferencia y fatalismo y hasta rencor hacia una tierra que siempre se había mostrado hostil a sus habitantes— como influida por un sobrino que vivía en la capital, que acababa de estrenar la carrera de leyes y estaba deseoso de ponerla en ejecución. Pero la señorita Cordón estaba muy lejos de atenerse a las sugerencias de su sobrino (ni su estado de espíritu, ni sus economías ni la vaguedad de los documentos comprobantes le permitían elevar una demanda judicial, que hubiera sido recibida —y ella no se atrevía a asegurar dónde, si en el viejo juzgado o en el abandonado cuartelillo de la Guardia Civil, o en el último entresuelo donde quedaba una placa de abogado— con la misma desgana e incredulidad que si hubiera entrado para formalizar su inscripción en una carrera de natación, en el antiguo local de la Comisión de Festejos) quien, sin duda, desde la capital ignoraba qué clase de hombre podía ser un oficial del registro encargado de la ejecución del título, que dormía desde hacía quince años o más sobre un viejo sillón de cuero destripado apoyado sin patas sobre pilas de carpetas que debía contener todos los atestados de la época minera y del balneario y que durante mucho tiempo habían de constituir el único alimento, casi el plato único impuesto por un asedio tenaz, de todas las ratas de la provincia; porque juez y registrador habían desaparecido hacía tiempo y si alguno seguía vivo (ya que nadie recordaba haberlo enterrado) aún debía estar, apagada ya más que toda su sed de justicia toda la mecanográfica inspiración para pronunciar sentado ante una sencilla mesa cubierta con un damasco rojo, sentencias sensatas que al menos guardaran alguna relación con las deposiciones de unos testigos arrastrados por el vínculo de la amistad, el apego a la tierra y la generosidad de sus corazones, metido debajo de la mesa ayudándose con el vino a pensar dónde podía haber radicado el fallo de la justicia; y el abogado debía seguir escondido en el último y más negro rincón de su entresuelo, tragando polvo de tiza y tosiendo, enfermo de la cabeza, desvariante y con los pulmones abrasados por una silicosis de segundo grado que le había producido la repentina y desmedida afición a las matemáticas que pescó a la semana de quedarse sin clientela.

Se había conformado por el momento de advertirle de la existencia de esos documentos y de cifrar su reclamación (y debió oírlo sin atreverse a mirarle a la cara, avergonzada y resfriada, para esconder su nariz y sus ojos) en la devolución de la misma cantidad que su difunta madre había entregado a la viuda de Benzal, en concepto de depósito provisional garantizado por la propiedad del Burrero: doce mil pesetas.

Era una de las pocas personas que vivía aún en Región, en la antigua casa de mis abuelos, ocupando la cocina y un cuarto de estar de las primitivas habitaciones destinadas al servicio. Toda la casa estaba desnuda y deshecha, en un barrio deshabitado, y la pobre mujer vivía rodeada de miseria, en la más despiadada soledad; no salía de aquel cuarto junto a la cocina, sin otros muebles que una mesa camilla cubierta con una manta verde, donde había una caja con la labor y un modesto aparador de pino donde guardaba unos restos de comida: frutas mustias y un plato de alubias. Allí conservaba también los objetos de lujo heredados de los padres: un viejo despertador parado, un calendario de propaganda de una fábrica de harinas, un rosario de pedrería falsa con una cruz bizantina y un vaso de madera tallada a cuchillo. De un cajón del aparador sacó una vieja caja de frutas confitadas, que contenía todas sus riquezas y todos los papeles del legado; era una pequeña hoja de papel tela casi transparente que había amarilleado, tenía los pliegues negruzcos y una mancha de grasa debajo del membrete en relieve de mi abuelo; estaba fechado en San Quintín, el 18 de agosto de 1915 y con una letra clara, rápida y elegante mi abuela había escrito:

«He recibido de doña Eulalia Cordón la cantidad de doce mil pesetas, importe del traspaso del Burrero. Autorizo a doña Eulalia Cordón al disfrute y libre utilización del Burrero y todas sus pertenencias hasta la reposición de este depósito, que me comprometo a efectuar antes del 18 de noviembre de 1915.

Blanca Servén de Benzal.»

—¿Y nada más?
—Hay la otra carta. Había otros papeles también. Mi madre los guardaba todos, pero casi todos se perdieron cuando el traslado de la casa.
—¿Qué casa?
—Esta.

Era un papel de tamaño holandesa, sin membrete, escrito con la misma letra pequeña y rápida, utilizado solamente en su mitad derecha, espaciando mucho los renglones; estaba fechada el 7 de octubre de 1915 y tratándola de «mi querida Eulalia» mi abuela se quejaba de un sinfín de dificultades para devolverle el dinero en la fecha prevista, por lo que le suplicaba que accediese a una ampliación del plazo de noventa días, autorizándola, como era de esperar, a la utilización indefinida del Burrero e incluso procediendo —así lo sugería mi abuela— a la formalización legal del compromiso, si así lo quería ella.

—¿Y eso es todo, señorita Cordón...?
—No me llame señorita Cordón —se había vuelto hacia la ventana y nos daba la espalda al hablarnos.
—Quiero decir... ¿eso es todo?
—Eso es todo lo que tengo, ¿no le parece suficiente?
—No lo sé, señorita...; no lo sé. Supongo que será suficiente para demostrar que la viuda de Benzal quedó debiendo doce mil pesetas a su madre.
—Querrá usted decir que mi madre quedó en posesión del nombre; bueno, quiero decir, del título del Burrero —se volvió para mirarnos con malicia.

—No lo sé —era difícil decírselo; era mucho más fácil despedirse de ella como defensores de su causa, aunque hubiera que dirigir la apelación al silencio de las tumbas enterradas bajo dos palmos de barro.

—Ya le dije a usted, señor, que yo no quiero ir al juzgado. Yo sólo quería que usted lo supiera.

Había que salir de una manera o de otra. Aunque no me había dado a conocer —y así se lo rogué a Huesca— sentía sobre mí el peso de una vergüenza de la que él era testigo. Le dije algo sin pensarlo, algo que una vez dicho quedó flotando en la pequeña habitación y me cargaba con la responsabilidad de pagar doce mil pesetas para conservar intacto el nombre de la familia ante un desconocido. Tenía prisa en irme de allí; trataba de rehuir su mirada maliciosa y vidriosa (y repitiéndome: «Yo sólo quería que ustedes lo supieran...»), escondido en el rincón del aparador dando vueltas al vaso de madera: era una especie de vasija incaica para el pulque, tallado a cuchillo con un gusto primitivo a trazos rectangulares con una cara de mujer por un lado y una E entreverada por el otro.

—Era de mi madre. Teníamos muchas cosas de esas, pero casi todo lo perdió en el traslado de la casa.

No nos acompañó a la puerta; se quedó junto a la ventana, mirando al cielo con el ceño fruncido, perfectamente indiferente y tranquila del resultado de la visita.

—Bueno, a lo mejor le entrego un anillo —dijo Huesca, abriéndome la puerta del coche.

Yo no le escuchaba.

—¿Un anillo? ¿Por qué un anillo?

No me decidía a subir.

—Un anillo o un dije o una pulsera. Cualquier cosa que le sirviera para saldar la cuenta.

—¿Y el terreno?

—No, el terreno, no —no parecía decirlo por interés ni siquiera satisfecho de ello, sino más bien molesto de su propia seguridad.

—¿Seguro que el terreno no? —la respuesta me era indiferente.

Abrí la puerta, cogí el ramo, que había quedado en el

asiento trasero, y llamé de nuevo a la casa. La señorita Cordón asomó por la rendija de la puerta, mirándome con el mismo ceño fruncido.

—Conocí hace años a sus padres. ¿Querrá usted llevarles este ramo a su tumba, como recuerdo mío?

—Gracias —dijo, cerrando la puerta.

Había empezado a llover, y el señor Huesca echó la capota del coche.

—Se iba a echar a perder —le dije, cuando puso el coche en marcha—. No parece que el tiempo quiera levantar.

Era un coche antiguo y descapotable —que podía haber pertenecido a un campeón de tenis— que el señor Huesca metía por todos los caminos, aunque lo cuidaba con esmero. El campo estaba encharcado; no se veía un alma, ni en toda la extensión de nuestra vista el menor signo de cultivo; la guerra había talado todos los árboles de la llanura y no había desde entonces más que desordenados macizos de arbustos y tallos retorcidos, incapaces de sostener su propio peso, bosques de cardos, azaleas venenosas y viejos y herrumbrosos saltaojos, declives y lomas cubiertos por la retama.

—¿Conoció usted a su abuela, señor Huesca?

—Sí; ya lo creo; mi abuela paterna murió cuando yo tenía quince años.

—¿Cómo era?

—¿Que cómo era? Era una mujer humilde que no pensaba más que en su casa y en los suyos. Creo que nunca salió del pueblo.

—Sería muy mirada para el dinero.

—Supongo que sí, supongo que sería tan mirada que ni siquiera lo conocía.

—Como todas las abuelas. Yo creo que la engañó...

—¿Qué engañó quién?

—Mi abuela la engañó. No le devolvió nunca el dinero.

—Quién sabe; a lo mejor le entregó una joya.

—No. Pues sí que mi abuela era mujer que se dejaba las cosas a medias. Si le hubiera entregado algo no hubiera quedado el papel en poder de Eulalia.

Como me mirara con extrañeza, tuve que explicarle:

—Eulalia Cordón era una pobre mujer, que murió loca. Era la hija de los guardas de San Quintín.

IV

—Y bien, no creo que a mis años sea cosa de romperse la cabeza tratando de adivinar lo que hizo en mil novecientos quince una señora tan complicada como mi abuela.

Habíamos acabado de cenar, muy sencillamente, en el viejo, casi desnudo, comedor familiar. No lo iluminaba más que una bombilla con una tulipa blanca que destacaba en las paredes las sombras de los muebles que permanecieron allí hasta que la guerra acabó con todo; la sombra de aquel trinchero moldurado (que en tiempo de mi abuelo se decoraba con tres filas de bandejas de plata) decoraba la pared del fondo como el sórdido arco aristocrático abriéndose al jardín, en una comedia elegante montada para un escenario pueblerino.

Ramón Huesca vivía solo con un matrimonio que había traído de su tierra, mientras intentaba poner la casa a punto para el traslado de toda su familia. Pero aquella noche se había ocupado de traer leña seca y una botella de coñac barato, así como de arreglar dos sillones que había encontrado desfondados en la leñera. Eran dos sillones de mimbre, para sentarse al fresco, a cuyo respaldo me encaramaba de chico para caer sobre los hombros de mi madre.

—Lo más sencillo será considerar impagado ese recibo y tratar de ayudar a esa mujer. Hay que ayudarla, hay que ayudarla a saber lo que quiere.

—Pero no es sólo eso, no es cosa de doce mil pesetas. Lo importante son los lindes, más que saber lo que pasó con el Burrero. Porque no hay forma humana de saber lo que era San Quintín.

—Se ve que no es usted de aquí. Pero ¿es que cree usted que la señorita Cordón aceptaría mañana la restitución de ese terreno?

—Por lo menos de las doce mil pesetas.
—No lo sé. Me atrevo a creer que tampoco. Lo que sí sé es que tiene miedo.
—¿Miedo? ¿Miedo de qué?
—Miedo de que cualquiera pueda entrar en su casa con doce mil pesetas para decirla: «Aquí están, tome usted. Firme usted aquí y este asunto se ha acabado.» Miedo de tener que poner en un papel Eulalia Cordón, si es que se llama así y es que sabe ponerlo. O simplemente de que la llamen señorita Cordón. ¿Se ha fijado usted de qué forma nos volvía la espalda?

Nos habíamos sentado junto a un fuego vacilante, tomando café de lata y unas copas de coñac. La lluvia había amainado y por los ventanos del fondo entraba una débil claridad: «¿Se ha fijado usted de qué forma nos hablaba del traslado de su casa? Se diría que tuvieron que salir una noche con los colchones a la espalda huyendo de las aguas o de la peste. Es cierto que usted no es de aquí y no puede comprender lo que significa la tierra para los que (no sé muy bien cómo) siguen resueltos a no abandonarla..., iba a decir sin ninguna razón: no. La ignorancia, el miedo o la fatalidad son las únicas razones. Pero usted no es de aquí y nunca se podrá hacer cargo de la magnitud de esa ruina...»

Hablábamos apenas; él sostenía la copa un poco elevada, hundido en el sillón de mimbre mirando las sombras del techo con un punto de interrogación. Tampoco era fácil decirle a un hombre que tal vez se había gastado el cuarto de millón que le hubiera sido lo mismo plantarse allí y colocar un letrero: «Propiedad de Ramón Huesca», con la misma tranquilidad legal con que Colón clavó la cruz y el pendón de Castilla para tomar posesión de un continente. En el humo y en las sombras del techo y en la claridad fosforescente del fondo parecía seguir esperando unas palabras de aliento, una opinión aprobatoria.

—Los lindes, ¿qué importancia pueden tener? Ponga usted mañana una cerca por donde más o menos cree que corren. Tardarán en enterarse, pero con un poco de suerte tal vez al cabo de un año le visite un paisano diciendo que quiere demolerla.

—¿Entonces?
—Muy bien; entonces si usted quiere la echa abajo y si no la deja.
—¿Y el paisano?
—Bien, si la echa abajo le pediría que incluya también un pedazo que perteneció a su difunto padre.
—¿A cambio de qué?
—A cambio de nada.

Bajó la vista, se sacudió unas cenizas que habían caído en su pantalón. No debía estar lejos de entenderlo ni se resistía a ello. Hubiera luchado contra ello si hubiera sabido con qué motivos se hacía, pero lo único que sabía es que estaba solo, incluso abandonado por una mujer que a aquellas horas estaría durmiendo apaciblemente, con la puerta de la habitación de los niños entornada, tejiendo en sueños un sinfín de farisaicas exigencias sobre el concierto de la incomprensión: «Sí, se ve que usted no es de aquí, porque está acostumbrado a trabajar la tierra, sacarla su fruto, comprarla y venderla. Pero aquí la tierra no se paga. Aquí se la teme, se la odia y se oculta uno de ella; pero ¿por qué cree usted que viven a oscuras, escondidos en sus chozas y borrachos de castillaza? ¿Por qué cree usted que se limitan a recoger unos hierbajos, después del crepúsculo, o a salir al monte a matar un gato? ¿Por qué? ¿Eh? ¿Por qué?»

—¿Tan mala es la tierra?
—Mala, no; hostil.
—Hostil..., hostil; ¿qué quiere decir eso? No hay duda que usted lo conoce mejor que yo; pero ¿hasta ahí llegan las supersticiones?
—¿Las qué...? ¿Las supersticiones?
—Como lo quiera usted llamar.
—Tiene usted razón, se puede llamar así. Lo único cierto es que las cosas son como son. Tanto mejor para usted si puede hacer un buen negocio dejando las cosas como están.
—No.
—¿Qué es lo que no?
—El negocio.

Había quedado pensativo, la mirada baja. Parecía haber llegado al momento en que de una vez es preciso responder a una pregunta largo tiempo sostenida, cuyo sentido, en un principio intrascendente ha ido poco a poco complicándose hasta poner en entredicho toda la capacidad de resolución.

—Se trata de vivir de una manera decente. Eso es todo. Más que el negocio, más que nada.

—¿Más que nada? Bien, adelante. Usted es joven y ha venido aquí para eso. ¿O es que le parece demasiado trabajo para un hombre solo?

Torció los labios y bebió lo que quedaba en la copa. Agarró la botella del cuello y llenó las dos copas sin preguntar nada.

—Sí; sin embargo, no es eso todo.

—No lo sé; pero ¿le parece poco?

—No, no me refiero a eso. Eso es cosa de usted exclusivamente. Lo que yo pueda decirle le ha de servir de muy poco. Pero me refería a otra cosa, me refería a la carta. ¿Qué necesidad tenía mi abuela de escribirla?

—Alargar el plazo; tener tranquila a esa mujer.

—¿El siete de octubre? ¿A los cincuenta días de un plazo de noventa? No. De un plazo de noventa días (se lo digo por experiencia, desgraciadamente) los primeros ochenta se ocupan en el dinero. Durante los otros diez hay que pensar en la forma de devolverlo. ¿Qué necesidad tenía mi abuela de escribir una carta el siete de octubre a una persona que vivía a un kilómetro de distancia y podía verla a diario si le daba la gana?

No me escuchaba. Echó de nuevo mano a la botella.

—No, gracias. Para mí ya es bastante.

—De todas formas, por muy raro que sea es más raro lo que está ocurriendo ahora.

—¿Qué?

Hizo un gesto amplio, tanto más general cuanto más vago: «Eso. El miedo por todas partes. Que la tierra no vale nada. Que la gente quiera desprenderse de ella como si en lugar de un prado tuviera un tigre. Que la gente no valga más que para emborracharse y matar gatos por la noche, para comerlos o para ahorcarlos...»

—Un día se dará cuenta, señor Huesca, aunque... mejor sería que no tuviera nunca necesidad de comprenderlo.

Estaba tranquilo, con una pierna cruzada y las manos sobre el pecho. De repente quiso forzar una expresión de malicia.

—¿Y si vine por eso? ¿Y si vine precisamente por eso y sólo por eso?

—¿Por qué?

—Porque esto es así y nada más. ¿Por qué otra razón cree usted que sube un alpinista a un pico inexplorado? Pues porque está allí y nada más.

—No lo sé; me imagino que el simple hecho de que esté ahí es un desafío.

—Usted lo ha dicho, un desafío...

—En ese caso, ¿qué quiere que le diga?

Me había levantado, dejando la copa en el suelo: «En tal caso no tengo más que callarme: usted sabe todo lo que hay que saber.»

—¿Todo?

—Yo diría que sí. Hay que subir al pico; supongo que sabe dónde hay que poner los pies.

—¿Todo? —repitió, sin apartar la mirada, con las manos tranquilamente entrelazadas sobre el pecho.

—¿Ha pasado usted mucha hambre en su vida, señor Huesca?

Asintió con la cabeza:

—¿Qué importancia tiene eso ahora?

—Puede que no tenga, es cierto. Pero usted no ha vivido nunca entre la ruina. No entre la miseria, entre la ruina. No me refiero al hecho de que un día pueda quedarse sin un céntimo, es mucho más que todo eso. Porque eso, al fin y al cabo, no es más que un episodio; si es el último, eso es todo. Si no es el último se vuelve a empezar, y ya está.

—¿Y qué otra cosa puede ser?

—Todo, señor Huesca; todo. Le estoy hablando de la ruina, que las personas dejen de ser personas; que las casas dejen de ser casas; que la comida deje de ser comestible, y no se pueda arar la tierra. Que los padres se entreguen al castillaza para no verse obligados a devorar a sus hijos y los hijos se vuelvan a la caverna. Todo, señor Huesca. Que se venga abajo todo. Que se quede usted sin vida. Vivo, pero sin vida. Sin nada que hacer ni nadie con quien hablar. Porque cuando se llega a ese estado de ruina es mejor no tener nada, seguro al menos de que se ha tocado el fondo. Es mejor no tener nada: ni casa, ni madre, ni fe, ni recuerdos, ni esperanza, ni siquiera un mal pedazo de tierra donde meter el arado cada dos años; porque todas las cosas llevan dentro la posibilidad de arruinarse, y lo poco que uno tenga le hundirá más bajo todavía, en cuanto se descuide. Y usted, ¿sabe usted lo que se juega? ¿Sabe usted que se juega todo? ¿Todo lo que se ha estado tratando de evitar y de conseguir desde que nos comíamos los unos a los otros en el fondo de la caverna? Confórmese con lo que tiene, señor Huesca, porque el día en que, considerando un buen negocio lo que el paisano viene a proponerle, llegue usted a multiplicar por dos la extensión de su finca, no es un tigre es toda Bengala lo que ha metido usted en su casa.

—Y, aunque así fuera, hay excepciones. ¿Por qué no iba a ser una excepción?

—¡Oh, claro! Tan sólo le digo que no me gustaría ser una excepción.

Me había levantado por segunda vez, acercándome a la ventana: toda la llanura de Región aparecía bañada en una claridad plateada, fosforescente en el horizonte, en ese silencio y ese aroma —sin viento ni susurros nocturnos ni ruidos de árboles— de las atlántidas sumergidas, última aureola de todas las llanuras quiméricas, donde un día existió y dejó de existir una civilización.

—Mi abuelo fue una excepción. Su fortuna apenas duró treinta años. Y creo que si hubiera podido prever de antemano un destino tan breve, a pesar de ser un hombre excepcionalmente dotado para el negocio y la aventura, no hubiera movido un dedo para forjarla. Al menos ellos —los aventureros del tiempo de mi abuelo—, embriagados con sus propias inversiones y hechizados por las nuevas industrias y los ferrocarriles y las explotaciones mineras, creían que sus fortunas iban a quedar como símbolos de la patria, más imperecederas que las estatuas de los libertadores. Cuando mi abuela escribió esa carta debía estar totalmente arruinada, tan descompuesta como para transformar los principios de una moral rígida en el artificio necesario para engañar a una pobre desventurada y despojarla de todo el dinero que guardaba debajo de la cama. Porque no debió ser fácil para mi abuela. Según contaba ella misma, Eulalia Cordón se había convertido en una bruja desmemoriada que se abalanzaba debajo de la cama para apretar la caja de dinero cada vez que oía unos pasos cerca de la casa; ese dinero que, en un momento dado, debió ser el último que quedaba en todo San Quintín. Por esas mismas fechas mi abuela le cedió la casa que había desalojado en Región para evitar que una persona así viviera en nuestra vecindad, a la entrada de la casa.

—Tal vez fue eso lo que...

—No. Ella no hubiera dado doce mil pesetas por el cambio. Seguramente fue forzada a hacerlo. Pero ya ve usted cómo hasta las mismas personas se transforman en otra cosa: mi abuela, que era la misma rectitud..., es el primer síntoma. La transformación de la razón de vivir se efectúa con la misma rapidez, quizá mayor; porque al principio se pretende ocultar la desaparición de la antigua razón, manteniendo en lo posible el mismo comportamiento. Luego, cuando el disimulo se filtra en las costumbres, qué poco tarda en convertirse en el verdadero señor. Qué poco tarda en engendrar la hipocresía, el engaño y..., ya lo ve usted, el delito, la estafa, como lo quiera usted llamar. En el momento en que la razón de vivir había descendido de las sociales e industriales elucubraciones de un abuelo magnate a la confección apresurada de un traje de «soirée» (aprovechando algunos retazos multicolores que olían a naftalina) para la única tía presentable en una anacrónica velada provinciana de la vieja clase (cuya fortuna conjunta para aquellas fechas no hubiera alcanzado a las doce mil pesetas de aquella loca), en la que era arrojada como el anzuelo del aficionado dominguero en la arrabalera charca que jamás entregó pez alguno, visitada cada domingo por un centenar de aficionados dominqueros, ¿en qué otra cosa iba a pensar mi abuela, sino en conseguir como fuera esas doce mil pesetas, la única trucha que quedaba en toda la comarca y que se paseaba en su propia alberca? Y eso que mi familia, señor Huesca, fue la excepción: porque les llegó la muerte (una muerte en apariencia digna) en su propia casa, sin necesidad de tener que esconderse en un rincón, con la botella en las manos. Ya ve qué aspiraciones más modestas. ¿Ha conocido usted mucha gente, señor Huesca, que muriera en el lecho de su padre? Yo no. Yo, a nadie. No quiero decir que eso sea una gran cosa. Al contrario, casi es algo ridículo; pero… ¿por qué una familia dura a lo sumo tres generaciones? ¿Ha conocido usted muchas familias (quiero decir, la casa, la tierra, la propiedad, los recuerdos, la misma educación y los mismos objetos que pasan de padres a hijos, incluso las enemistades), ha conocido usted muchas familias que prevaleciesen durante más de tres generaciones? Yo, ninguna. Debe ser porque no conozco ningún rey o ningún duque, o, por el contrario, será porque no he tenido la suerte de nacer en el hogar del labrador más honrado. Pero me pregunto a veces qué clase de maldición arrastramos los que no pertenecemos a una clase ni a otra. ¿Por qué eso es así, señor Huesca? ¿Por qué no tenemos otra salida, breve o larga, que la ruina? ¿Por qué no sabemos hacer otra cosa que preparar la mesa para su festín? ¿Por qué eso es así, señor Huesca?

V

Los primeros disgustos debieron llegarle a mi abuelo a causa del mismo ferrocarril, a cuya construcción había contribuido en su juventud. Mi abuelo, empujado tanto por su familia política como por su propio y maligno interés en superarla, ayudarla e incluso subordinarla, había dividido su fortuna entre la casa, las minas y el ferrocarril, creyendo que jugaba a tres paños distintos. A los cuatro años sabía que los dos últimos eran de la misma paridad (y de color rojo); pero, al menos, murió creyendo, convencido ya de que todo el paquete de acciones del ferrocarril y de la Consolidada Metalúrgica valía tanto como los cartones que pintaba su hija mayor, que dejaba una casa y una finca que permitiría vivir más que desahogadamente a diez generaciones de Benzales si se sabían mantener arrimados a la tierra, apartando de sus cabezas todas las elucubraciones industriales. A ese respecto, las primeras inquietudes que asaltaron al viejo vinieron del lado de su hijo mayor, el famoso tío Enrique. Cuando se convenció de que Enrique había muerto, debió quedarse más tranquilo, considerando que con la desaparición del único hijo derrochador, jugador sin fortuna y cabeza perdida de la familia, la continuidad de la casa y la fortuna estaban aseguradas y garantizadas por las virtudes domésticas de las mujeres.

El tío Enrique había abandonado el hogar paterno antes de que yo naciera. Su nombre no se pronunciaba en la casa más que cuando mi abuela o mis tías se veían obligadas a hacer uso de las palabras supremas para reconvenirme y mantenerme a su lado.

—Estáte quieto. A ver si vas a salir como el tío Enrique.

Cuando mi madre venía a San Quintín a pasar tres o cuatro días de descanso yo la recibía con todo el repertorio de preguntas:

—Mamá, ¿qué le pasó al tío Enrique?
—Se fue, hijo; se fue muy lejos. Ahora a dormir.
—¿Adónde se fue, mamá?
—A América, hijo; a ver si te duermes.
—¿Dónde está América?
—Al otro lado del mar. Muy lejos.
—¿Y por qué se fue el tío Enrique a América?
—¿Es que no te vas a dormir en toda la noche, hijo?
—¿Es que era malo?
—¿Quién?
—El tío Enrique. ¿Por qué era malo?
—No era malo, hijo. Quiero que te duermas, ¿eh?
—¿Por qué dice la abuela que era malo?
—Voy a apagar la luz, y no quiero oír una palabra más. Buenas noches, hijo, que descanses.

Mi madre y el tío Enrique debieron ser los dos hermanos que se querían. Eran el mayor y la menor separados, como las riberas de Italia, por una cordillera de hermanas huesudas y tiesas que les cerraba la vista y apenas les dejaba moverse. Pasando por alto las locuras que debió cometer el tío Enrique y la serie de complicaciones en que debió meterse —y que al llegar a un punto de ebullición debieron obligarle a abandonar su propio hogar—, lo cierto es que fueron las únicas personas de aquella familia que quisieron vivir con un poco de alegría: eran los únicos, ya de niños, que se escapaban de la casa, se iban a la vendimia o cogían el caballo al trote por el camino, con el mozo en la grupa saltando como un pelele; porque, como decía mi abuela, «nunca ni Emilia, ni Blanca, ni Carmen le dieron el menor disgusto». Carmen era la anterior a mi madre; una belleza desgraciada, frágil y nerviosa, que se comía las uñas, padecía insomnio y mantuvo a la casa toda su vida en permanente alerta farmacéutica, pero que, por paradoja, llegó a ser la última superviviente, acaso porque había logrado a fuerza de dramatismo musical —para el que se creyó predestinada desde los dieciseis años y que se inoculó el resto de su vida— convertir sus entrañas en parafina; murió el año 44, heredera universal de todas las deudas contraídas por los Benzal, sin haber logrado interpretar correctamente una sola vez el adagio de la sonata Waldstein.

La época más feliz de mi madre —acaso la única— corrió entre los últimos años del siglo pasado y los tres o cuatro primeros de éste, y no tanto porque entonces tuviera ella sus diecisiete o veintidós años, sino porque su juventud coincidió con el despertar de aquella primera generación nacida en un momento único. Eran los hijos de los primeros colonizadores que («¿y qué es una generación, señor Huesca, a la vista de lo que les espera, sino un grupo de gente condenada a nacer en el mismo momento, condenada a sufrir la misma época y la misma suerte? ¿Qué puede ser una generación sino la premonición, prefiguración y colectiva demostración de un fracaso? ¿Es que no se da cuenta, señor Huesca, que lo poco que escapa al fracaso escapa también a las generaciones?») podían empezar a reírse de las locuras de sus padres, portavoces inconscientes de un destino que empezaba a insinuar en ellos las primeras muecas atroces de la burla. No en los salones del Casino ni en los bailes de juventud organizados por eructantes tías que injerían el té, sin tener adaptado el organismo, por razones civiles, sino puertas afuera: corrían entre los alcornoques de San Quintín, sacaban de noche los caballos de las cuadras paternas y… se bañaban en el Torce. Incluso mi madre y mi tío Enrique subieron más de una vez al automóvil que se había comprado un joven de Región (se debían subir unas quince personas) para hacer excursiones por la carretera de El Salvador hasta aquel famoso balneario… Y, sin duda, vivieron más de una de aquellas noches insensatas que había de acabar con toda la fortuna de sus padres y todos los afanes civiles de las tías empolvadas y eructantes. Por lo mismo que no fueron los bailes del Casino y las fiestas de beneficencia, a donde los hermanos acudían estrechamente vigilados por la tía Emilia y la tía Blanca, «la pareja de servicio», fueron las noches de aquel meteórico falso balneario donde se condensó toda la electricidad suficiente para cargar la tormenta que había de arrasar Región y toda la comarca, sepulta bajo dos palmos de barro y ceniza. Allí se conocieron mis padres. Los dos hermanos escapaban de noche, refugiándose en casa de Cordón, donde escondían los trajes de noche y los disfraces, para vestirse en la pequeña alcoba del matrimonio y acudir a la cita con el automóvil, ocultos en el carro del viejo guarda. Más de una vez mi madre entró en el salón con el pelo salpicado de paja, mi tío Enrique sacudiéndose el grano de las perneras. Un día, o más de un día, llevaron también a Eulalia, la hija de Cordón, que miraba boquiabierta el traje de mi madre, sosteniendo la vela; mi madre le dejaba un vestido, la peinaba y empolvaba a toda prisa, aconsejándola que no se quitase los guantes, «y no harás esto y no harás lo otro, y en cuanto al joven Adán, le tienes que decir…», mientras le apretaba el talle, entre el asombro y la connivencia del viejo matrimonio. Entraba en el salón principal boquiabierta y un poco colorada (con unos ojos profundos de una belleza repentina) del brazo de mi tío Enrique, para volver al amanecer a casa de los guardas, riendo y dando vueltas todavía. Mientras se volvían a cambiar de ropa, la señora Cordón les preparaba un poco de leche caliente o un almuerzo ligero, algo que desde aquel primer «¿por qué no pasáis a tomar algo?» fue convirtiéndose para toda la gente del automóvil en una imprescindible prolongación, desayuno y epílogo y hasta segundo y más íntimo baile en la cocina del viejo Cordón.

Cuando mi padre decidió casarse —no había cumplido aún los veinte años— sólo encontró el apoyo del tío Enrique. El fue el primero que habló del asunto a su padre, el que intentó por todos los medios llevarle a la razón, el que —abandonada ya toda esperanza de comprensión— trató de arbitrar un paso sobre el abismo de dos actitudes obstinadas. Por desgracia, el juego y la bebida y el desinterés por los asuntos paternos habían aureolado, a los ojos de mi abuelo, de tal forma a mi tío Enrique que todo su interés no sirvió más que para ensanchar el abismo y encerrar a los abuelos en la actitud más ridícula. Pero, a la postre, él le ayudó a procurarse un modesto ajuar, facilitó su salida de la casa y apadrinó su boda en una parroquia humilde de los arrabales de Región.

Cuando a los cuatro años mi madre tuvo que volver a San Quintín viuda y con un hijo que no tenía el año, el tío Enrique ya había desaparecido, y el abuelo había muerto. Tuvo que hacerlo obligada por su carencia total de recursos y el precario estado de mi salud, necesitado de aire puro y alimentos frescos. Cuando a los cuatro años ya estaba familiarizado con la casa y las tías, empezaba a leer y mi salud se había robustecido al lado del viejo José, mi madre no vaciló en dejar la casa de nuevo y buscarse un trabajo en la capital, que nos había de permitir, en su día, vivir independientemente y costear mis estudios. Por eso, a partir del momento en que tuvimos que vivir separados, no viéndonos más que sesenta días al año, mi cariño hacia ella fue creciendo hasta un punto quizá exagerado y enfermizo.

Con la muerte del abuelo y la desaparición de los dos

hijos alegres la casa entró en su declive. No quedó allí más servidumbre que el viejo José, a punto de perder el habla y todas las expresiones faciales y Vicenta, una cocinera semisorda y tan beata que todavía me asombro de que en aquella casa se pudiera cenar otra cosa que cirios y calvarios; bien es verdad que la sopa que allí se ingería, en un silencio de sacristía —bajo la luz de una lámpara de flecos que había sustituido a la gran araña— acompasado por los sorbos de mi abuela y coreado por las tías al igual que el rosario familiar, no tenía más sustancia —como llegó a decir no recuerdo quién— que el gusanillo del escapulario que todas las noches introducía la vieja Vicenta en la olla cuando el agua empezaba a subir. Desaparecieron muebles y se cerraron habitaciones inútiles; toda la casa se redujo a cuatro dormitorios, un comedor y el cuarto de estar, así como el salón de sesiones, siempre cerrado, preparado y conservado para la media docena de recepciones anuales y veladas de buen tono con que mi abuela pretendió alejar durante algunos años el espectro de la ruina. La casa se fue ahuecando, abarquillando y agrandando; se fue cubriendo de polvo y manchas de humedad, las escarpias mortíferas aparecieron por los pasillos en penumbra, y unos visillos agujereados se hinchaban y deshinchaban al compás de los torturados adagios, los malogrados ecos de Weber y Beethoven con que mi tía Carmen se demostraba capaz de adelantar a su antojo la hora del crepúsculo.

En la casa de Cordón no quedó más que una pobre mujer repentinamente envejecida y craquelada. Mi abuela me había prohibido rondar la casa; era un espectro color lana cruda que por las mañanas salía a recoger manojos de leña y fajina bajo los olmos, corriendo a refugiarse en la cabaña tan pronto como se oían unos pasos sobre la hojarasca; que dejaba pasar las tardes sentada en un rincón del suelo, contando una y otra vez el dinero que guardaba en la vieja caja de frutas, vestida con un viejo traje de noche deshilachado, de amplio escote y color azulón, o mirando al techo, meneando la cabeza desgreñada y canturreando entre risas convulsas y violentos hipidos, meciendo en el aire el fantasma de un niño.

Una tarde que había acompañado a José a recoger unas patatas pequeñas y negras como higos secos que él cultivaba en la antigua alberca— vimos un hombre a caballo que se acercaba lentamente hacia la casa. Había estado lloviendo y las gotas brillaban aún en las ramas; llevaba un sombrero ancho y claro, un grueso abrigo con el cuello subido, y se dejaba llevar por el caballo, con los ojos cerrados. Cuando llegó a nuestra altura José se adelantó al camino, dejándome al cuidado de las patatas. Sólo vi una cara muy negra, pequeña y arrugada como la de un chino y una voz que le hablaba a José con un acento cantarín que yo no había oído nunca. Aquella tarde hubo gran agitación en la casa antes de cenar; mi abuela se paseaba por el comedor y el cuarto de estar retorciendo entre sus dedos una punta de mantilla mientras la tía Carmen tocaba el piano más traspuesta, equivocándose más que de ordinario, hasta que la abuela le cerró el piano de un manotazo, no pillándole los dedos por un pelo. Me dieron de cenar solo, en la cocina, mientras a través de los tabiques se oía el traslado de muebles; me acostaron en la habitación de la tía Carmen, en un colchón en el suelo junto a su cama. Una detrás de otra vinieron las tías y a la tercera logré convencerlas de que dormía. Luego las oí cenar y suspirar más hondo que de costumbre; mi abuela levantó la voz un par de veces. Muy tarde —pero yo seguía a la escucha, contando con los dedos para mantener la atención despierta— se oyó el ruido de un coche en el jardín y las cuatro mujeres se levantaron de la mesa a espiar detrás de las persianas.

—Vete a ver si el chico duerme.

No pude verle llegar por el camino, porque la tía Emilia se quedó mirándolo desde la ventana hasta que mi abuela la llamó quedamente, asomada al quicio de la puerta.

—Baja, Emilia; alumbra la escalera.

Era un coche cubierto, de un solo caballo. Reconocí al que había llegado aquella tarde, que ayudaba con sumo cuidado a bajar del coche a otro hombre más corpulento que él; se cubría también con un sombrero muy ancho y un gran capote que casi le llegaba a los tobillos y se diría que no le quedaban fuerzas ni para subir los tres escalones. Pegado al cristal, casi podía oír su respiración jadeante más alta que los bufidos y el piafar del caballo. Cuando llegó ante la puerta —el pequeño le sostenía a su izquierda, pasándole la mano bajo el brazo— levantó la vista hacia la casa. La puerta se había abierto y el umbral se iluminó con el farol de la tía Emilia; una cara barbuda, comida por la fiebre, sosteniendo con las orejas un sombrero que le venía grande, un gesto inquieto, extrañamente vacilante y contradictorio como si tratara de avanzar con un paso atrás hacia la celda del olvido.

Durante algunos días permanecieron cerradas la puerta y la ventana de mi cuarto. Mi abuela no me dejaba acercar a él, vigilándome de cerca para impedir cualquier indiscreción, pero incapaz de una explicación más satisfactoria que el dedo índice en los labios de una tía, cuando llamaba con los nudillos a la puerta del cuarto, con un vaso de leche caliente y un plato con una pastilla.

—¿Verdad que es el tío Enrique, José?

José había dejado de hablar. A lo más, lo único que sabía hacer era soltarme un codazo cuando me ponía muy pesado, siguiéndole a dos pasos con una pregunta insistente:

—Se lo preguntaré a mamá cuando venga.

Un día, al fin, las cuatro mujeres cosían; de improviso levanté la vista abandonando la lectura de un cuento anticuado que habían colocado en mis rodillas y pregunté: «Abuela, ¿por qué no se levanta el tío Enrique?» La costura se detuvo; mi abuela se levantó dejando la labor en la silla para pasear una mirada de represalia por encima de las tres cabezas humilladas. Pero a partir de aquel momento de alguna manera se admitió mi complicidad en el secreto. Se suspendieron los conciertos y volvimos a cenar todos juntos; pero la abuela no abandonó la casa ni para ir a misa los domingos.

El otro hombre también vivía allí. Por la tarde, antes de oscurecer, bajaba a la cocina a pelar unas patatas o a hacer una especie de puré blanco con una harina especial que llevaba en un saco pequeño. Tenía unos ojillos vivos de animal de monte y siempre se sentaba en el suelo, con una manta sobre los hombros, aunque fuera verano, a darle vueltas a la papilla con una cuchara de palo o a afilar un palo o a tallar una tabla mientras cocía la papilla al fuego lento. Un día que nadie me veía llamé a la puerta con el mismo toque que mi tía, casi a la misma hora; la puerta se abrió despacio, sólo lo suficiente para que yo metiera la cabeza; la habitación estaba a oscuras, la persiana echada. Había un olor muy penetrante a medicinas y pomadas, y apenas pude llegar a vislumbrar el bulto en la cama, que jadeaba en la oscuridad, porque cuando el pequeño me vio asomar —se sentaba junto a la puerta con la manta sobre los hombros— me plantó toda la mano en la cara y me echó fuera.

Más tarde me enteré de que era indio, creo que de Méjico. Tenía la cabeza muy pequeña y andaba muy deprisa por el monte; más de una vez le seguí —aunque él cada diez pasos se volvía para rechazarme, queriendo asustarme con gruñidos y caras raras—; buscaba unas hierbas silvestres que se llevaba en manojos a la habitación y cortaba unos tallos de arbustos que luego picaba en la cocina en trozos muy pequeños, los machacaba en un almirez, dejándolos secar, quemándolos y haciendo no sé qué cosas más para sacar un poco de líquido transparente que guardaba en una botellita de barro cocido. Pero raras veces se separaba del cuarto, nunca de noche; dormía con la espalda en la puerta, sentado en el suelo con los brazos cruzados y la manta sobre los hombros, hincando la barbilla como un pájaro y sosteniendo en la mano derecha, bajo el sobaco, aquel cuchillo curvo que no dejaba a nadie, cuyo filo pasaba y repasaba mil veces con el pulgar, traspuesta su mirada, mientras hervía la papilla.

Sólo le vi una vez, un instante entre dos sueños. Era de noche todavía, aunque ya empezaba a clarear. Me desperté sabiendo que junto a mi cabecera había una sombra muy alta que jadeaba como un perro despidiendo un aliento caliente, dulzón y fermentado como un pepino en vinagre. No tuve miedo; sólo sé que no tuve miedo; tenía el pelo alborotado, la barba le salía por todas partes, el capote echado sobre los hombros y el cuello abierto, por donde asomaban unas canas. Me estaban mirando unos ojos hundidos y sombríos, retrocediendo y ocultándose en su vértigo tenebroso, tambaleándose como una conjurada aparición, cuando a mi lado surgió la voz de la tía Carmen: «¿Qué haces ahí, Enrique; pero qué haces ahí? Vete ahora mismo de aquí», incorporada sobre el costado de su cama.

Más tarde fue José, mientras el indio afilaba un palo, quien me advirtió que no lo dijese a nadie, porque mi tío estaba muy enfermo. Se decía que había matado a un hombre en América y que le estaban buscando para vengarse. Por eso se había escondido allí, sin salir de la habitación, acompañado siempre de un indio fiel que le cuidaba y protegía.

No volví a verle; desaparecieron a los pocos días, aquel mismo otoño de 1915, sin que yo me enterara cómo ni cuándo, y su nombre no volvió a repetirse en San Quintín hasta el día que toda la familia —mi madre y Eulalia, llorando, vinieron a San Quintín sólo a eso— asistió a sus desiertos funerales en la abandonada capilla de la casa, último oficio que se celebró en ella. No supe nunca dónde murió ni si al final fue víctima del apetito de venganza que le perseguía. Recuerdo que se dijo algo de un manicomio, un sanatorio o no sé si un penal. Mi abuela reclamó después su cadáver y le enterraron en la fosa familiar, en el terreno que había cedido mi abuelo para cementerio de la futura comunidad de San Quintín.

VI

Nos levantamos muy temprano. Dos días atrás había estado lloviendo torrencialmente, y cuando el señor Huesca sacó el coche del cobertizo, cerró la capota y ató dos palas a la rueda de repuesto, yo no quise decirle nada.

Teníamos que darnos prisa para llegar a Macerta a la hora del tren, y cuando detuvo el coche ante la cancela del cementerio, al coger el nuevo ramo del asiento trasero (un manojo de flores silvestres de San Quintín), le dije:

—¿Le importa esperar aquí un momento?

La tumba estaba muy sucia, pero intacta; el dibujo surgió de nuevo en la memoria: era una gran losa de mármol sobre un sardinel, al nivel del suelo. No tenía otra ornamentación que una cruz de trazo muy fino, de cabeza muy pequeña y brazos muy largos, cuyo cuerpo se prolongaba hasta separar las inscripciones de mis dos abuelos a la misma altura, encima de sus hijos:

León Benzal Ordóñez

1838-1903

Blanca Servén,
Viuda de Benzal
1849-1921

Enrique Benzal Servén
1871-1917

Teresa Benzal Servén
1882-1916

Blanca Benzal Servén
1877-1928

Emilia Benzal Servén
1874-1937

Carmen Benzal Servén
1879-1944

Aun cuando la tumba había sido limpiada recientemente —y alguien había colocado un ramo ajado sobre ella—, las inscripciones en hueco estaban rellenas de barro que me entretuve en sacar con la contera del paraguas. Con excepción de la de mi abuelo —labrada con el mismo trazo fino y elegante que la cruz—, todas las demás inscripciones habían sido hechas por una mano tosca y descuidada, que había tratado de imitar al original y que, a medida que pasaban los años, se iba haciendo más temblona e insegura. Y que —pensé, en aquel momento— incluso había equivocado la fecha de la muerte de mi tío Enrique con la del traslado e inhumación de sus restos.

Había algo que me rondaba la cabeza, sepulto en la

memoria, y que no volvería a aflorar hasta un día inseguro.

Dejé el ramo junto al otro y abrí el paraguas: allí no estaba el brillo de sus ojos bajo el agua, mirándome desde su muerte (como desde el fondo del salón) para materializar un vínculo tácito; no pude verla más que con los ojos cerrados, recogida en sí misma y desaparecida en la discreta e indiferente aceptación de la muerte, liberada de la miseria que la rodeara sin sentido.

El señor Huesca había desatado ya las palas.

—En fin, no creo que vuelva más por estos lugares. ¿Por qué me dijo usted que mi abuela no le entregó el terreno?

—Ah, no tiene importancia —dijo, alargándome una pala.

—No hace ninguna falta —le dije.

—¿No hace ninguna falta?

—No. Pero ¿cómo lo sabía usted?

—Bueno, ese terreno pertenecía al señor Fabre, a quien yo se lo compré. ¿Vamos?

—Ya le he dicho que no hace falta.

—¿Qué es lo que no hace falta?

—Las palas. Yo ya he terminado; podemos irnos. ¿O quiere usted también dar un vistazo a la tumba?

Se quedó sin saber qué decir, la pala en el hombro como un zapador.

—Vaya usted a verla, pero antes dígame: ¿qué tiene que ver el señor Fabre?

—Su abuela se lo vendió el año mil novecientos trece, casi dos años antes de extender ese pagaré.

La lluvia apretó al subir la Centésima.

—La Centésima, el Auge del Torce, el Burrero..., ¡qué nombres!

—Los inventaron nuestros abuelos. Hubo que inventarlos cuando la primera colonización. Al principio resultan grandilocuentes, casi como las constelaciones luego se acostumbra uno a ellos. La vega del Burrero se llamó así porque era el lugar donde acampaban los gitanos y los burreros de Salamanca y de Andalucía. Dejaban los carros junto al camino; por allí pastaban los burros y siempre se oían voces con ese acento tan curioso: «Cocineeeeero, Cebolleeeeero…». Hubo una gitana a la que se le escapaba el marido todas las noches y se pasaba hasta la madrugada gritando: «Burreeeeero. Burreeeeero…», con unas voces que se oían hasta en Región. Si vuelve usted un día a Región, señor Huesca, no olvide hacerme un pequeño favor…

—¿Quiere usted que le entregue las doce mil pesetas?
—No. Al fin y al cabo yo no he de volver por allí. ¿Comprende?

No podía comprenderlo; creía que yo intentaba hacerme el sordo a una reclamación enojosa y olvidar para siempre ese asunto, porque no sabía quién había limpiado la tumba. Yo había puesto mi ramo encima del otro de forma que no parecieran más que uno.

—No, ya le he dicho que no se trata de eso. Eso no es lo que ella quiere, eso es lo que yo quisiera, nada más. ¿Qué más quisiera yo que entregarle doce mil pesetas y excusarme por la negligencia de mi abuela? Es mucho más que todo eso.

—¿Mucho más?

Mi abuela había intentado entregarlo utilizando a mi tío como portador de la carta, pero debió renunciar al belerofóntico procedimiento cuando se convenció de que el propio Enrique no era capaz de llegar a pie hasta la casa del guarda. Entonces trasladó a Eulalia a Región, y… cualquiera sabe qué pudo inventar para hacer salir a un hijo aterrorizado y alcoholizado y sepultarle en el último rincón de una casa abandonada. Cuando mi madre volvió para sus funerales, él, sin duda, seguía escondido, tirado en un colchón donde hubo de vengarse, tomar forma definitiva y redimirse de aquel deshonroso amor juvenil. Mi abuela hizo inscribir su nombre en la tumba que mi madre, sin duda, fue a visitar, colocando con posterioridad la fecha cabal de su muerte.

—Sí, mucho más —había dejado de llover, y, aunque sólo faltaba un cuarto de hora para la salida del tren, apenas había nadie en la estación. El señor Huesca me ayudó a meter la maleta—. Pero ya le digo que yo no volveré por aquí. Y, al fin y al cabo, es de justicia.

—Pero ¿cuánto más?
—Mucho más: el nombre, la existencia. No tiene más que decirla: «Lo siento mucho, pero ese pagaré fue repuesto en su día por su propia abuela, señorita Benzal.»
—¿Señorita Benzal?
—¿Pues qué cree usted que está esperando? ¿Qué necesidad tenía de inventar ningún sobrino? Dígale que le enseñe otra vez el pagaré y haga el favor de leerlo sustituyendo el Burrero por su sinónimo: el Amante, el Prófugo, el Marido... Dígale que le enseñe el vaso y trate de pensar a qué corresponde esa E, tallada por un indio. Usted no creía en la ruina, usted no cree que cuando llega nada, nada, vale más de doce mil pesetas. Ahí lo tiene: es lo que una madre arruinada pide por un hijo enfermo, delirante y alcoholizado a su antigua amante desquiciada. ¿No le parece bastante, señor Huesca?

UNA LINEA INCOMPLETA

I

De aquellos dos viajeros ingleses que pasaron una temporada en casa del viejo Honorio Abrantes —el fundador de una efímera dinastía— y durante su estancia se comportaron de una manera bastante discreta —pero no por eso menos singular— apenas se volvió a tener noticias hasta que, meses después de su vuelta a Inglaterra, uno de ellos escribió al abuelo para agradecerle su hospitalidad y todas las amabilidades de que habían sido objeto. Pero se conoce que el abuelo el día que recibió la carta no estaba para bromas o, cuando menos no se hallaba en vena de perder el tiempo con una fatigosa traducción. En pocos meses su humor se había ensombrecido, a causa de aquel primer y más decisivo golpe de adversa fortuna que le llevaría, tras una vertiginosa bancarrota, a la pérdida de todos sus bienes industriales y estaba ya consumado su definitivo distanciamiento del primogénito, tras su fracasado intento de reconciliación y matrimonio.

Así que sus comentarios, breves y malhumorados, no resultaron demasiado halagüeños para sus antiguos huéspedes —y no por referencia a su comportamiento en la casa o en la comarca, que aunque educado fue un poco distante, como es de rigor entre las gentes de esa raza, con buena crianza— en el sentido de que para aquellas fechas, casi olvidadas sus caras y momentáneamente borradas las huellas de su paso (señalado in absentia por un buen número de postales y cartas dirigidas a ellos, algunas fechadas en el país e incluso en Región, que llegaron en bloque a los pocos días de su marcha), bien podían haberse ahorrado un agradecimiento que, de ser sincero, debía haber llegado con mayor diligencia.

Pero como siempre se atribuyó el retraso a una de tantas diferencias de manera de ser entre razas distintas e incluso, porque la cosa no debió de pasar de un leve comentario en uno de los momentos en que la familia se hallaba en cónclave, se llegó a insinuar que aquel espacio de tiempo que en España se tomaba como prueba de negligencia bien podía en Inglaterra dar la medida de un interés y un reconocimiento que, de otra forma, de haber sido enviado a los pocos días de su vuelta, podría tildarse de algo formulario.

Residieron en la casa y en la comarca poco menos de tres semanas, con algunas breves ausencias, y más que a otra cosa se dedicaron a recorrer y conocer sus valles y montañas, donde no dejaron de sorprender a las gentes con sus excéntricas costumbres y con sus figuras y vestimentas un tanto anómalas, quedando registrados sus itinerarios con un rosario de insípidas anécdotas, que se recordarían y repetirían en años y generaciones posteriores; pero sobre todo por derecho propio vinieron a ocupar un lugar entre las efemérides locales mediante esa inmortal referencia climatológica que con el dicho «tanta nieve como trajeron los ingleses de Honorio» recurriría a ellos para calibrar una nevada, de la misma manera que en otras partes se dice que «llovió más que el día que enterraron a Zafra». Porque al parecer en la fecha de su llegada a Región empezó a nevar de tal manera que no sólo estuvieron a un pelo de quedar bloqueados en el puerto, sino que se vieron obligados a prolongar su estancia a causa de la inmovilización que al comienzo de ella tuvieron que sufrir, ya que nadie, a no ser un mulero con un par de caballerías para llevar los más elementales auxilios a un caserío aislado, se había de sentir con ánimo de echarse al monte y servirles de guía en aquellas condiciones. Y lo más curioso es que fue una nevada tardía, una nevada de abril, de esas que parecen poner la nota final al invierno con un tutti, a partir del cual ya no quedan energías en los elementos para que caiga una gota hasta ese octubre en que recuperan fuerzas.

La verdad es que nadie llegó a saber para qué vinieron. Quien pudo vislumbrarlo tuvo a bien callarlo. Para aquellas fechas —incluso en tales tierras— ya no era excepcional la aparición de algunos viajeros ingleses con propósitos inconfesables o incomprensibles. Es cierto que de cualquier persona con un pelo verdoso, una tez más rosada que la castellana y un idioma ininteligible y fricativo, con un deseo de parecer simpático entre personas civiles y siempre mohíno ante las fuerzas públicas y, por supuesto, con una irrefrenable tendencia a reputar como extraordinario lo que a todo el mundo pareciera lo más normal, se decía que era inglés; la presencia de algunos de ellos en las industrias que nacían aquí y allá, en las fundiciones, en la minería y en los nuevos tramos de ferrocarril, había extendido la frase «trabajar para el inglés» con la que calificar toda labor que resultara nula o injustamente retribuida. Pero aparte de los muchos que vinieron a olfatear las minas —y no resultaba raro toparse con un personaje cubierto con gorra de visera, las pantorrillas envueltas en *leggings* y calzado con zapatos de lengüeta, golpeando la roca con un martillo en la revuelta de un camino u observando con la lupa el cuerpo de una mariposa, a cuatro patas bajo un manzano— aquella estirpe viajera había acostumbrado a las gentes de Región a quedar satisfechas con los más inverosímiles pretextos: porque hubo quien viajó por las sierras para vender biblias o para cobrar un caballo enano de Mantua; a tocar el violín acompañando las caravanas de gitanos, a explorar una vez más la cueva de La Mansurra (entre cuyas fauces alguno quedaría aprisionado, lanzando gritos que se seguían oyendo medio siglo después), a copiar las inscripciones de la piedra de Wamba; porque hasta hubo inglés que llegó a Región buscando una mujer para contraer matrimonio con ella.

Pronto corrió la voz de que venían en busca de criaderos de mineral; y alguno escandalizado llegó a decir que en su pasión por las excavaciones no habían respetado ni las fosas de los muertos. En realidad habían sido enviados por César Abrantes, el primogénito, que a la sazón vivía en Inglaterra y al parecer había trabado amistad con ellos, invitándolos a su casa y encomendándolos a su padre para que les dispensara la hospitalidad y atenciones de que eran acreedores por las deferencias con que le habían favorecido en su tierra, seguro de que un día agradecerían tal solicitud por cuanto su presencia en la comarca no sólo colmaría a todos de satisfacción, sino que con ella se prestaría un gran servicio a la ciencia. César Abrantes estudiaba minería y mineralogía en Inglaterra por imposición de su padre, un hombre intransigente que, careciendo de la paciencia necesaria para tolerar los pequeños desmanes de su primogénito, había optado por la disciplina del exilio. Y cuando éste, cansado de aquel clima y arrepentido de sus excesos de juventud, en una de sus vacaciones de verano manifestó un tanto de improviso sus deseos de casarse no dudó de que su padre daría su consentimiento a la boda, aun como mal menor, a pesar de la enemistad y rivalidad que existía entre él y la familia de la novia. Parece ser que el viejo Honorio no sólo se opuso al proyecto, con toda su formidable violencia, sino que amenazó con cortar toda relación con él y desheredarle si a sus oídos llegaba la noticia de que su hijo persistía en el trato con aquella muchacha. Eran dos caracteres opuestos, pero igualmente pugnaces y empecinados, de suerte que la ruptura definitiva no se hizo esperar y hubo de prevalecer aun cuando César no llegara a casarse con la muchacha —decidido como estaba a ello— a causa de su súbito fallecimiento. Por todo ello algunos amigos de la familia quisieron ver, en la misión de aquellos dos eminentes extranjeros, una disimulada embajada de buena voluntad que mediante sus buenos oficios había de lograr la concordia entre padre e hijo, una vez desaparecida la causa fundamental de su desavenencia. El pretexto —que en todos los círculos se dio por bueno, hasta el punto que dejó de serlo, pasando a ser la misión diplomática una acción colateral— fue que vinieron a España para estudiar ciertas clases de arcillas y cenizas volátiles; por supuesto, ni en aquel país ni con toda probabilidad en el resto de la península había en aquel tiempo alguien lo suficientemente impuesto en arcillas y cenizas volátiles como para hacerse cargo de que las arcillas y cenizas volátiles de la sierra de Región fueran dignas de especial interés, y no pudiendo, por consiguiente, ser contrastada la autoridad de aquella misión la mayoría de la gente con la que, en una u otra circunstancia, habían de toparse no sólo daría por bueno y aun excelente el propósito de su viaje, sino que llegaría a reputarse como el más lógico y necesario de cuantos se habían aducido por aquella estirpe de viajeros (lo cual era en cierto modo verdad, si había de ser comparado con la compra de una burra o la toma de estado civil), llegando en su extrañeza a preguntarse cómo podía ser que la ciencia hubiera desdeñado hasta fechas tan tardías el estudio, la clasificación y el aprovechamiento de las arcillas y cenizas volátiles de la Sierra de Región.

Así que como consecuencia epifenoménica de la prolongada estancia de los dos ingleses en casa de los Abrantes, Región había de convertirse andando los años en un centro mundial de la ciencia de las arcillas y de las cenizas volátiles e incluso en lugar de peregrinación para keramólogos y koniortólogos, asentándose allí toda una tradición en esa rama del saber que había de culminar en la apoteosis del Congreso Mundial de Keramología y Koniortología, cuya apertura estaba prevista para el día de Santiago de 1936 y que los acontecimientos políticos de aquel año echaron por tierra al tiempo que su secuela bélica provocada la diáspora de los regionatos más preclaros que, a continuación, con la enseñanza de una ciencia tan joven y particular extenderían la fama de Región por todo el mundo civilizado, como Tarrida y Baile en Oxford, el profesor Ibienza en Zurich, Fernández Lomas en Moscú, y muchos otros de sus discípulos más aventajados diseminados por las universidades del continente americano.

Aun cuando posteriormente muchos investigadores, rebuscando entre memorias, archivos y cartularios, trataran de encontrar precedentes y precursores de la escuela regionata de keramología y koniortología, relacionándola con los caballeritos de Azcoitia y con un monje navarro que había viajado por las Indias en el siglo XVII, lo cierto es que su verdadero origen reside en la mucha admiración y afán de emulación que despertaban entre sus compatriotas la enorme fortuna y la recia personalidad del viejo Abrantes, hábil como ninguno de sus vecinos para utilizar su posición de privilegio como plataforma desde la que impartir las normas —para las compras y ventas y toda clase de negocios, para la agricultura y la ganadería, para el fomento de la industria, para el desarrollo de las artes y las ciencias, para el vestido y las buenas maneras— de cuanto debía hacerse en aquella tierra, tan desprovista de toda dirección y toda jerarquía hasta la llegada y el asentamiento de su familia en Región, El Auge y la cuenca del Torce, que pronto había de aceptar y celebrar, sin ninguna clase de manifiesto recelo, su encumbramiento como una suerte de pontificado, su casa reverenciada como un palladium y todos sus actos sociales —sus veladas, sus intervenciones públicas y sus costumbres más íntimas— revestidos del carácter ritual de las perpetraciones de la autoridad.

Rodeado de tanta estima y de una cierta pompa no es de extrañar que el hombre llegara a solemnizarse, desentendiéndose un tanto del juicio para caer de lleno en el convencimiento de su infalibilidad. En los tiempos que precedieron a la llegada de los ingleses ya no hablaba mucho, salía poco de casa y no prestaba su presencia a aquellas contadas ocasiones en que su figura y su papel pudieran quedar en entredicho, de forma que nada le cogió de sorpresa, para todo lo que era consultado tenía una opinión rotunda y lo que espontáneamente decía y hacía —sin el requisito de la consulta previa— pasaba al instante a formar parte del código. En tales circunstancias la llegada de los dos viajeros ingleses —a la que por razones de urbanidad y prestigio no pudo oponerse, por grandes que fueran las diferencias con su hijo, que por otra parte se cuidó de anunciarla con el tiempo estricto para hacer de ella un hecho consumado—, totalmente ajenos a aquel clima de reverencial obediencia, debió constituir una incómoda sorpresa, tan mortificante que se recluyó en su habitación por espacio de tres días y de la que no salió, tras ordenar al cochero que se prestara a recoger a los viajeros en la estación de Macerta, sino para recibirlos en el portalón de la casa, sin atreverse a adelantarse en la acogida ni a alargar su mano, mientras eran descargados los pesados maletines de excelente cuero, con las iniciales de uno de ellos, JHW, en letras de bronce de media pulgada de espesor. Hasta que el más joven y desenvuelto, un hombre de talle espigado, pero de contextura atlética, con una expresión inquieta y una aguda e inquisitiva mirada, se adelantó hacia el abuelo adivinando en él al patriarca para tenderle la mano y —a lo que el abuelo entendió— presentarse en su nombre y en el de su compañero, haciendo especial mención a los saludos y parabienes de que su hijo César le había hecho portador a su salida de Londres.

Parece ser que durante su estancia jamás pecaron de importunos. Les fueron cedidas dos habitaciones de la planta noble —en el mismo ala, pero en el extremo opuesto a la del abuelo, justo debajo de los apartamentos de la servidumbre—, en las que con frecuencia durante mañanas y tardes enteras se encerraban a trabajar (aparte de muchos papeles, sus mesas quedaron invadidas por frascos de productos químicos y pequeños paquetes con tierras y arcillas de distintas coloraciones, y hasta algún que otro hueso), cuando no salían de excursión para dos o tres días, sin mezclarse con la familia más que en los momentos de obligada convivencia. Por otra parte, aunque el abuelo había presumido en tiempos de algunos conocimientos de idiomas, las circunstancias vinieron a demostrar que solamente la penúltima de sus hijas, Eloísa, chapurreaba un poco el inglés y si bien su labor de intérprete quedaba reducida a lo mínimo gracias a la parquedad de palabras de aquellos dos hombres que a todo contestaban con un «¡oh!» y un arqueamiento de cejas, con frecuencia —y con una mezcla de envalentonamiento y rubor— se la veía alargarse en muy trabajosas explicaciones acerca de la matanza del cerdo en diciembre, las batidas del lobo o las partidas de chapas en Semana Santa, que ambos caballeros recibían —con la sola ayuda de complementar los «oh» con los «really?»— sin perder un ápice de su undaunted and indefatigable compostura.

De no ser por aquellas esporádicas y poco fructíferas (para el común entendimiento, ya se entiende) conversaciones, cabe suponer que el abuelo no habría pagado una exagerada atención a la inesperada visita que tuvo que aceptar como una inconveniencia más que le deparaba aquel hijo un tanto excéntrico y molesto, poco menos que exilado a causa de las diferencias de todo orden que le separaban de su padre, y que incluso desde el extranjero parecía complacerse, haciendo uso de incomprensibles pretextos y de la inmunidad que le procuraba la distancia, en molestar a su padre con sus extravagancias y en introducir en su casa a ciertas personas que, aunque sólo fuera por la falta de intimidad con ellas (y ésta era la más excusable de las faltas, en comparación con otros casos mucho más vejatorios para un patriarca que disfrutaba de una tan especial y delicada posición en el seno de una sociedad reducida), nunca podrían ser del entero agrado de la familia. A los dos días de su llegada el abuelo no podría disimular un gesto de forzada y distante flema, al observar por encima del periódico el paso de uno de ellos, como para decir «Del mal el menos».

Pero aquella en cierto modo acomodada resignación se habría transformado en una prudente tolerancia (de la mano de los presentimientos que engendraba en su ánimo la idea de la posible presencia de su hijo en la casa) de no haber mediado la solicitud y la oficiosidad de su hija Eloísa, ansiosa siempre de aprovechar toda oportunidad para llegar a un trato más íntimo y cálido con los huéspedes, hasta el extremo de que el abuelo se vio obligado a llamarla a capítulo y reconvenirla acerca del lamentable espectáculo que estaba ofreciendo a los extranjeros con la libre e inmoderada expresión de sus deseos. En verdad, el abuelo no podía tolerar que en la casa se dijese una sola palabra a sus espaldas y nada le producía mayor zozobra que aquellos retazos de conversación que por un lado escapaban a su comprensión y por otro se veía forzado a admitir sin pedir explicaciones —con la avispada e hipócrita sonrisa de la doblez que encubre la ignorancia— a fin de no dar pruebas demasiado ostensibles de su desconocimiento del idioma. El abuelo presumía de que siendo estudiante había pasado por Inglaterra, donde había tenido ocasión de conocer y saludar a muchas personas eminentes, y ante propios y extraños no sólo siempre había hecho gala de una familiaridad con una cultura y unas costumbres que, según sus propias palabras, habían contribuido muy poderosamente a su formación, sino que por añadidura se decía partidario del sistema bicameral y la rotación de partidos, del libre examen y la descentralización.

Esquinado en su rincón, atusándose las guías de los bigotes y asintiendo las más veces, el viejo Honorio nunca se inhibiría de aquellos diálogos a tropezones aunque sólo fuera para atribuir a la majestad de su presencia (como el gobernador de la colonia que asiste salomónicamente a una querella tribal de la que no comprende nada) la garantía de que la conversación no derivaba por derroteros secretos e imprevisibles. Y cuando Eloísa, en un rasgo de probidad, se hizo transcribir determinadas palabras y, tras abandonar por unos momentos el salón, volvió al poco con un diccionario en la mano, el abuelo se aferró a las arcillas y cenizas volátiles con el único objeto de imponer su ley y controlar una situación (con la carencia de escrúpulos propia de quien está acostumbrado a acertar siempre) que podía quedar resuelta y justificada con un par de palabras.

Lo curioso es que los ingleses no se molestaron en desmentir la categórica afirmación del abuelo acerca de la curiosidad que les había traído a Región; así que ganado por su propia estratagema, pocos días había de necesitar aquella personalidad nacida para ejercer un mando incontestado y omnímodo para convencer a todos —y a sí mismo el primero— de que, lejos de obedecer a un incómodo compromiso de su alocado e incontrolable primogénito, la presencia de los dos caballeros en el valle del Torce se debía a la importancia que, a los ojos de los países más adelantados, estaba cobrando gracias a su desarrollo industrial que —visto desde Inglaterra, y en particular desde cualquiera sabe qué organismo atento a todo lo que pasara en el mundo, que con su reconocida sagacidad y diligencia no había vacilado en despachar a dos eminentes expertos para que lo estudiasen— había de complementarse con la investigación y la explotación de las arcillas y cenizas volátiles de la montaña regionata.

A partir de ese momento, cambió su talante y su actitud hacia los huéspedes se había de ver adornada por el orgullo y la satisfacción. Nada podía servir tanto a los fines de su prestigio como el hecho de que sus iniciativas industriales fueran acogidas con tanta atención por la tierra de la inteligencia práctica y si bien su papel de conductor de pueblos se había iniciado bastante tiempo atrás, cabe decir con justeza que su confirmación le había de llegar, a los ojos de muchos, por aquel par de flamígeros, pero incombustibles, nudosos y espinosos súbditos ingleses. «Han sido comisionados», decía en el salón, mientras se atusaba los bigotes y estudiaba el efecto que producían unas palabras que, en su simplicidad, delataban ese poder tanto más firme cuanto más lacónico y tajante, «para que estudien las posibilidades que ofrecen las arcillas y cenizas volátiles de nuestra tierra. Parece que son inmensas y yo estoy dispuesto a prestar todo mi apoyo a esa nueva industria», palabras que obligaban a todos los concurrentes —casi todos socios suyos en empresas ganaderas e hidroeléctricas, mineras, metalúrgicas y de transformación— a volver la cabeza hacia la pareja de viajeros —uno a cada lado del hogar— que había de mostrarles el camino que debían seguir sus vástagos —los Tarrida, los Ibienza, los Lomas— para, a través del respeto al viejo Honorio Abrantes y del ardor no demasiado juvenil de sus hijas, adentrarse en uno de tantos secretos que escondía su tierra.

II

Speaking of my old friend, I should take this opportunity to remark that not all the cases were successful, nor even yet quite resolved by his own intervention. Very often his scrupulousness compelled him to call off his activities and, putting aside the mere interest, prize or pride derived from the affair, to refrain from forming a conclusion nobody was to make good use of. Furthermore the following can hardly fail to show the quick disposition of my friend to take a stand in a difficult situation, disregarding any kind of hardship or nuisance.

It is recorded in my files as a bleak and rainy March afternoon, dimly tainted with the sombre and cynical spirit of my friend. As often happened at the end of some successful case he had surrendered to his melancholic bias, giving free access to those neurotic impulses that were —to make use of his own words— the best defence against an absolute break-down. The state of his health was a matter of continuous worry for me, being with the exception of Mrs Hudson, at that time, the only man in the world concerned with a problem that was of the faintest interest to him, so negligent and disdainful for everything that he was not aware of its importance. On previous days Dr Moore Agar, of Harley Street, had recommended a complete change of scene and air in order to avert the collapse and incapacity for any type of work I was always fearing in a man exerting such a permanent and strenuous stress on his mental capacities. He was a man of tremendous energy, capable of the greatest mental and physical effort whenever engrossed by some professional aim. Then he was absolutely indefatigable. But, for the same reason, when cases were scanty and the papers uninteresting, he looked as defenceless as a child against the monotony of existence, turning to drugs as a better and milder medicine than those more morbid incentives that our entangled and quarrelsome society offered to him.

That afternoon, as we sat together by the fire, amid the droning of the wind came the stamping of a horse's hoofs and the long grind of a wheel as it rasped against the kerb. He had sat for some hours in silence with his long, thin back curved over a chemical vessel in which he was brewing a particularly malodorous weird product.

«Now», said he suddenly, after a short and sharp glimpse out at the street, «you will enjoy the opportunity of seeing whether this gentleman's proposals are to suit your plans.»

«By God, what plans are you referring to?», I asked.

«Those travelling plans, of course. As far as I see this gentleman may provide you with all kinds of information about those southern areas you intend to visit in my company in the forthcoming weeks.»

«How on earth do you know that?» I asked in bewilderment.

He wheeled round upon his stool with a gleam of amusement in his deep-set eyes.

«It is rather obvious you had a dinner, the evening before last, with your illustrious colleague of Harley Street. The cigar end you left here», he said as he pointed to the ashtray on the hearth, «leaves no room to doubt that our mutual friend Dr Moore Agar was your partner for that evening. Believe me, those cigar smokers are the most traceable people all over the world; there are not so many Fonseca lovers in this country not to construct a series of inferences from the remains they leave so generously and carelessly. Thus it is not difficult to find a close connection between Doctor Agar's ill omens and your recently arisen curiosity concerning Latin countries' geography, monuments and clima... But here, unless I am mistaken, is our client, a man who combines his sturdy will with the meakest and most timid countemance.»

After the bell rang a firm step was heard upon the stairs and a moment later a stout, tall man, clean-shaven and dressed in a Continental fashion was ushered into the room. He had the handsome traits of a quick-witted Latin, with burning bright eyes, very thin lips and brownish cheeks related to a life led far from the fogs of the Thames. He seemed to bring a whiff of his strong, sunny highland air with him as he entered, but something in his demeanour —the uncallous hesitations, the bristling hair, his flurried, excited manner— told of some unfortunate experience which had disturbed his natural composure and elegance.

«Pray sit down, Mr Abrantes», said my friend, in a

soothing voice. «May I ask, in the first place, why you came to me at all?»

He spoke in a fluent but very unconventional English which for the sake of clarity I will make grammatical.

«Well, sir, it does not appear to me a matter concerning the police, not even the Spanish police. Yet, when you have heard the facts, you must admit that I can not leave it where it is. In fact till the last development of the affair I was quite sure I could afford the energies, sacrifices and persuasion to find about the solution I, from the first moment, was looking for. But never could I presume that my father was fostering such a hatred towards me, not only placing my marriage in disrepute and becoming my most pertinacious adversary but also making use of her death for the most sinister practical joke I ever heard of.»

«Come, come, sir», said my friend. «You cannot fall into this modern habit of telling the stories wrong end foremost. Please arrange your thoughts and let me know, in their due sequence, exactly what those event are which sent you in search of advice and assistance.»

Our client passed his hand over his forehead as he found the reprimand a correct one. From every gesture and expresion I could see he was a reserved but strongwilled, self-contained man in his late twenties, with a dash of pride in his nature. Then suddenly, with a fierce gesture of his clasped hands, like one who throws reserve to the winds, he began.

«As it was explained in my letter I have been in England for the last few years in order to get my BA in mining and mineralogy at Loughborough. At last this is the conventional alibi my father forged to conceal from relatives and neighbours his determination to keep me away from my home and country during the crucial, formative years; in other words, my father considered that I was not fitted to fill the gap he will sooner or later leave in his society and business. My father is in his mid sixties and feels a need for everyone at home to be in agreement with him, not tolerating the slightest difference either in opinion or character. I dare say my father always feels at a loss with me; I am not the son he expected or needed, my cheerful and light-hearted temperament —that led to a youth full of caprice and disorder— provoking a continuous uneasiness within him. I know you are a busy man and your time is too precious to be wasted with the account of these unlimited petty quarrels every family is troubled with; I should say, summing up the question, that my father's plan, compelling me to live in this country and to take advantage of this sort of exile to get some practical knowledge and that sense of pride and respectability my family merits, proved to be a wise one, the most simple and economical to redress a personality spoiled by hazardous friends and vicious habits, to bring me back to the right tradition of my family and to negotiate the rigid rules of my country's manners and conventions. I apologize for this explanatory introduction because the problem starts when, after years of dissent and idle isolation, searching with repent and sincerity for my own accomodation with my people, I was to find the most unexpected obstacles and reticences in the very heart of those whom I chose to make easier a return warranted by a respectable marriage.»

At this moment our young client sobbed deeply and his narrative was again nipped in the bud. He wrung his hands in an agony of apprehension and swayed backwards and forwards in his chair.

«It is for your own sake, Mr. Abrantes», declared my friend with his most persuasive tone, «that you must proscribe those dramatic transgressions from your account. I foster no doubts about the painful emotions you sustained when the news about your fiancée reached you, and I am sure the rationalization of the case would be of great help to find a sedative for your distress. Now, if you feel a little more composed, we should be glad to hear from you what happened after that awful last trip home.»

Familiar as I was with my friend's methods I could not withhold, following our client's amazement, from uttering an expression of surprise.

«Yes sir», he continued, «as you have correctly perceived I made the last journey to my country in the most urgent and apprehensive spirit, put off by ill-omens but determined as never before I was, to marry that woman notwithstanding my father's opposition to the match. All began the year before last, during those days —on one of my rides through the forests, in the company of Miguel, the stable-hand— that I first noticed the people at La Montanza. La Montanza is an old, tumbledown building in a crazy state of disrepair, which my father has always coveted for the sake of property and isolation; located on a hill with a paramount view over the Torce valley and meadows, banked with high chestnut-trees and laurel bushes, the house is of little worth but the estate, including besides some arable land, more than five hundred acres of poor and useless moorlands bordering on the north with the Hurd and Mantua foothills, was in the old days the Tom Tiddler's ground for the Region fortune-hunters, always in search of an easy approach to the Sierra's secret and legendary treasures. Startled by unusual signs of dwelling I learned from the boy that the almost forgotten proprietors, after many years away, had returned to set the house in good order in an effort to sell it at a reasonable price once the vagarious dreams the Sierra engendered in the most imaginative minds vanished in the air like smoke. They were three: the old man, his daughter and a maid; she was then twenty and odd years old and being the real heiress she was only waiting to come of age to have a free hand in the managing of the estate. My only claim to be taken into their confidence lies in the fact that during those days there I came to know both of them and their strange fate was naturally a great shock to me. The old man was in fact her step-father, who married her pregnant mother only to lay her in her grave two months later, after bringing her child into the world. In La Montanza, isolated and surrounded by the disdain and hostility of many, they settled down to carry on amid the stuffy atmosphere and antimacassars an absolutely lonely life, attending to the very simple but in many ways extravagant wants and paying little heed to the affairs of the neighbours. It would be unfair, sirs, not to confess how from the first I felt a little disappointed with the innuendoes about these people I heard at home, suspecting that all those tales concerning the child's birth and her mother's demeanour were no more than inventions my father forged only to hide his part in some despicable plunder my country so prodigally provokes. But in this case, sirs, I must admit that I was completely mistaken. After paying a short visit to this family of La Montanza, only to satisfy a curiosity aroused by such continuous gossip, I was impressed by the appalling individuality of both. As I said, they lived only for their small wants and after travelling all over the world because of his restless and independent nature, everywhere fighting for the cause of justice and freedom, their only wish was to win a small amount of money to procure a calm place of seclusion. Like most people who lead a lonely life, she was shy at first, but becoming extremely communicative told me many details about her childhood and youth, giving me a day per day account of her step-father's endurance in his long fight for the survival of his dissident ideas. I need not say, gentlemen, how wide an horizon she drew before my eyes; how I felt for the first time in my life that there was an unlimited world of ideas and feelings richer and broader than everything a life prone to vice and amusement may offer. She was a beautiful, accomplished, wonder-woman in every way, with the ethereal other-world beauty of those madonnas whose thoughts are set on high, not very prepossessing externally but with a munificent heart devoted to her father. We were very friendly from the day I came to La Montanza and both were on such terms with me that I could drop in on them in the evenings without invitation. Eventually we could enjoy many a tête à tête —her father remaining in his upstairs rooms for long hours of meditation—, most of them she spent in reading the poets she loved the most; she helped me to understand poetry and music, till at last our intimacy turned to love —deep, deep, passionate love, such love, as I had dreamed of before but never hoped to feel. »

«We were gradually coming to that conclusion, were we not?», my friend turned to me, with a whimsical smile. «I take it, Mr Abrantes, that there is some other development in the case, otherwise I can not afford the reason for your coming here instead of making use of your own country's marriage system.»

Our visitor smiled back with the shyness of the student rather than the self-possession of a man of the world and his eyes came round in some effort to fill up the gap of isolation and causticity which surrounded the saturnine figure of his interlocutor.

«Excuse me, gentlemen, for these irrelevant but not groundless preliminaries I recounted only to make clear a situation so deucedly difficult that the ends of this tangled skein are no more in my hands. Everything started with my offer of marriage. This she received with the highest of spirits but encouraged me to come back to England to get my degree as soon as possible. The wedding was planned for next Easter, with plenty of time to get this degree at Loughborough and to look in the meanwhile for a buyer for La Montanza. So I did, and returned to this island full of expectations and determined to overcome my studies with a resolution I never before was able to gather. But two months had elapsed since my arrival when a letter from my father, full of indictments and menaces, left no room to doubt that he was well informed about my marriage arrangements. Up to now I do not know, gentlemen, who was my father's secret informer but, apart from my sister Eloísa who has always been my confidant and to whom I explained my intentions, it could be no other than Miguel, the stable-hand, who so often accompanied me on my visits to La Montanza. I wrote to her every day, being careful to conceal from her my father's knowledge and readiness to react (in the way of disinheritance, indeed) but two months more elapsed before I was alarmed by her sudden silence, an introduction to the agony I was to suffer in the following weeks. To make the story short, her stepfather at last sent a full account of the double pneumonia she was suffering, exhorting me to remain calm as she was out of danger, both her constitution and will working such wonders that against the doctor's surmises she was recovering fast. Later on I received her first letter after the illness, the handwriting showing the signs of a quivering pulse but so full of optimism and so cheerful in mood that, all my dreads and anguish vanishing in the air, I became sanguine that she could overcome all odds if she only would. How much, gentlemen, would I rue that treacherous confidence which moved me to disregard my suspicion and to yield to the joyful remonstrations she performed only to spare me the bare truth about her complete consumption. Then, after some weeks without news I fell into such a state of despair that, rushing to Charing Cross Station, I proceeded immediately to the Continent not without warning my betrothed to conceal my arrival from my father and relatives. You may presume, gentlemen, what fright and anguish my heart suffered when I was to find the doors and windows of La Montanza locked and bolted and the house-agent's placards posted on the entrance gate. I visited all their acquaintances and after a week of agony I came to know that she was buried in the Macerta churchyard. As for Mr Queiles, her step-father, after the estate was sold he had suddenly vanished and nothing more was to be heard of him. I have no words, gentlemen, to express my grief, despondency and desolation and when, after laying a bunch of roses on her anonymous grave, I came back to England it was not to resume my studies but to search for a place of rest had seclusion far from all those who had shown such hostility towards my betrothed. But then, a fortnight after my arrival at Loughborough, the first of the letters reached me...»

At this point of the narrative I perceived in my friend's keen, alert face a sudden brightening of his inquisitive eyes and a tightening of the lips accompanied by the quiver of his nostrils.

«Yes sir. The first one was from my father, repeating the same menaces and giving me the most severe instructions to call off my engagement if ever I was desirous of being considered as his son. Then, later on, the first of her letters...»

Pray sir, do you mean a letter from your late fiancée?»

«Yes sir. The most revolting and repulsive joke I ever heard of, unless some more sinister meaning proves to be attached to these messages.»

Our client handled a bundle of letters across. They were tied up with a red ribbon, the envelopes bearing the spanish stamps and addressed in an educated and masterful hand.

«There are six up till now and as cheerful and confident as if nothing at all happened before. She —and I say «she» for the sake of argument— simply remembers the illness as a past nightmare and occupies several pages of foolscap with the wedding details, only regretting, in the last ones, my tardiness and silence; as the wedding was due to take place next month, she expresses her longings, urging me to go there no later than April 10th. You will see by the postmarks that the letters were posted at Region, in good order and date; there is not indication of falsehood or eccentricity in them; the same style, the same handwriting of hers. But believe me, gentlemen, I cannot gather the courage to go there again in order to disentangle this awful skein. I feel I am out of my senses, no longer knowing where reality is. Was, perhaps, her death a mere nightmare? No, alas, no!»

* * *

When our visitor had left us, my friend sat so long in deep thought that it seemed to me that he had forgotten my presence. Once he murmured to himself «He has made a silly blunder and he may as well own up to it» and, at last, he came briskly down to earth.

«You said something about the need of a change», whispered my companion. «Let me suggest this one: how would Region do? First-calss tickets, a sojourn in an almost feudal mansion. I dare advance that that forgotten country is full of interest, from the geological as well as the archaeological point of view. And, last but not least, plenty of time to have the spirit redressed and to make some addenda and corrigenda of this monograph upon the Polyphonic Motets of Lassus the experts are urging me to print —if only for private circulation— not later than next autumn. And the best moment to start those essays on malingering a subject most suited to the circumstances. I ask you, why not? How would Region do?»

III

En cuanto a César Abrantes, el primogénito, poco se volvió a saber de él. Se dice que las diferencias de toda índole que le distanciaron de su padre llegaron a crear entre ellos un abismo de tal magnitud que, empujado a aborrecer la tierra en que había nacido y se había criado, se juró a sí mismo no volver a pisarla. Se dice también que con los intentos que hizo si no para lograr una cabal reconciliación al menos sí para volver al *statu quo* anterior a aquella divergencia que le alejó a Inglaterra, no consiguió sino magnificar una incompatibilidad de caracteres que alcanzando formas violentas echó por tierra sus proyectos de establecerse en Región, lejos de su padre, pero no de las tierras que por derecho y herencia le correspondían. Para la familia se convirtió en la oveja negra, no se volvió a hablar de él y, mientras vivió el abuelo —que casi alcanzó los ochenta—, su nombre fue borrado de los anales familiares hasta el punto que los rumores que corrían en el pueblo acerca de él y de su participación en asuntos poco limpios, tanto en Europa como en América, nunca llegarían a cruzar el umbral de la casa de Abrantes, por lo mismo que los asiduos a ella se veían en la necesidad de ocultar determinadas opiniones y expresiones que aun formando parte de sus hábitos extramuros, tenían que dejar a la puerta de la casa si no querían verse incursos en el enojo y la definitiva aversión del patriarca.

Los más cercanos a la familia hablaron en su día (pero nunca con entera franqueza y conocimiento, sino haciendo uso de esas insinuaciones que tanto ponen de manifiesto la ignorancia de los detalles cuanto amplían el campo de lo inconfesable hasta los lindes entre brumas donde se confunden cielo y tierra, certeza y sospecha, rumor y crédito, provecho y desperdicio) en un intento de estafa que el viejo acertó a descubrir poco menos que en el momento en que, movido por unos y por otros, se disponía a otorgar de no muy buena gana un consentimiento que hasta entonces se había reservado. Se vino a insinuar que conocedor César de ciertas capitulaciones relativas a los bienes parafernales de su difunta madre, no vaciló en concertar un simulacro de matrimonio con una aventurera a fin de exigir un legado al que, de acuerdo con el testamento, no podía aspirar mientras no satisficiera ciertas condiciones que se hallaba muy lejos, incluso en el ánimo, de cumplir. Pero por fuera de la casa y a hurtadillas del abuelo, cuando el tedio de una tertulia tenía que ser sacudido con conocimientos de primera mano acerca de las intimidades de las grandes familias, también se llegó a sostener aquella tesis contraria que veía en el viejo Honorio, en cuanto defensor a ultranza de los intereses de sus hijas y en detrimento de los del primogénito a quien había cobrado duradera enemistad, el ejecutor entre bastidores de aquellos planes de matrimonio que contra lo que creía César le incapacitaría definitivamente para exigir su legado. En una tertulia de cafetín ¿cómo no iba a dar paso semejante teoría a aquella tesis (mediante la cual la primera quedaba ampliada, complementada y suficientemente explicada) que veía en César el fruto ilegítimo de un amor al que su madre, en secreto, guardó hasta el momento de su muerte una tal fidelidad que se cuidó bien de preservar para su hijo su más importante legado, poniéndolo a buen recaudo de las posibles represalias de un padre nominal que no sólo supo del adulterio, sino que hubo de transigir con él para gozar del usufructo de los bienes de su esposa?

El misterio se remontaba a los primeros años de matrimonio del viejo Honorio, un cazador de dotes –al decir de algunos, muy pocos, supervivientes– necesitado de un fundamento de bienes raíces para lanzarse a su colosal aventura industrial, y a la enigmática conducta de la señorita Ferdinandi que, dos meses antes de dar a luz a la criatura ilegítima que había de llevarla a la tumba, se había de convertir en señora de Queiles, otro aventurero de penúltima hora decidido a dar la batalla de las tierras en apariencia definitivamente ganada por Abrantes mediante su matriomonio con la más rica heredera del país. El misterio no se había de limitar a la paternidad de aquella criatura que quedó inscrita como hija natural de María Ferdinandi, sino más bien a la razón que había de mover al esposo legítimo de la difunta a revelar el nombre de la persona con quien había tenido el hijo, previo pago de las 125 pesetas de multa con que fue sancionado el funcionario, tras haber sido tachadas de oficio, de acuerdo con el artículo 132 del Código, las palabras que contenían la revelación que, sepultada en los archivos municipales, surgiría con el tiempo a la luz debido, sin duda, a una distinta composición y estabilidad de las tintas. Si fue aquella espontánea revelación del papel timbrado o si fue la noticia de la naturaleza enfermiza de la criatura que, nacida con un corazón demasiado grande y un acusado soplo que al decir de varias especialistas no llegaría a cumplir los cuatro años de edad, lo que llevó a Honorio Abrantes a efectuar, legal pero secretamente mediante documento público, el reconocimiento de la criatura, resulta difícil afirmarlo ya que si por un lado había de pesar en su ánimo el deseo de esclarecer una ejecutoria empañada por sus relaciones con la señorita Ferdinandi, por otro no es menos cierto que una vez fallecida la criatura podía hacer valer los derechos que le otorgaba la línea ascendente para entrar en posesión de la tan deseada Montanza. Quizá todo ello pasó a ser un nuevo capítulo oscuro de la historia local una vez que Queiles, a los pocos meses del fallecimiento de su esposa, desapareció del lugar y la provincia llevándose consigo la hija cuya tutoría le había sido encomendada por testamento, y el verdadero valor de la finca quedó reducido al de todas las dehesas de montaña de la serranía de Región. Tal vez la llegada de la joven –acompañada de su padrastro– en vísperas de cumplir los veintitrés años y el descubrimiento de ciertos filones de magnetita vinieron a airear un complicado estado de cosas que las indiscretas excursiones de César Abrantes no habían, ciertamente, de simplificar. Es posible que Honorio Abrantes sospechara una añagaza del viejo Queiles y, decidido a tirar por la calle de en medio antes de que la criatura entrara en plena y legal posesión de la propiedad, no tuviera otra opción que desterrar a su incómodo, levantisco e inoportuno primogénito a fin de tener las manos libres para –incluso recurriendo al cohecho– lo que se proponía demostrar.

Es posible también que, como más de veinte años atrás, Queiles se hubiera adelantado al viejo en todo momento, no sólo en cuanto al valor de la finca, sino en cuanto a los derechos de su hijastra, porque con su presencia allí pareció iniciarse la trayectoria declinante de la estrella de Honorio Abrantes. Porque el hombre que más había hecho por el desarrollo de la pequeña minería de aquellas tierras se había de ver sorprendido con la explotación de un considerable criadero de plomo y hierro que se había de demostrar tan provechoso, que arrastró al cierre casi todos los frentes que los Abrantes, los Mazón, los Ibienza y los Asián abrieran a lo largo de veinte años en las escuálidas digitaciones de aquella sólida corrida que sólo en las cercanías de Mantua y el Hurd tenía unas proporciones de componentes metálicos dignas de un aprovechamiento industrial. Se le debió adelantar en todo, incluso anticipando la delicada situación en que podía verse si se producía el fallecimiento de su hijastra que —precisamente—, tras testar a su favor, se produjo al poco de venderse La Montanza, en las vísperas o en las postrimerías —no se recuerda con precisión— de la visita de los viajeros ingleses a la casa de Abrantes.

Años después de su muerte, entre los papeles del viejo patriarca aruinado había de aparecer una carta expedida en Londres, un sobre azulado y pequeño, de papel seda, que escrita en correcto castellano, aunque con unas pocas imperfecciones, fue atribuida a su hijo César quien, como se sabe, antes de romper definitivamente con su padre vivió allí. Pero el tratamiento y el tono —ya que de la letra nada cabía deducir, al no existir en parte alguna un documento autógrafo de quien nada se volvió a saber— llevaron a suponer que no podía ser una persona muy relacionada con él a juzgar por las frases de convencional agradecimiento y la actitud un tanto impertinente de quien se permitía amonestarle por la forma un tanto dolorosa y ultrajante con que desbarató el matrimonio (a todas luces inconveniente) de su hijo con una aventurera que se hizo pasar por (y en esa palabra sólo se podía ver un lapsus) su hija. En cuanto al destino de la señorita Ferdinandi, o quien fuera, nada podía deducir del contenido de la carta quien no estuviera en antecedentes del caso, ya que faltaba la segunda hoja, que posiblemente fue destruida por el recipendario o bien (pues ¿por qué destruir tan sólo la segunda hoja y no la totalidad de la misiva?) nunca fue escrita por el expedidor, lo que bien se podía deducir del hecho que la palabra «fuga» —última de aquella sentencia inacabada en la que se permitía dudar de su identidad— estaba situada sin llegar a completar la línea, a un tercio aproximadamente del borde derecho del papel.

Asimismo, entre aquellos papeles existían unos recortes de prensa relativos a una entrega de un largo estudio del que sólo se podía saber que se titulaba «Malingering and Mimicry» y de los que destacaba un párrafo, señalado con un trazo rojo al margen, que incorrectamente traducido venía a decir algo así:

«Por el relato de mi cliente, pronto sospeché que quien escribía las cartas, tras la enfermedad de su novia, no era su propia prometida, y que las imperfecciones del manuscrito no obedecían a la debilidad de un pulso. Y toda vez que las primeras cuatro cartas no resaltaban ni por su contenido ni por su extensión, su misión no debía consistir tanto en ocultar al recipendario la desaparición del remitente cuanto engañar a otras personas que, desde el punto de expedición, controlaban tales envíos para su propio provecho. Las últimas cartas, en contraste con las cuatro anteriores, eran mucho más extensas y apremiantes. Si la persona que las enviaba lo hacía solamente para cumplimentar un gesto a sabiendas de que era observada, ¿qué utilidad podía deducir de un buen número de folios de escritura hológrafa en los que apremiaba al recipiendario a un acto que le desenmascararía? Sólo una explicación podía satisfacer el doble contrasentido: no sólo las cartas eran hológrafas y destinadas a ocultar la desaparición del auténtico remitente, sino que eran interceptadas y sustituidas por otro texto igualmente fraudulento. Lo cual no fue difícil de comprobar mediante el sencillo expediente de remitir a Londres a nuestro cliente una carta con los caracteres de su prometida y el texto que más podía complacer al segundo falsificador y que, siguiendo mis instrucciones, me fue devuelta cerrada en el primer correo para que yo comprobara, mediante un sencillo y sutil pliegue en una esquina que al ser abierto el sobre se deshacía, que tras haber sido expedida había sido intervenida. El resto fue fácil de descubrir, con ayuda de un pico y una pala.»

DESPUES

Llamaron de nuevo.
Rara vez se había abierto aquella puerta del jardín de atrás, que permanecía todo el año cerrada con un candado enmohecido y atrancada con una barra de fundición. Empero casi todas las tardes de domingo —y algunos días festivos— los cascabeles colgados de una cinta negra al final del pasillo eran repentina y violentamente sacudidos por las llamadas perentorias y fugaces, que dejaban agonizar por los corredores en penumbra de la casa. Jamás la puerta había sido abierta como consecuencia de la llamada, insolublemente frustrada a lo largo del triste correr de los años y las mortecinas tardes, no tanto por el hecho de que ya no quedase en la casa ningún servidor de buena voluntad, ni que en ella se hubieran dejado de recibir visitas o recados desde tiempo inmemorial, como por la indiferencia de los hombres que la habitaban, indolentemente sentados en las altas sillas que quedaban en pie de un hosco comedor —de madera negra y huesuda, tallada con cabezas de conquistadores romano-españoles comidos por la polilla—, sosteniendo un vaso en la mano con la mirada por las manchas azuladas de humedad y los pálidos reflejos del atardecer por los suelos, toda vez que se agitaban —con la desesperada e impotente rabia infantil que el sonido y el balanceo conferían a la pequeña plateada cascarilla— los cascabeles colgados de una cinta de seda negra.
No era el miedo. No era el miedo ni el aburrimiento; era, a lo más, una costumbre, una actitud ante lo irreme-

diable; porque aquellos campanillazos —en las pálidas tardes, las horas evanescentes concentradas en el fondo de un vaso diluidas por los pasillos en silencio sumergidos en la otoñalidad y la pobreza— no podían ser otra cosa que la habitual advertencia ante el próximo peligro.

En otro tiempo la casa había tenido un cierto tono; una residencia de tres plantas, construida en un cuartel apartado con la honorable pretensión de figurar un día en el centro más estricto de un futuro barrio distinguido —aprovechando y cediendo un conjunto de corpulentos olmos para una quimérica plaza pública, para la que incluso se proyectó una fuente ornamental, encauzando un regato cuyos labios cadavéricos estaban sembrados de cacerolas viejas y paños desteñidos puestos a secar—, y condenada para siempre, rodeada de huertos malsanos, pequeños y negros, y vertederos humeantes, y pirámides de bidones vacíos, y chabolas de chapa, y lonas, y charcas de agua parda, a encabezar el sumario de las invenciones hiperbólicas de una sociedad hiperbólica; salpicada de pináculos y estípites, y escudos elementales —más falsos que los de los hostales de buen tono—, y cabezas leonadas y atrevidas y maldicientes gárgolas, que si un día parecieron capaces de encender el orgullo y alterar el orden de un pueblo en marcha, quedaban reducidas hoy a la absorta y melancólica concurrencia de su propia inestabilidad; chimeneas y cubiertas inglesas o alsacianas, entramados y balaustradas y vencidas balconadas que parecían haber iniciado ese primer secreto y picaresco movimiento anterior a la caída —estallido de tablas y figuraciones de ruinas, obleas de cal en el agua sucia— el día que las aguas del tiempo terminaran, por fin, de descalzar los muros para restablecer el verdadero equilibrio del caos; había por detrás una tapia coronada por una malla de espino, con una puerta de hierro, que encerraba un pequeño jardín presbiteriano y una parra virgen sostenida por unos postes de madera, que sombreaba el ventanal, donde los hombres, los días templados, se sentaban en torno a una vieja mesa de madera cruda, para gozar del tramontano o contemplar la puesta de sol en las montañas donde se habían refugiado los nombres aristocráticos, los Collados de Antelo, o Santo Murano, o Valdeodio, o la Vega de Bobio, con una botella de castillaza claro.

Debían beber bastante. Era, sin duda, la misma costumbre, otro aspecto de la misma actitud. Las únicas personas que los visitaron en el curso de los últimos años —la mujer de la comida, el hombre del vino, la mujer de la ropa, la mujer de la venganza y, algunas veces al año, el doctor Sebastián, una de ellas con carácter solemne— los habían de encontrar con el vaso en la mano, la mirada perdida. Pocas personas —acaso sólo una— debían comprender hasta dónde llegaba esa mirada; tal vez se quedaba muy cerca (muy cerca, remota y trasera, iniciada al azar con el primer sorbo y dirigida al azar por el formato del respaldo para terminar con el último trago —hasta semanas más tade— oblicuamente perdida sobre los últimos confusos despojos de un oblicuo y dudoso ayer) o tal vez se conservaba (a través del vaso, atónitamente hechizada por la coloración repentina de la tarde quintaesenciada en el fondo de castillaza y vinculada —a pesar de mil brillos espúreos y saltando por encima de mil y mil odiosos (existía todavía colgado en la pared un viejo reloj de pesas que jamás había marcado la hora convencional, pero cuyo silencio era capaz de llenarles de inquietud; muchas noches se paraba de repente, pero levantaban la cabeza y tiraban los vasos; el más viejo de ellos, conservando mejor el equilibrio, se encaramaba a una silla y le daba cuerda; si, por casualidad, sonaba el carillón, se reclinaban despiertos para entrar en un breve éxtasis de amor y pena por la infancia) tic-tac— a un cierto aroma de almohada y a una cierta mirada en la noche de un padre cansado y a un cierto lejano, pero no pasajero brillo de un hombro femenino en una escalera; y luego, la carrera, al saltar por encima del guardián de noche, escaleras abajo, que interiormente había de perdurar hasta siempre (hasta apagar en su cara el brillo del hombro), rota por la presencia instantánea de su padre, que avanzó hacia él para traer consigo el definitivo término de una escapada concluida, una puerta cerrada, una silla metálica, el suspenso adiós a una ambición infantil disuelta y licuada en el vaso de medicina torrencial que había de provocar su primera arcada por encima de las mantas apretadas. Pero no era, sin embargo, tanto lo que esperaban como el tiempo que llevaban en ello: semanas enteras —pensaba el doctor—, generaciones y generaciones de abortivas e infinitesimales tentativas de abandonar el respaldo y alejar el vaso; de heroicos e infinitesimales gestos para vencer esa forma licuada de la nada hacia otra no menos solitaria, más ambigua, desolada e inquietante, pero menos espectacular que la espera.

No eran sordos; ninguno de ellos era sordo. No habían llegado, siquiera, a la edad de empezar a perder oído. Más bien era el oído lo que —a través del vaso, senados en las sillas del comedor de alto respaldo de rejilla— estaban tratando de educar y fortalecer para el momento definitivo de la prueba. Sabían que había de venir; sabían, incluso, que no había de tardar, pero no sabían con certeza el qué; llegaría el momento, sin duda, en que, tras la muerte del padre, el hijo recobrase su personalidad jurídica y tuviera que salir de la casa para tomar posesión de unos bienes que los antiguos socios administradores —antes que las aguas alcanzasen el nivel del comedor— tal como, al parecer, se acordó ante un abogado de renombre, al día siguiente de la muerte y en el mismo lugar donde..., o tal vez lograse entrar antes la mujer de la venganza— que muchas tardes se acercaba al lugar, envuelta en un abrigo y con un pañuelo anudado a la cabeza, para mirar desde detrás de los árboles, o tal vez le vinieran a buscar si se llegaba a saber lo que había hecho con aquella mujer. Tan sólo se trataba, decía el viejo, de saber esperar («si han de venir, ya vendrán»), si se está esperando y se sabe esperar más de lo que se debe puede incluso que no pase nada y se encuentre... la eternidad. Las mañanas, en cierto modo, eran tranquilas, pero ruidosas; el ruido de la garrucha enmohecida, el agua sucia de los sótanos que regurgitaba por sumideros insuficientes, los lavatorios, gárgaras terribles y penosas que duraban hasta el mediodía y parecían infundir en todo el arrabal un ambiente mañanero de nuevo mundo y ruidos de cristal pobre desde la primera hora de la mañana hasta que el sol comenzaba a declinar introduciendo en las paredes del comedor las sombras reverberantes de las hojas movidas por el soplo sutil y extraño emparentado de alguna manera —el balanceo de las viejas cortinas comidas por los ratones, los crujidos de la madera— con la carrera violenta de la infancia y el rito del hombro en esa hora vacía, solemne, familiarmente condicionada en que los habitantes de la casa parecían sumidos en un sueño interminable, en las habitaciones de la segunda planta. Las tardes... era otra cosa; volvían a bajar cuando el sol se acercaba al ocaso; volvían a sentarse frente a los restos de la noche anterior, el oído instintivamente inclinado hacia el ventanal para alcanzar toda la amplitud de aquel silencio singular, enfatizado por el reloj —cuando la luz retirándose anaranjaba el piso—, que incluso eran capaces de percibir las tardes de domingo, más allá de los campanillazos furiosos e insistentes, pero incapaces de aniquilar el silencio, volviendo majestuosos tras el eco del último sonido frustrado, como el brillo de la luna momentáneamente ofuscado por la quema de los fuegos artificiales, que se extingue con una nube de humo y voces infantiles.

Tal vez creyeran que tras aquel silencio —más allá de las tapias negruzcas y los árboles que duplicaban su volumen de sombra a la hora del crepúsculo, a donde, desde muchos años atrás, solamente se habían atrevido a acercarse con la premonición y el miedo— había algo. El viejo, sí. El viejo, sin duda, lo sabía, aunque sólo fuera por el hecho de que si nada hubiera un oído tan inconsciente como el del joven no viviría en la escucha permanente; que si nada hubiera un oído tan tenaz y ávido lo despertaría al fin del oculto poder de los setos y los corpulentos árboles y del agua dormida y somera, pero creciente; un momento desconocido y voraz que había de procrear, inflándose a sí mismo, la sombra terrible de la venganza sobre la pequeña casa. Todos los días, en efecto, a primera hora de la mañana se asomaba por aquel ventanuco del lavabo, protegido con una malla metálica: una cara blanca, espatulada, descuidada y contradictoriamente simple (los ojos saltones y el pelo plateado), que se diría había alcanzado cierta cuarentona madurez por una simple yuxtaposición de canas y anos encerrados en casa. No hacía nada, solamente miraba con fijeza, una estucada melancolía. El día que murió su padre allí estaba —los ojos saltones y el pelo cubierto de polvo— mirando hacia el campo cuando llegaron los amigos de su padre en un taxi negro. Le habían vestido de luto, y antes de echar a andar, alguien —por detrás de la puerta entornada— le colocó sobre la cabeza un sombrero negro de grandes alas anchas; un amplio sobretodo le llegaba a los tobillos, para encabezar la presidencia del duelo —escoltados por los amigos y socios de su padre, que, en lo sucesivo, habían de velar por su salud.

Hasta entonces habían llamado por espacio de casi veinte años, más que su juventud, toda su inicial reserva de pasión. Habían llamado con insistencia, pero nunca con prisa, como si en lugar del pasado vengativo se tratara tan sólo de una mano infantil —salida de aguas— que agitaba la campanilla por un juego inocente que debía por fuerza recordarles —aunque los habitantes de la casa trataran de olvidarlo, pretendiendo flotar sobre el horror de las aguas— el hundimiento final que un día u otro había de sobrevenir, vivificado todas las semanas por el campanillazo admonitorio. En los últimos días o habían llamado con más fuerza o empezaban a envejecer. No podía ser otra cosa; hasta los vasos —parecía— habían empezado a tintinear como si cerca de la casa pasara el tren; hasta las manos de alguno habían empezado a tamborilear con inquietud sobre una mesa (o la caja) de pino. Pero él seguía allí, la mirada sostenida por aquella mezcla de alcohol y antigua pasión trocada en paz interior desde el día en que —después de pegarle, sólo el más viejo sabía cómo y a costa de qué, y a la postre instintivamente convencido, pero no disuadido— logró apagar su escasa, pero inflamable dosis de esperanza. Apenas oía; no tenía necesidad de ser sordo, «los tiempos que se avecinan son tan malos —se había dicho— que no vale la pena salir de casa». Después de la muerte del padre casi no había pronunciado cuatro palabras, un taxi enorme y desvencijado le había devuelto una mañana a la casa y allí quedó, mirando los árboles a través del ventanuco del lavabo y las tardes sentado ante el ventanal, con un vaso sucio medio lleno de castillaza, en el mismo piadoso abandono que le había dejado su propio padre al morir.

Lo había ido a comunicar uno de los antiguos socios, sin duda el más joven: un hombre que frisaba los cuarenta años, de maneras pulcras y estrictas en las que se adivinaba una profesión administrativa; se había cambiado el traje habitual por una combinación más circunstancial —despedía un intenso perfume de afeitado— y trajo consigo un gran paquete envuelto en un papel de tintorería. No habló con él, solamente se lo comunicó el viejo haciéndole saber que, aunque el padre, al morir, no había expresado ninguna voluntad en tal sentido, era deseo unánime de todos sus amigos y deudos que presidiera el duelo aquél a quien en vida tanto había amado. Y que, naturalmente, se hacía necesario tomar las debidas precauciones para evitar que aquella nueva salida supusiera una nueva reincidencia en su terrible —«no sabía cómo llamarlo»— vicio o enfermedad.

Le pusieron, además, unas gafas negras. No había traspuesto el umbral de la puerta lo menos en tres años. Desde que su padre —«agobiado de dolor»— había decidido internarlo con el viejo guardia en la casa deshabitada del arrabal, no tanto para evitar un nuevo escándalo en su propia casa, donde tan mal acogidas eran las visitas del juez o del médico o de cualquier interesado en hacer un pequeño negocio, y las preguntas indiscretas, como para ocultarlo de la familia de la víctima. En realidad, su padre sospechó desde el primer momento, y supo luego con evidencia, que nunca hubo tal víctima. El viejo tampoco llegó a saberlo; mucho más viejo que el otro, apenas le miraba, porque no lo necesitaba para saber qué estaba haciendo y hacia dónde se dirigía. La carroza se detuvo ante ellos, quietos y juntos delante de la cancela. Escucharon un responso y se metieron en un taxi negro, donde también subieron tres o cuatro amigos del difunto.

Cuando sacaron el féretro de la carroza él se quedó dentro del coche. Estaban a punto de depositarlo junto a la fosa abierta cuando media docena de ellos tuvo que volver corriento al taxi para sacarlo del asiento delantero; él mismo era una especie de figura de mausoleo, que el taxista era incapaz de zarandear —el labio caído, mechones de canas juveniles sobresalían por debajo de las rígidas alas del fieltro negro, los ojos totalmente fijos en el parabrisas hacia la carretera de macadam que en una pendiente pronunciada caía recta hacia los tejados humeantes de Región. Al principio se negó; quisieron sacarle a tirones, pero los pudo apartar y cerró la puerta. Luego, moviendo el volante como un niño, intentó echarlo a andar con unas sacudidas de su cuerpo hacia delante. Abrieron las puertas, pero él trepó por el asiento y se refugió atrás. Quisieron echarlo y lo agarraron por los tobillos. Las gafas cayeron, una camisa debió romperse, uno de ellos empezó a sangrar del labio; se atusó la corbata y el cabello y, secándose el labio con un pañuelo perfumado y blasfemando en voz queda, fue a suspender momentáneamente la ceremonia. Era un taxi viejo y destartalado que a los primeros golpes empezó a crujir. Una visagra se desprendió y la puerta quedó colgando, golpeándoles en la espalda. Un cristal se astilló. Uno de ellos, al fin, le agarró por las solapas, pero cuando los otros se retiraban sacudiéndose el polvo, el joven con una sola mano le cogió por el cuello y lo sacó por la ventanilla, apretándole por fuera con el otro brazo hasta que la otra visagra cedió y se desplomaron con la puerta sobre el estribo y la aleta trasera. Entonces se echaron todos encima de él, debajo de la rueda y con la boca en el suelo, mientras otros sacaban al caído, arrastrándole por debajo del coche entre las ruedas de atrás. Empezaron a golpearle en la espalda y en la cabeza, pero logró coger a otro por el pantalón y luego por el cuello, y le volvió a meter debajo de la rueda. Se puso a gritar; uno de ellos quiso recuperarlo golpeándole con una llave; alguien puso el coche en marcha, pero el de abajo empezó a gritar más alto hasta que en un instante sólo se oyeron unos estertores ahogados; había dejado de gritar y yacía en el suelo con las dos piernas abiertas. Entonces apareció el viejo encima de él —una cara voluntariosa y rígida— mirándole fijamente, pero sin decirle nada. Le tendió una mano.

—Sal de ahí. Déjalos. Sal de ahí. Tu padre ha muerto. Ya verás cómo ahora todo se arregla.

Sólo entonces se debieron apercibir de su verdadera corpulencia, exagerada por el terrible abrigo negro, cubierto de polvo. Tenía la frente enrojecida y la cara manchada de sangre y grasa; la camisa se había hecho jirones y la corbata —anudada directamente en un cuello pálido, volviendo su mirada constante y retraída, por encima del coche, hacia el camino de vuelta— no parecía sino el sanguinario y humillante despojo colocado como definitiva afrenta sobre la cabeza del mártir, indolente, altivo y procaz. Luego le sacudió el abrigo, las solapas y los pantalones. Le arregló el pelo, volvió a hacerle la corbata, le limpió la sangre del cuello con saliva, y le metió los faldones de la camisa por la cintura, tapándole el ombligo. Se dejó hacer todo sin mover la cabeza ni alterar la mirada —por encima del coche— que aún seguía atrás, quieta, paradoxal, indefinidamente inmersa en un tiempo del atrás, ausente de toda violencia y de toda actualidad. Le puso también el sombrero, calándolo hasta las cejas, y le colocó las gafas, que habían caído al suelo, con un cristal roto. Los otros esperaban alrededor de la fosa, sacudiéndose el polvo.

El viejo le cogió de la mano.

—Ven. Vamos a enterrar a tu padre. Vas a ver.

Esperaron un largo rato. Él seguía mirando el camino de vuelta y la puerta del coche tirada en el suelo, que el dueño no se había atrevido a recoger.

—Ven. Hay que enterrar a tu padre. Volveremos en seguida.

Hacía tiempo que esperaban. Algunos se habían sentado en las tumbas de alrededor y se sacudían el polvo de los pantalones o se limpiaban la cara con pañuelos planchados. Unos pasos antes de la fosa el viejo le detuvo y le apretó la mano. Giró un poco la cabeza, su mirada no había cambiado: el único ojo visible —encajado detrás de la montura de la gafa rota como una bola de lotería en su discreto alvéolo— tembló tres veces como si obedeciera a tres sacudidas del azar. Luego metió las dos manos entrelazadas en el bolsillo de su abrigo y le arrastró hasta el borde de la fosa; cuando a una señal suya comenzaron a descender la caja suspendida de unas maromas, le estrujó la mano dentro del bolsillo —el ojo no había vacilado, tranquilo, contemplativo, como si tratara de localizar dentro de la visión inconclusa de la tarde el punto a donde le quería conducir una violencia involuntaria. Le apretó más; le clavó las uñas en la palma al tiempo que la caja llegaba al fondo de la fosa y los allí reunidos echaban puñados de tierra encima de ella.

—Tienes que llorar. Tienes que llorar ahora.

Cerró los ojos. Apretó los dientes y las uñas y bajó la vista congestionado, contando hasta veinte. Cuando volvió a mirarle había cerrado los ojos, pero detrás de la gafa rota sus párpados estaban rodeados de una lágrima inicial; no era la mano, ni las uñas, ni la tumba, ni la presencia de los allí reunidos —el viejo lo sabía—, era la repentina y cíclica proximidad del brillo del hombro desnudo que cruzaba el solsticio de su dolorosa órbita para alejarse en el vértigo de la sombría memoria de las tardes adolescentes.

—Tu buen padre.

Volvió a apretarle de nuevo, hincándole las uñas, y sus ojos se abrieron, el cuerpo avanzado y vacilante embargado por el vacío de la fosa, dejando correr —el jugo exprimido por la mano dentro del bolsillo— unas pocas lágrimas que corrieron por las solapas polvorientas.

—Tu buen padre.

Luego le volvieron de espaldas a la fosa —el viejo le sostenía por debajo del hombro— y uno a uno los amigos y deudos le fueron dando la mano; alguno le dio unas palmadas y otro intentó abrazarle encaramándose a él como la joven musa que ofrece el laurel a un poeta de bronce. El mismo que había llevado la llave y el traje negro explicó al viejo la necesidad, antes de volverle a encerrar, de llevarle a la casa de su difunto padre tanto para hacer acto de presencia en la lectura del testamento como para que el albacea constatara que no se habían producido los motivos de invalidación. Solamente el viejo lo sabía; al encomendarle su custodia indefinida el propio padre le comunicó haber decidido una cláusula de invalidación

—«por cuanto que ello se demuestra incompatible con toda persona capaz de apercibirse de su propia dignidad y del respeto que los demás le han de merecer»—, a fin de impedir cualquier otro intento de chantaje.

La casa conservaba su aroma; todas las ventanas y las contras estaban cerradas, así como una hoja de la puerta de roble —que debían encerar cada año—, con unas grandes aldabas de bronce bruñido. A un lado del vestíbulo, una esclava negra semidesnuda sostenía (esa colonial grandilocuencia del realismo de ultramar) un lampadario flamígero; habían colocado una mesa cubierta con un terciopelo negro y una bandeja de plata que contenía los pliegos y las tarjetas. Sonó un timbre discreto —apenas perceptible desde el exterior— y les introdujeron (pocos días antes de morir su padre había cambiado el servicio) en el salón contiguo al despacho, donde habían de ofrecerle, antes que llegara el notario, una merienda de difuntos. El no lo recordaba siquiera; era una habitación convencional, de un marcado mal gusto formado, al parecer, entre los reservados de los prostíbulos y las salas de espera de las clínicas más modernas de los años veinte; tresillos y sillones de tubo cromado y tapicerías de grisalla, rayos diagonales y envejecidos planetas, rombos y triángulos, que tal vez un día fueron granates y amarillos, y meretricios tapices de samaritanas portadoras de ánforas y pechos desnudos con fondo de oasis y camelleros; y planetarias lámparas de globos y discos de cristal bajo los cuales su memoria se negaba a aceptar un atisbo del ayer.

Se sentaron juntos; no se habían soltado todavía las manos dentro del bolsillo del abrigo negro. Una señora de edad, nueva en la casa, con un traje que casi le llegaba al suelo y cubierta con unos tules negros, que no disimulaban el escote —un pecho gigantesco de piel irisada que empezaba a cuartearse y romperse en mil brillos micáceos— se sentó con ellos y puso su mano en su rodilla. No dijo nada; solamente reclinó la cabeza con pesadumbre; solamente se oían sus suspiros.

—Qué desgracia, Dios mío, qué desgracia.

Luego añadió:

—Ustedes estarán deshechos. Lo que deben haber pasado.

Luego le dio unas palmadas en la rodilla:

—Ahora tendrá usted que continuar el negocio de su padre de usted. Tan joven.

No dijeron nada. No debían comprenderla y apenas se tomaban la molestia de intentar escucharla.

—Vamos a tomar algo caliente mientras vienen los demás. Ustedes estarán deshechos.

En las escaleras se quedó parado. Ella se dio cuenta y se volvió, encogiéndose de hombros y levantando el velo como si tuviera calor, mostrando el escote y unos cuantos dientes de oro con una sonrisa afectada. Le tendió la mano.

—Vamos, suba.

Pero el viejo no le soltó, tirándole de la mano dentro del bolsillo. Al llegar arriba —levantándose un poco el vestido y taconeando con unas chinelas sueltas— dio unas palmadas enérgicas. Era otro pequeño salón, casi idéntico al del piso inferior: las mismas lámparas y alfombras modernistas y ajadas, una pequeña mesa de nogal y unos tapices de la misma serie de bañistas diversos en los diversos desiertos, colgado de unas anillas. Habían preparado merienda para cuatro: un juego de plata de café y unas bandejas con tostadas y dulces. Volvió a palmear, y al fin una joven, con una bata negra y cubierta por un velo negro, que traía una tetera, llenó las tazas con una tisana pálida.

—A lo mejor prefieren café. Su padre tomaba siempre té.

No podían comprenderla; bebieron aquello, el otro levantó la taza con la mano izquierda, sin sacar la derecha del bolsillo.

El timbre discreto sonó varias veces.

—Ustedes me perdonarán.

Cerró la puerta, las dos tazas milagrosamente sostenidas en el aire más que por los dedos por el levitativo equilibrio del miedo o la costumbre de recibir llamadas de la inquietud con el vaso en el aire; sus dientes apretaban ligeramente la loza y la mirada no dirigida a parte alguna, fundida en las sublimadas reliquias de un recodo del ayer donde, a un paso de las aguas fosforescentes, se reflejaba el brillo del hombro desesperadamente inmóvil y evanescente. Luego se oyeron unos pasos abajo, unas voces tranquilas de gente que entraba. El quiso levantarse y forcejearon por primera vez; luego de un tirón se soltó la mano y se puso en pie, escuchando (eran los mismos pasos de antaño, las voces quedas, pero brillantes, hasta los últimos y más codiciables timbres de risa femenina que llegaban a la habitación infantil en la oscuridad, debajo de las mantas y las cuerdas), pero el viejo volvió a hundirle en el sillón sin decir una palabra. De repente se apagó la luz y él empezó a retroceder apretándose contra el viejo; le soltó la mano y le echó el brazo por encima; detrás del tapiz salía una luz pálida y violácea que se reflejaba en el disco de cristal y en la tetera de plata. Entró de nuevo la joven para retirar el servicio —no llevaba velo, le miraba fijamente, tan fijamente que parecía aumentar cierta azulada claridad, y la bata se le había soltado hasta la cintura— pero no se llevó más que la tetera. Y tal vez allí empezó; apenas había descorrido el tapiz volvió de nuevo aquel perfume de almohada que, sin duda, había permanecido intacto a pesar de que el viejo, cada noche, pulverizara un insecticida por toda la casa. Luego encendió otra luz, una raya de luz amarilla debajo del tapiz al tiempo que toda la casa se volvía silenciosa y oscura y ellos (porque él, sin recordarlo, debía haberlo encontrado; no era una vuelta más de la memoria insepulta, destruida y dispersa en mil fragmentos irreconciliables flotando sobre un vaso de castillaza, era más bien el hipertrófico, momentáneo e irascible crecimiento de uno de aquellos fragmentos conservado en alcohol), agarrándose de nuevo de las manos, comenzaron a luchar; tiraron la mesa y las tazas, volcaron el sillón y, una vez en el suelo, se agarraron del cuello. Solamente de cuando en cuando parecían detenerse de común acuerdo para escuchar; no había más que la pequeña luz y el silencio de la casa enorme, los cuatro ojos en un instante atentos, las dos cabezas juntas que volvían a la lucha tras la instantánea (no decepción) comprobación. El joven lo había agarrado por las solapas, pero el viejo, más hábil, con una sola mano le dobló la cara y le estrelló contra la pared; cayó la lámpara y el disco de cristal, dió unos traspiés y fue a agarrarse a un pliegue de la cortina, que se vino al suelo con la barra y las anillas, pero aún le sostuvo la mano recia del viejo, cuya mirada —serena, tranquila, sin reproche alguno, perfectamente fija en los ojos del pupilo— mantenía aquélla un poco tosca y torva, mezcla de resignación y discreta desolación que había constituido desde siempre la esencia de su pupilaje; era un hombre enjuto y fuerte —sosteniéndole aún de la mano todavía le clavaba las uñas en la palma—, de una extracción humilde, que había sido agente y testaferro de su padre en los años del juego, pero al que determinados escrúpulos que brotan en una madurez malograda, una antigua vocación por la honestidad apenas sepultada por la dura obligación de la lucha ilegal en sus años mozos, habían incompatibilizado con los negocios en los que el padre se había enredado; era un hombre que tenía una cuenta pendiente, conocedor de ciertas cosas delicadas y cuya proximidad y dependencia el padre estimó imprescindible, asegurando su fidelidad con la entrega de su confianza en una misión de tanta responsabilidad como el vitalicio pupilaje de su hijo, para que, al menos, se formara un poco aparte del decorado de sus más tiernos años; le había manifestado, además, su decisión de mantenerlo para siempre alejado de su casa y privado de todo contacto con los amigos y socios que administraban la casa. Detrás de la cortina apareció al fin la cama, con una colcha de hilo de seda azul de China, iluminada a baja altura por la lámpara de la mesilla de noche; entonces volvió a clavarle las uñas, y a sujetarle por las muñecas, y a tratar de retenerle con la mirada, quién sabe si buscando una suerte de hipnotización que podía haber estado ensayando a través de los vasos durante cientos de tardes, porque él ya la había visto; tuvo que comprender —había vuelto el perfume, un aroma malsano, inquietante e indefinible, más que el perfume la continua ionización de la atmósfera del burdel por las lamparitas de colores frutales y los vasos tapados y las axilas maquilladas— que toda la capacidad de amenaza y persuasión que podía concentrar en una mirada (porque apenas podía decirle cuatro palabras hilvanadas sin tres blasfemias), preparada en la más severa y rigurosa disciplina, apenas contenía la milésima parte de energía para distraer aquel átomo de memoria del hombro reverberante —no por la silueta de la camarera delante de la lamparilla, ni por la bata de seda negra que se deslizaba por el suelo, ni siquiera por el perfume de almohada ni por el efluvio de la axila ni por el humo del cigarrillo fluyendo bajo la pantalla de pergamino de la lamparita, sino justamente del punto de brillo de un hombro ovalado desnudo, precipitando, como la última gota de un ácido sobre la espúrea solución de una memoria incolora, los copos blancos de un deseo tenaz caído en el fondo del vaso para recordarse, repetirse y consumarse—, porque, echándose de nuevo encima de él, le agarró por las solapas y el cuello dispuesto antes a hundirle en el suelo que a permitir que se produjese la nueva violación. Ella no esperaba que luchasen allí; sin embargo se sentó en la cama, deshaciéndose el peinado. Volvió a encontrar su mirada —a través de los dedos del viejo—; debía ser la misma, pero no era tan profunda; ya no era brillante, había perdido la animación y cierto perverso interés y les veía luchar con la misma indiferencia de antaño. Luego reanudaron la lucha debajo de la cortina; cayó la otra parte y unas pequeñas y groseras miniaturas con marcos de hierro negro; la consola de la otra habitación giró, se apartó de la pared, y, arrastrando la mesa donde habían merendado, se estrelló contra el sofá desventrado. Al fin, arrastrándose por el suelo con el viejo encima y agarrándose al zócalo, a las patas y mordiéndole las manos, logró llegar hasta la cama, y, apoyándose en el testero, ponerse de rodillas mientras la cama empezaba a crujir. Ella, con un gesto de fastidio y cansancio, abandonó la cama. Apoyándose en el frontal de la cama logró incorporarse mordiéndole la mano mientras el viejo le tiraba del pelo y trataba de agarrarle el cuello, al tiempo que ella, con fastidio, empezaba a quitarse las medias.

—No es la misma. No es la misma. No es la misma. ¿No ves que no es la misma? Te digo que no es la misma.

Entonces él se lo sacudió de encima, lo cogió por las manos en sus hombros y, agachándose y pivoteando sobre la barra del testero, lo apartó con un golpe repentino de la espalda; luego giró y lo estrelló contra la pared de una patada en el pecho. Ella se había sentado nuevamente en la cama, se había quitado las medias y toda la ropa interior de luto y sólo cubierta con una ligera combinación transparente, cruzada de brazos y sosteniendo el cigarrillo, cuya ceniza se extendía por las sábanas, le miraba fija y tranquilamente, sin un gesto de aprobación pero también sin fastidio, sin una sonrisa ni una expresión definida ni una elemental actitud de interés, o miedo, o admiración, o desdén, o aburrimiento, tan sólo fija y tranquilamente, como si hubiera sido depositada dentro de la urna en aquel estado semivirginal para seguir mirando eternamente toda la eternidad de aquel cigarrillo, tan aislada del tiempo, y del sol, y de las tardes de invierno, y de las próximas nubes, como el pez boquiabierto y mirón en la cisterna azulina del acuario subterráneo. Cuando se sentó en la cama (con la boca abierta) se miraron durante un largo rato y de cerca; ella no parpadeó, luego le puso la mano en la suya y tampoco parpadeó, sino que, mirando al techo, echó el humo hacia arriba. Luego le puso la mano en el vientre y la paseó por todo el cuerpo hasta llegar a la axila, los brazos en alto y la cara (al tiempo que ella volvía a echarse), escondiendo su mirada en el techo. Cuando retiró la mano seguía mirando, no había cerrado los ojos debajo de la suya; luego enredó sus dedos en su cabellera y tiró con fuerza; le apretó el cuello y empezó a clavarle las uñas, pero ella se mantuvo inmóvil, sin alterar ni desviar su mirada del techo. Se puso en pie, dio un paso atrás y entonces le miró (trataba de encontrarlo; estaba relacionado con las antiguas palabras del viejo sentado a su lado en la casa arrabalera; la misma indiferencia, la misma falta de pasión, incluso la lamparita de la mesilla de noche rompía también la pared con una diagonal que al iluminar su cara con una luz refleja se unía en un punto de lejanía —sin vínculo de memoria, pero hilvanado con un mismo hilo de miedo y de pasado—, no por un azar ni por cualquier gratuita sacudida de una conciencia giroscópica, sino porque una clandestina necesidad de conocimiento había atravesado con el hilo todos los momentos del horror —con las formas de luz en el techo en sombras de las noches infantiles, bajo las mantas y las cuerdas, los pasos del ayer y los mayores susurros del ayer a través de puertas cerradas, situados siempre en una mañana estéril, en la exangüe claridad de la mañana a través de la malla metálica del ventanuco del lavabo, y los atardeceres violáceos más allá de la parra entrecruzados de hojas que las palabras entrecortadas del viejo (no el aire) parecían mecer, y la lejanía de los vasos, con la silueta, más allá de las hojas y en el mismo sitio (tal vez) que las palabras, de las cumbres aristocráticas y las cordilleras de nombres inmortales que afloraban de la infancia, atravesando el inmenso hastío entre nubes de una adolescencia destruida por mil deseos frustrados vestidos de harapos entre cuatro paredes desnudas y una malla metálica; era tal vez el aviso surgido de aquel atrás que trataba por todos los medios de llegar antes que el deseo), levantó el cuello e irguió el pecho, alzó las rodillas debajo de la tela de nylon y mostró los pies con las uñas pintadas (transformado en una cierta curiosidad que tras un primer proceso reflexivo se convirtiera en el punto donde había de atarse y anudarse el hilo hilvanado en los gestos del ayer, porque...); luego aplastó el cigarrillo en el cenicero de la mesa, lanzó al techo la última bocanada y apagó la luz (el deseo era lo de menos; allí estaba y podía esperar ese previo instante que el deseo desprecia o prefiere consumir en la espúrea contemplación y anticipación de sus gestos, pero que para la memoria, y la conciencia pendiente de un resorte de ella, supone la única oportunidad de liberarse de la servidumbre del pasado; podía, pues, esperar —entre suspiros y reflejos en la oscuridad, y crujidos en las sábanas— como el pago de un dinero diferido durante meses exige al fin un último requisito procrastinante, esperando en vano la llegada de un aviso redivivo del pasado nacido de un vaso mugriento o una campanilla de metal o un...); el nylon había caído al borde de la cama y el cuerpo, en la oscuridad, al avanzar victorioso de una lucha con las propias sombras reflejaba su orgullo en la metamorfosis de los pies, y su jactancia a la altura de los hombros, y su victoria en el nacimiento del cuello, y su inagotable capacidad de desprecio en los ojos, y en la formación de la frente (hombro donde años atrás había luchado por primera vez por algo exclusivamente suyo); parecía dormir, y algo de luz se perdía todavía por la nuca, y la espalda reclinada, y el (y donde a la postre había casi definitivamente perdido toda su capacidad de deseo y su inicial reserva de pasión para transmutarlas —pasaron las pieles blancas debajo de los árboles, y sonó la música azucarada por las ventanas abiertas e iluminadas, y luego sonaron las portezuelas de los coches, y hasta una copa rodó por la balaustrada distrayendo el brillo de un hombro desnudo, y más tarde se hizo el silencio de jardín, de donde emergió en la oscuridad la mirada de cansancio del padre, levantándose las solapas de la chaqueta blanca, hacia la ventana con la malla metálica iluminada por la bombilla azul velatoria— en las horas baldías de las tardes intemporales y los transustanciados vasos de una castillaza rancia donde de pronto surge, con la exacta, gratuita y rebelde indiferencia con que entra el cometa en el campo visual del ecuatorial, en las tardes excepcionalmente dulces de una primavera precoz y bajo los efluvios malsanos de los árboles, el brillo fugaz del) hombro, entre los pliegues de las sábanas y la cabellera parda que brillaba como la pelota perdida en un campo de cebada; quiso retroceder sin apartar la mirada de aquel punto (hombro que al entrar fugaz en la memoria desaparecía mil veces repetido y disminuido entre los destellos equívocos de la tarde) y tropezó al borde de la cama con el viejo; no se había desmayado, sino que a medias incorporado y apoyado con un codo en la cama, como un filósofo de cuneta que esperara al viajero inoportuno, parecía sumido en una inútil, perpleja y taciturna reflexión. Quiso luchar de nuevo, pero el viejo no se movió, sentado en el suelo sujetas las manos para impedir que le ahogara, y la mirada quieta en la cama: «Ahí la tienes. Ya lo has conseguido. Ahí la tienes; luego volveremos a casa. Pero si fueras hombre de verdad no lo harías, justamente porque ser hombre significa haber adquirido la fuerza suficiente para no dar un paso hacia allá. Y no digo que no, tal vez para llegar a ser hombre sea necesario hacerlo no para probar el fruto prohibido, sino para conseguir ese hartazgo que te permita despreciarlo en lo sucesivo. De otra forma jamás podrás vivir, jamás podrá tu persona vencer la clausura del tiempo, porque eso que tienes ahí delante —mezclado con perfumes de almohada y cabelleras sueltas— no es más que la encerrona que una muerte apercibida de tu próximo despertar te tiene preparada día tras día. Porque eso es la muerte: vivir ese instante dominado tan sólo por ese instante. Este es seguramente tu primer encuentro con ella, pero volverá más veces; te acuerdas todavía de los campanillazos en las tardes húmedas con la interrogante sobre las aguas de fuera; es la muerte, en un instante resucitada. Un día, una mañana en el campo como no recordarás otra igual, te aparecerá de súbito un camino abierto a tu izquierda y al fondo, tras el rumor de la cabaña, encontrarás la casa que has estado buscando desde tus sueños infantiles: es la muerte. Y otro día será el aviso, esa pregunta terrible de un desconocido que ha estado buscándote mientras tú estabas ausente de la casa: es ella; tardará en volver, pero es ella. Y un día, un día inesperado que en el curso de un minuto es capaz de trastornar toda tu existencia, verás su mano pálida, peluda y temblorosa que adelanta hacia ti la ficha de nacar sobre la mesa de juego, mientras tú, incrédulo, aguardas detrás de tus naipes como el cazador tras el seto. Un día sabrás lo que es eso, sabrás lo que es vivir, algo que sólo se sabe cuando ella ronda el ambiente, porque todo lo demás es inútil, es costumbre y es pasado; el presente, esa parte del tiempo arbitraria, irresponsable, cruel, involuntaria y extraña a tí, tan falsa que de un solo guiño te convertirá en un cadáver, tan estimable que el día que la puedas sobrevivir te harás un hombre y sabrás vivir. Ahí delante la tienes, mirándote a los ojos. Si crees que podrás soportarlo, prueba. Si sales triunfante te aseguro que ninguna llamada volverá a turbar la paz de nuestra siesta. Prueba.» No había hablado, la misma mirada, definitivamente fijada a sus ojos por una especie de resina incolora y llorona, parecía liberada —incluso de la cabeza erguida y sostenida por el pelo de la mano del joven, como la de una Gorgona serena e indiferente— de toda inquietud por una suerte de secreta, triunfal y vagabunda desolación. Volvió a golpearle; se arrojó al suelo encima de él, y cogiéndole la cabeza con las dos manos la golpeó frenéticamente contra el suelo; luego quiso soltar de su cuello las dos manos del viejo y comprendió que la misma fuerza extraña que había fijado su mirada había definitivamente apretado y cerrado sus manos en torno al cuello de su camisa. Estaba tan cerca de su mejilla que en la oscuridad podía contar los puntos blancos de una barba de dos días en una cara noble —como a través del revoco cuarteado nacen los tiernos brotes de una cebada sepulta—, esculpida en la estéril y delicuescente y sombría arcilla sacudida de escalofríos, que temblara durante casi una hora de interminables balbuceos, mojada por las lágrimas que brotaban sin objeto y fueron a caer en la boca semiabierta hasta que, por encima del joven, el brazo desnudo, las uñas pintadas de color de nacar en unos dedos delicados y fríos que fueron soltando con felina y samaritana delicadeza —como si apartara las ramas de un espino— las manos del otro del cuello del joven hasta que la derecha se abatió sobre su propio pecho como un pájaro muerto y cerró los ojos. Luego los brazos desnudos se cerraron en torno a su cuello y le arrastraron en la oscuridad a la cama deshecha.

Era ya de día cuando le sacaron de la habitación. Dos amigos de su difunto padre se prestaron a ello, cogiéndole por las piernas y los brazos. Toda la casa estaba limpia y en orden, todas las puertas y ventanas cerradas. En la sala donde la tarde anterior se les había servido una taza de té —ordenada y limpia, habían vuelto a colocar la cortina y los muebles rotos habían desaparecido—, con el aroma inconfundible no tanto del bienestar como de un orden celoso de su apariencia, esperaban la mayoría de los amigos y socios de su padre que parecían atentos a la diligencia de un cierto caballero desconocido, enfundado en un abrigo costoso, que sentado en una silla dorada sostenía una cartera de piel de cerdo. Sentaron al hijo en un pequeño sillón rococó —donde apenas cabía—, y entre dos de ellos lo vistieron con torpeza mientras el caballero miraba la escena con indiferencia, sosteniéndose las gafas por el centro. Mientras despertaban al hijo —al fin pudo entornar los párpados, con la boca abierta, llenando la pequeña sala de una especie sexual de ozono—, encendió un cigarrillo, extrajo de la cartera un trozo de papel del estado, midió el margen y lo dobló con esmero, y comenzó a escribir al tiempo que arrugaba la nariz y lanzaba pequeños estornudos, mirando y aprobando con frecuencia lo anteriormente escrito. El viejo había entrado también; permaneció junto al sillón, agarrando y sosteniendo su mano. Tenía el pelo mojado, y debajo de la oreja hasta la camisa conservaba un hilo de sangre seca que no se había cuidado de lavar. A las preguntas que el caballero le formuló contestó con un invariable «Sí», mirando la luz de la mañana a través de las persianas verdes. Al fin el caballero firmó, selló y plegó, recogió sus útiles y, lanzando una mirada de disgusto al pasar junto a ellos, quitándose los lentes de hilo de oro, salió de la habitación seguido de los amigos y deudos del finado.

El mismo taxi estaba aún fuera. Su propietario había dejado la puerta suelta en el asiento de atrás. Cuando llegaron a la casa les estaba esperando el mismo que les había llevado la ropa y la llave, dos días atrás. No dijo nada, pero le ayudó a arrastrarlo hasta dentro. Luego examinó el taxi por si habían olvidado algo. El viejo lo había dejado echado sobre un sillón frailuno del vestíbulo y trataba de sacarle el abrigo negro tirando de las mangas.

—Cualquier cosa que ocurra no tiene más que avisarme. Ya sabe usted a donde.

El viejo no contestó, ni siquiera le miró, tirando de la manga. El otro cerró la puerta, dando por fuera dos vueltas a la llave.

Luego siguieron llamando. Todos los domingos, incluso durante un tiempo tal —lo mismo fue un año que un breve instante estupefacto y flatulento— que nadie en la casa fue capaz de contar; interminables mediodías y tardes ventrudas de alargados suspiros que flotaban sobre las aguas encharcadas tras las tapias desnudas; inviernos enteros que transcurrieron en un solitario y lento sorbo, reducidos, decolorados y atomizados en el fondo de un vaso —las miradas cruzadas, que agonizaron por las paredes vencidas, fantaseando la desolación por las manchas aguamarinas de la humedad, que atravesaron en una postrer desesperación los cristales cobrizos y las lechadas de otoño arrabalero hasta las gelatinoimperiales cordilleras donde habían nacido y al final se habían refugiado los hombres aristocráticos, los Bobio y los Valdeodio y hasta el propio barón de Santo Murano (cubierto de pieles malolientes y una espada de palo al cinto, que se alimentaba de zanahorias), las sombras duplicadas de los árboles de la antigua propiedad que anunciaban la llegada de un coloso, sombrío e insólito presente que había de llamar definitivamente.

Un día, la tarde de un día de fiesta, llamaron de una manera muy singular, la casa, como el barco que misteriosamente se para y se apaga minutos antes de la explosión, había quedado en silencio. Llamaron insistentemente, pero sin prisa. Pero al fin la puerta de atrás se abrió: todo el jardín estaba cubierto de un palmo de agua que empezaba a inundar parte de la casa; en el corredor habían colocado el ataúd, y como el agua ya alcanzaba algunos centímetros, todo parecía indicar que en cualquier momento iba a salir navegando; el cadáver estaba cubierto con un hábito blanco y un pañuelo negro en torno a la cabeza le sujetaba la mandíbula; sus ojos habían quedado abiertos y —en medio de una absurda aureola de hojas y cardos secos y nardos ajados— parecía haberse cristalizado la demente, estoica, estupefacta y contradictoria ansiedad con que había tratado, en vida, de contemplar su porvenir a través de un vaso. El viejo estaba a un lado, solo, apoyado en la pared del pasillo, ocultando las lágrimas con un pañuelo sucio. Sin levantar la vista, dijo:

—Pasen, pasen. Pueden ustedes pasar.

No había nadie, pero, una vez más, la mano —salida de las aguas— tiró del cordón y sonó la campanilla. El viejo, sin quitarse el pañuelo de color de hierbas de la cara, cruzó el jardín y apartó la barra. El agua había subido tanto que le pasaba de los tobillos; los puntales de la pa-

rra se habían podrido y una parte de ella se había caído.
 Abrió, al fin, la puerta del jardín, escondiendo la cara.
 —Pasen, por favor, pasen.
 Al ver el agua se quedó parado. Luego, un niño entró corriendo saltando sobre las piedras blancas que formaban las antiguas cercas, hasta la puerta abierta y el corredor que despedía un tufo intenso a interior cerrado.
 Junto a la puerta flotaba en el agua una pequeña pelota de goma blanca, del tamaño de una naranja.

OBITER DICTUM

«Vamos a seguir a partir del punto donde nos quedamos ayer. De esta forma, poco a poco, tendrá usted tiempo de hacer memoria. Podríamos empezar de nuevo, pero creo que no vale la pena, hay todavía mucho que decir para tratar de aclarar por el momento los puntos que han quedado oscuros. Vamos a ver, usted afirma que llegó aquí el día 20 de febrero y que ese mismo día alquiló una habitación doble en el Hotel Levante, para una sola noche. Sin embargo, nos consta que desde el día 17 al 19 hizo usted noche en el Hostal Ramos de Sanponce, a quince kilómetros de aquí. ¿Puede usted explicarlo?»

«Lo cierto es que llegué el día 17 a Sanponce y me alojé por tres noches en el Hostal Ramos. Si dije otra cosa es porque no creía que tuviera importancia lo que hice durante esos días.»

«Comprenderá usted que es de suma importancia para todos, y en primer lugar para usted, saber lo que usted hizo en estos días. Le ruego que en lo sucesivo no trate de ocultar o dervirtuar unos hechos que pueden ser tan fácilmente comprobados. No crea que proceder así le va a servir de algo; por el contrario, sólo obrará en detrimento suyo. Le ruego por consiguiente que se limite a la exposición de los hechos concernientes al señor Baretto, tal como ocurrieron, a fin de no incurrir en mayores responsabilidades.»

«Llegué a Sanponce el día 17 procedente de Valencia, por carretera. Ese día y los dos siguientes estuve alojado en el Hostal Ramos. El día 20 me trasladé aquí al Hotel Levante.»

«¿Qué hizo usted durante esos días?»

«Estuve recorriendo la ciudad y la costa, sin gran cosa que hacer.»

«¿Sin mucho que hacer?»

«Apenas conocía esto. No había estado en veinte años. Me dediqué a pasear.»

«¿Sin nada que hacer? ¿No hizo usted más que pasear?»

«Prácticamente nada más que pasear y ver algunos apartamentos. Venía buscando uno para el mes de agosto.»

«¿No se dirigió usted a una agencia?»

«No me gustan las agencias. Puedo encontrar un apartamento en cualquier lugar del mundo, sin necesidad de recurrir a una agencia.»

«¿No vio usted a nadie? ¿No habló con nadie en todo ese tiempo?»

«Algunos porteros y propietarios. Le daré las señas si quiere comprobarlo. El personal del hotel.»

«¿No conocía usted a nadie aquí?»

«A nadie; absolutamente a nadie.»

«¿Qué le trajo entonces por aquí? ¿Solamente el deseo de pasear y alquilar un apartamento para el verano?»

«Poco más o menos.»

«Y, por supuesto, en más de una ocasión pasó usted por la calle Ribes.»

«Es posible.»

«No, no se trata de que sea posible. Se trata de saber con exactitud si en esos tres días pasó usted, y probablemente más de una vez, por la calle Ribes y concretamente frente al inmueble número 16. ¿Comprende usted?»

«Lo comprendo perfectamente, pero no lo recuerdo.»

«¿No recuerda usted la casa de la calle Ribes, número 16?»

«Se lo dije ayer claramente. Recuerdo la casa pero no la calle. Ahora mismo no sabría encontrarla. Así que no recuerdo tampoco si pasé por allí antes de ver a Baretto.»

«Sin embargo, dijo usted que no tenía conocimientos aquí aun cuando conocía a Baretto desde hace años. ¿Qué tiene que decir a eso?»

«Conocía a Baretto, pero ignoraba que se encontrase aquí.»

«Sin embargo, sabía usted que vivía en la calle Ribes.»

«No lo sabía. Lo supe. Ya se lo dije: lo encontré casualmente.»

«¿Cómo fue ese encuentro exactamente?»

«Fue al tercer día de mi llegada, el día 19 si no recuerdo mal. Yo estaba sentado en una terraza tomando una cerveza, cuando le vi pasar por la calle.»

«¿Se acercó usted y le abordó?»

«Sí... eso es.»

«Parece vacilar usted en sus contestaciones. ¿Está usted seguro o, mejor dicho, afirma usted que tras haber visto casualmente en la calle a Baretto, le abordó para saludarle?»

«Lo afirmo categóricamente.»

«O por el contrario ¿le siguió usted a distancia para ver hacia dónde se dirigía?»

«En absoluto. Le alcancé en la calle, en una esquina de la calle Creu Alta, creo que así se llama —esa que no tiene tráfico—, y hablamos un rato. Me dijo que vivía aquí desde hacía un par de meses, charlamos un buen rato, le invité a un café y me rogó que le fuera a visitar antes de marcharme.»

«¿No le dijo nada acerca de sus actividades? ¿A qué se dedicaba?»

«No me dijo nada de eso. Hablamos solamente de tiempos pasados.»

«¿Cuándo fue eso?»

«Ya le he dicho que fue el domingo 19, al mediodía.»

«¿No se sorprendió él al verle?»

«Ni se sorprendió ni dejó de sorprenderse. Eramos viejos camaradas pero nunca habíamos tenido gran amistad.»

«¿Dónde se conocieron ustedes?»

«En Francia, en el 46.»

«¿Estuvieron juntos en Indochina?»

«Los dos estuvimos en Indochina pero en puntos separados. Apenas coincidimos.»

«¿Estuvo usted en Dien?»

«Por ejemplo, que un hombre acierte en la sien, a cuatro metros de distancia, a un hombre dormido.»

«Dormido, despierto o muerto. A seis, a cuatro o a dos metros de distancia.»

«Me limito a repetir lo que usted ha insinuado. Yo no he inventado los cuatro metros.»

«Señor Gavilán, antes de encontrar el cadáver, ¿visitó usted al señor Baretto en su casa tras la entrevista de la calle?»

«No, de ninguna manera. Tan sólo le vi en la calle Creu Alta y en su casa, cuando descubrí el cadáver.»

«¿Insiste usted en que la puerta del piso estaba abierta?»

«Así es, abierta con el resbaladero apoyado en el marco.»

«Según la declaración de ayer, usted descubrió el cadáver a eso de las dos y media del mediodía del lunes día 20. ¿No es así?»

«Así es.»

«Y, sin embargo, usted ya se había trasladado de Sanponce al Hotel Levante de aquí, esa misma mañana, lo que demuestra que tenía usted intención de seguir en la ciudad. ¿Cómo se concilia eso con el hecho de que había usted quedado en visitar a Baretto antes de marcharse?»

«Pensaba irme el día 21 por la mañana o el siguiente a lo más tardar, a la vista de que no había encontrado nada que me gustara. A media mañana tenía todo el día por delante y pensé invitarle a comer. Eso es todo.»

«¿Iba usted armado?»

«Como siempre, ya lo dije al hacer la primera declaración.»

«¿No hizo usted uso del arma en casa de Baretto?»

«En absoluto. ¿Con qué objeto iba yo a hacer uso de mi pistola?»

«Debo advertirle, señor Gavilán, que hemos encontrado en el suelo señales de bala que pueden corresponder al calibre de su Walther PPK.»

«No digo que no, pero me parece que por ahí no va usted a ninguna parte. Esas señales, ¿son recientes? Y, en definitiva, la bala causante de la muerte ¿no la han encontrado ustedes?»

«Se ve que está usted perfectamente preparado para estas circunstancias. Y eso es precisamente lo que más me sorprende, señor Gavilán, esa familiaridad con los datos más sólidos que abonan la hipótesis del suicidio. En efecto, la bala causante de la muerte no corresponde a su pistola, sino a la del difunto, una Parabellum calibre 38.»

«¿Entonces?»

«Entonces ¿por qué no pudo usted disparar con la pistola del difunto, aprovechando que dormía?»

«Un hombre que duerme con la puerta abierta y con su pistola al alcance del primero que entre para meterle un tiro en la sien. ¿Es eso verosímil, señor comisario?»

«De eso se trata precisamente; ya se lo dije antes, tenemos que investigar la posibilidad de lo inverosímil. ¿Recuerda usted cuándo disparó por última vez con su pistola?»

«Lo recuerdo muy bien, fue la semana pasada, cerca de San Pedro de la Rápita. Paseando por la playa, detrás del puerto, me entretuve en disparar sobre unas gaviotas. Me entretengo a veces en cosas parecidas y me hago la ilusión de que no pierdo facultades.»

«¿Hizo usted blanco alguna vez?»

«No, creo que no.»

«¿Se ha preguntado usted en estos dos días por qué lo retenemos aquí?»

«Nada más lógico, y no lo digo por hacer un cumplido, que retener a la persona que descubrió el cadáver. Por otra parte, viajo con mis papeles en orden y dejo mi nombre correctamente escrito en las fichas de los hoteles.

«Eso es cierto y no crea que no deja de sorprenderme. No le puedo ocultar que he pensado que estoy tratando con un hombre más astuto y avezado de lo normal. En resumen, con un profesional. Porque reconocerá usted que no deja de ser extraño que un día antes del asesinato o suicidio de Baretto caiga por aquí un antiguo compañero de armas, después de veinte años sin aparecer, y que le visita en su domicilio aproximadamente a la hora después de producirse la muerte. ¿No le parece a usted extraño? ¿No son demasiadas coincidencias como para no pensar en lo más inverosímil?»

«No lo sé. Con ser extrañas, resultan más verosímiles que todo lo que ha insinuado. Además, se diría que me invita usted a participar en el trabajo que corresponde sólo a usted y que, a lo que entiendo, apunta a una inculpación a mi persona. Comprenda que no me preste a ello; eso sí sería lo más inverosímil, ¿no le parece?»

«No, quizá no.»

«No alcanzo a ver a dónde se dirige usted ahora.»

«Nada más que esto, señor Gavilán: la colaboración de usted para esclarecer un buen número de coincidencias y puntos oscuros podría aligerar la magnitud del delito del que puede ser en su día acusado.»

«Sencillamente, no alcanzo a ver por dónde va usted.»

«Es sin embargo bastante simple: la presencia de usted aquí, sus relaciones con el difunto y su visita en el mismo día y casi a la misma hora de su muerte pueden ser explicadas de una manera mucho más satisfactoria que la que usted pretende y que usted, por el momento, se niega a hacer sin duda porque hay algo que ocultar en todo ello. Se han producido dos cadenas de hechos que tal vez sean independientes, pero que muy posiblemente tienen una relación directa de causa a efecto: una es su presencia aquí y su relación con el difunto y la otra su muerte; por lo mismo que la segunda ha puesto de manifiesto la primera, de no ser ésta satisfactoriamente esclarecida puede verse imputada con la responsabilidad de esa muerte. Porque dígame, aun cuando Baretto se suicidara, ¿quién nos dice que no vino usted a inducirle u obligarle a ello? ¿que su presencia aquí no le dejara otra salida que pegarse un tiro en la sien?»

«¿Tiene usted alguna prueba del poder que podía tener yo para llegar a eso?»

«Esa investigación formaría parte en su día del sumario. Repito, eso es cosa del juez. Nuestro cometido se reduce por ahora a decidir si el sumario ha de ir por ahí o por otro camino completamente distinto. Así que dígame, señor Gavilán, ¿qué vino usted a hacer aquí?»

«Vine a estudiar la posibilidad de alquilar un apartamento para el verano.»

«No se sienta usted demasiado seguro con ese pretexto. Pero volvamos a lo de antes; ya que no le sorprende a usted que le retengamos aquí ¿no se le ha ocurrido pensar que hubiera por medio una delación?»

«¿Una delación? No se me ocurre de qué se me puede delatar ni quién podría hacerlo.»

«¿Y si vino usted aquí a cuenta de un tercero? ¿Y si ese tercero le jugó a usted una mala pasada, una vez cumplida, digámoslo así, su misión?»

«Vine aquí por mi cuenta y riesgo, sólo por mi cuenta y riesgo, y no existe nadie ni nada que abone esa posibilidad. Por mi parte puede usted seguir con ese juego cuanto quiera, no tengo prisa. Pero no le conduce a ningún sitio, se lo advierto, aunque sólo sea para economizar su tiempo, señor comisario. Pierde usted el tiempo con tales fintas.»

«Está bien, si es así, ¿quién queda entonces?»

«Eso es, ¿quién queda entonces?»

«Efectivamente, en tal caso no queda nadie más que el propio difunto.»

«No lo sé, no estoy en situación de discutirlo. Es muy posible que el difunto dejara algún papel comprometedor; dígame sin rodeos de qué se trata y trataré de aclarárselo con mi mejor voluntad. Como puede usted comprender, me va algo en ello.»

«¿Ha oído usted hablar del reflejo de corrección por el error?»

«No tengo la menor idea de qué puede ser eso.»

«Haría usted bien en saber algo de psicología de la conducta. O conducta de la conducta, como dicen algunos sabios. Es un curioso efecto que se produce en algunas actividades sujetas a la mecánica de los reflejos encadenados. El profesional educado a realizar una serie de actos, unos seguidos de otros, cuando se produce el fallo tiende, por costumbre, a ejecutarlos en el mismo orden, pero a partir del momento en que surge la alarma, involuntariamente comete algún error. Y ese error es el que con frecuencia le salva.»

«Reconozco que me he perdido totalmente.»

«Con todo, resulta bastante sencillo.»

«Será sencillo para usted.»

«Salta a la vista.»

«A la mía no, desde luego.»

«Usted disparó sobre Baretto, a cuatro metros de distancia, cuando estaba tendido en la cama.»

«Y le acerté en la sien.»

«No le acertó en la sien ni en ninguna otra parte del cuerpo. Dio usted en el suelo. A cuatro metros de distancia, sobre un cuerpo inmóvil, dio usted en el suelo cuando decidido a disparar sobre él se dio cuenta, sin poder detener el dedo sobre el gatillo, de que se trataba de un cuerpo inmóvil y abatido.»

«¿Ha tenido usted, señor comisario, que hacer todo un curso de psicología para venirme con ese cuento?»

«Es posible. Le diré que tan sólo he hecho uso de antiguos conocimientos para tratar de conciliar tres series de hechos que no casan entre sí.»

«A saber.»

«A saber: primero, su presencia aquí y su demasiado casual relación con el difunto el mismo día de su muerte; segundo, el suicidio de Baretto demostrado sin lugar a dudas por todos los expertos y todas las pruebas.»

«¿Y tercero?»

«Tercero: la carta de Baretto.»

«¿Qué carta es esa?»

«El domingo día 19, con toda probabilidad, Baretto escribió una carta dirigida al Jefe de Policía que depositó en mano el lunes 20 y en la que aseguraba que usted había venido aquí para acabar con él. Acompañaba una descripción bastante detallada de su persona y cuantos datos consideró necesarios para aprehenderlo. A eso me refería cuando le hablaba de una delación.»

«Usted dijo ayer que Baretto andaba últimamente bastante trastornado. Es posible que después de nuestro encuentro del domingo se le ocurriera semejante disparate. Pero ¿qué clase de autoridad es ésta que da crédito al testimonio de un hombre fuera de su juicio? Quien sabe si mi encuentro en la calle despertó en él una inesperada reacción de la que el último responsable soy yo. Repito que no nos habíamos visto en diez años. Dígame, ¿cuál puede ser el móvil de semejante atentado?»

«Cosa del sumario, una vez más. Lo que a mí concierne es lo que ocurrió a Baretto desde el día de su llegada. Le voy a decir cómo ocurrieron las cosas, tal como yo las veo. Usted llegó aquí el sábado 18 o tal vez antes, siguiendo la pista de Baretto y dispuesto a acabar con él. Las razones que le pudieran mover a ello no hacen ahora al caso. Probablemente llevaba usted bastante tiempo decidido a ello; conocía sus pasos y a distancia no había dejado un solo día de acosarle. La trayectoria de Baretto desde que entró en el país indica sin lugar a dudas que huía siempre de algo, jamás permaneció en el mismo lugar más de dos meses. Usted debía conocer bastante bien sus costumbres, su incapacidad para dormir por las noches, sus frecuentes recaídas en la droga y los tranquilizantes. Supongo que una vez lo hubo usted localizado se dedicó a espiarle durante dos días, para comprobar sus hábitos y horarios. Lo más probable es que no hubiera tal encuentro en la calle Creu Alta; en cambio lo que no podía usted sospechar es que Baretto no sólo le descubriera, sino que desmostrara la presencia de ánimo necesaria para observar cómo, a última hora de la tarde del domingo (cuando usted creía haberle dejado en un cine), usted se introducía en su domicilio de la calle Ribes para inspeccionarlo y familiarizarse con él. Usted sabía que nunca se acostaba antes de las ocho de la mañana, tras adjudicarse una fuerte dosis de somníferos; pero él sabía que usted lo sabía y, por tanto, esperaba "su visita" para el mediodía, entre una y dos, cuando el personal de la imprenta del primer piso deja el trabajo y la casa queda sola. Entonces, y precisamente entonces, se pegó el tiro, metido en la cama. Estaba harto de vivir acosado, sabía demasiado bien que no tenía salida y no quiso marcharse de esta vida sin darle a usted su merecido. Le diré una cosa, podía haberlo hecho adjudicándose una fuerte dosis de barbitúricos y entonces usted, tomándolo por dormido, no habría fallado el disparo. Pero desconfiaba de los barbitúricos, ya los había ensayado dos veces en el último trimestre, sin lograr el resultado apetecido. Por eso optó por el disparo, tomando todas las precauciones posibles, incluso la oscuridad de la habitación y el corte de la corriente; se disparó en la sien, a través de la almohada, metido en la cama. Además tenía prisa y, desconfiando de los específicos, nada debía horrorizarle tanto como la idea de que usted acabara con él. A toda costa debía querer seguir siendo dueño de la iniciativa. ¿Me entiende, señor Gavilán, me explico?»

«Sí, se explica usted bien, pero no convence; deja usted tantos puntos oscuros como los que pretende aclarar.»

«Pero no pudo evitar que medio cuerpo se desplomara hacia el suelo. Incluso debajo de la almohada dobló una toalla de felpa para evitar una mancha de sangre demasiado ostensible. ¿Para qué todas esas precauciones? Porque debía conocer sus métodos y tenía que saber que usted dispararía, a la luz de la puerta. No, no se equivocó gran cosa, el viejo Baretto; me pregunto si usted no lo ha subestimado porque se diría que siguió obedientemente sus instrucciones, hasta en el menor detalle, sólo que dio en el piso en lugar de haber acertado en el cuerpo, casi todo él fuera de la cama con la cabeza a ras de suelo. Pero, en fin, tuvo usted la serenidad de inspeccionar el cadáver y reconocer la situación; incluso buscó la bala en el suelo y la huella del disparo y hasta tuvo tiempo de limar las astillas y disimular la muesca con un poco de barro. En cambio no reparó usted en el impacto de rebote en la pared, debajo de la cama. Usted había liquidado la cuenta del hotel de Sanponce, dispuesto a huir y pasar la frontera —como usted sabe hacerlo— ese mismo día. Pero ante la nueva situación recapacitó; mucho más seguro y convincente que la huida era su presencia aquí, sin nada que ocultar. Así que decidió tomar una habitación en el Hotel Levante; hizo desaparecer la bala, limpió cuidadosamente la pistola (demasiado cuidadosamente para un hombre que de tarde en tarde acostumbra a hacer ejercicios de tiro sobre los pájaros) y se personó de nuevo, a eso de las dos y media, en la casa de la calle Ribes para descubrir el cadáver con toda inocencia. Y por si fuera poco se presentó aquí a denunciar el hallazgo. Sin embargo, le diré que no logró usted hacer desaparecer del todo esos residuos de pólvora imperfectamente quemada, tan característicos de un único y primer disparo con un arma que lleva algún tiempo sin ser utilizada. No parece tampoco demasiado verosímil —he dicho verosímil— que un hombre que se entretiene tirando a las gaviotas, sin hacer blanco, realice tan sólo un disparo. En fin, que el viejo Baretto se la jugó a usted bien. Yo creo que debía usted haberlo tenido en más consideración. No se tenía usted que haber conformado con dejarle a la puerta del cine; la salida da a otra calle. El viejo Baretto, por lo menos ha conseguido que quede usted a disposición de la autoridad judicial. Son dos cosas distintas: inducción al delito u homicidio frustrado. ¿Lo prefiere usted así, señor Gavilán?»

«¿Homicidio? ¿Homicidio frustrado? ¿Qué fantasías son ésas? Yo vine aquí en busca de un apartamento para el verano.»

«Ah, si usted lo prefiere así, señor Gavilán...»

CATALISIS

> (Catálisis: Transformación química
> motivada por cuerpos que al finalizar la
> reacción aparecen inalterados.)

Septiembre había vuelto a abrir, tras una semana de abstinencia de sol, su muestrario de colores y matices que, desde las alturas, el clima había escogido para la fugaz temporada del preámbulo otoñal. Las lluvias anteriores habían servido para borrar toda muestra del verano, para cerrar el aguaducho, para llevarse los restos de meriendas campestres y dejar desierta la playa y sus alrededores —el promontorio y la carretera suspendidos en el inconcluyente calderón de su repentina soledad, como el patio de un colegio que tras un toque de silbato queda instantáneamente desprovisto de los gritos infantiles que le otorgan toda su entidad, un mar devuelto a su imposible progresión hacia las calendas griegas, apagado el bullicio con que había de intentar su falsa impresión en el presente.

«Es uno de los pocos privilegios que nos quedan.»

Fueron paseando a lo largo de la carretera, cogidos del brazo, deteniéndose en los rincones de los que habían estado ausentes durante toda la usurpación veraniega, como quienes repasan el inventario de unos bienes arrendados por una temporada. Y aun cuando no pasara un día que no celebrasen los beneficios de la paz que les era devuelta cada año al término del mes de septiembre, en su fuero interno no podían desterrar la impresión de enclaustramiento y derelicción que les embargara con la casi simultánea desaparición de la multitud que tantas incomodidades provocaba.

Un rezagado veraneante, un hombre de mediana edad

que paseaba con su perro, que en un principio les había devuelto la ilusión de compañía hasta el verano de San Miguel, había de convertirse por la melancolía de su propia imagen en el mejor exponente de un abandono para el que no conocían otros paliativos que las —repetidas una y otra vez sin entusiasmo pero con la fe de la madurez, con la comedida seguridad de la persona que para su equilibrio y confianza necesita atribuir a una elección libre y voluntaria la aceptación de una solución sin alternativa posible— alabanzas a un retiro obligado por motivos de salud y economía.

Todas las tardes salían a pasear, en dirección al promontorio y el río, si estaba despejado el cielo, más allá de la playa y hacia el pueblo si amenazaba lluvia; todos los días tenían que comunicarse los pequeños cambios que advertían (todos ellos referentes al prójimo o a cuanto les rodeara) y las menudas sorpresas que aún les deparaba una existencia tan sedentaria y monótona. Porque para ellos ya no había cambios ni margen alguno para la novedad, a fuerza de haberse repetido durante años que envejecerían juntos.

A pesar de vivir en el pueblo (eran las únicas personas con estudios, como allí decían, que habitaban en él durante todo el año) desde bastante tiempo atrás no tenían otros conocidos que los obligados por su subsistencia y solamente de tarde en tarde un pequeño propietario y su señora pasaban a hacerles visita y tomar una merienda en su casa. Tan sólo recibían los periódicos y semanarios de la ciudad y las cartas del banco y no se sabía, desde que asentaron allí, que se hubieran ausentado del pueblo un solo día, a pesar de las incomodidades que provocaban los veraneantes. No eran huraños, no se podía decir que sus costumbres fueran muy distintas a las de la gente acomodada del lugar y se cuidaban con sumo tiento —no lo hacían ni en privado— de no expresar la añoranza de la ciudad o el eterno descontento por la falta de confort o de animación del medio que habían elegido, al parecer para el resto de su vida.

Se diría que lo habían medido y calibrado todo con la más rigurosa escrupulosidad; que, a la vista de su edad, de sus achaques, de sus rentas y gustos, habían ido a elegir aquel retiro para consumir gota a gota —sin un derroche ni un exceso ni un gesto de impaciencia ni una costosa recaída en el entusiasmo— unos recursos que habían de durar exactamente hasta el día de su muerte; por eso se tenían que pasar de todo indispensable capricho y de la más inocente tentación, no podían sentir curiosidad hacia forasteros y veraneantes ni se podían permitir un brote de envidia, siempre reprimido, o un gesto de asombro ante cualquier emergencia de lo desconocido que permitiese la irrupción en la escena montada para el último acto de la comedia de esos decorados y agentes secretos que todo tiempo esconde a fin de otorgarse de tanto en tanto la posibilidad de un argumento. Empero, todos los días debían esperar algo imprevisto, que ni siquiera se confesaban uno a otro. Porque la negativa a aceptarlo, la conformidad con la rutina y la disciplina para abortar todos los brotes de una quimérica e infundada esperanza eran —más que el pueblo tan sólo animado durante dos meses, aparte de los preparativos para el verano y los coletazos de los rezagados— lo que constituía la esencia de su retiro.

Decidieron llegarse hasta el cruce a nivel, un paseo algo más largo que lo usual. Al toparse con él debieron pensar que la situación del hombre del perro no debía ser muy distinta a la suya. «Fíjate, han talado los árboles que había allí, ¿te acuerdas?» o «Vete a saber lo que van a construir aquí, una casa de pisos» o «Me ha dicho la panadera que cierran el negocio; van a poner en su lugar una tienda de recuerdos y chucherías y cremas para el sol», constituían el repertorio de frases usuales con que ambos seguían día a día el curso de unas transformaciones que nada tenían que ver con ellos, que tanto contrastaban con aquella tan monástica austeridad que hasta la eliminación de una camisa o un trapo viejo llegaba a suponer un cierto quebranto al duro voto de duración que tan firme como resueltamente habían profesado para poder subsistir.

La lluvia y la desaparición de los veraneantes hicieron el resto en aquel momento; esto es, una nueva acción de gracias por las bondades de su retiro, por el encanto de una naturaleza que volvía con todas sus prendas a enseñorearse del lugar, tras dos meses de humillante servidumbre a los requerimientos de la moda estival.

«Fíjate cómo huele aquí; qué delicia. Cuatro gotas y cómo se ha puesto todo esto.»

Una acción de gracias con renovada fe, con tan sincera convicción que apenas dieron importancia al nuevo encuentro con el rezagado veraneante del perro, un hombre de medio luto, con quien se habían cruzado poco antes en el mismo sentido y que, por consiguiente, hubo de hacer el mismo camino que ellos, con mayor rapidez y tomando un itinerario paralelo.

Se detuvieron a escuchar el canto de unos estorninos que, en un frondoso seto de plátanos, también se preparaban para el viaje. Se asomaron a contemplar el mar en la revuelta de la carretera sobre el promontorio, olas grandes y distanciadas que rompían a sus pies con una reverencia de reconocimiento y vasallaje a todos lo que —como ellos— se habían elevado por encima de las contingencias diarias para sacrificarse en lo último, atentos tan sólo a lo inmutable. Pocas veces se habían alejado tanto por la tarde; era uno de esos días que rebosaban seguridad y firmeza, tan necesarias para los seis meses de frío. Con frecuencia habían comentado cómo aquellos paseos fortalecían su espíritu.

«Nos acercaremos hasta la venta. Todavía oscurece tarde y tenemos tiempo de sobra. Hace una tarde magnífica.»

La venta distaba todavía casi un kilómetro. En los últimos tiempos sólo habían llegado hasta allí, a sentarse bajo el alpendre a tomar una cerveza o un refresco, cuando alguien del pueblo les había acercado en el coche.

Ya habían descendido la cuesta del promontorio, enfilando la recta al término de la cual se hallaba la venta —tras una revuelta escondida entre una masa de árboles— cuando ella se detuvo súbitamente, para escuchar algo que no llegó por entero a sus oídos. «¿Qué ha sido eso?», preguntó mirando hacia el cielo, «¿no has oído nada? ¿no has sentido algo raro?»

Fue como un relámpago diurno que, sin acompañamiento del trueno, al ser apenas vislumbrado por el rabillo del ojo necesita de una confirmación para despejar la inquietante sensación que deja el visto y no oído. «No sé... por allí, o tal vez por allí ¿no has visto nada?»

«Allá lejos debe haber tormenta. Está el tiempo muy movido. No sé si será mejor que volvamos.»

«Vamos a acercarnos hasta la venta.»

Siguieron caminando, con frecuentes miradas hacia el cielo, cambiando entre ellos esas frases tranquilizadoras que todo ánimo optimista espera que alcancen y persuadan a los elementos para que refrenen sus impulsos tormentáceos.

Llegaron a la curva cuando todavía quedaba un par de horas de luz. Impaciente por localizar su objetivo estiraba el cuello o salía de la calzada para apaciguar la inquietud que se había apoderado de sus pasos. Y de nuevo ella se detuvo de repente, con los pies juntos y la boca abierta, completamente inmovilizada, con la mirada fija en el frente.

«¿Qué te pasa?»

Sacudió su brazo, tomó su mano y la apretó con fuerza, una mano inerte a través de la cual sintió que pasaba a su cuerpo todo el flujo de su espanto, casi reducida a la nada en el momento en que, todo el campo sumido en el repentino silencio que preludia la tormenta, cuando se siente que se han agazapado hasta los seres invisibles, en otro punto muy distinto pero también a sus espaldas, percibió —no vio— el relámpago, el desgarrón conjunto y contradictorio de un cielo y un mar que tras el espejismo mudaran hacia un continente más falso y grave, como el niño que con su cuerpo trata de ocultar el desperfecto que ha causado; en un momento envejecidos y deteriorados por una película de vicioso óxido.

Se había vuelto para observar al paseante del perro —inverosímilmente lejano, aun cuando terminaba de cruzarse con ellos, en el mismo momento del trance— cuando despertó.

«¿Y la venta? ¿Dónde está la venta?», preguntó

Fue aquella insistente pregunta lo que colmó su desorientación. Se adelantó unos pasos, dejándola sola en la carretera, se encaramó a un pequeño montículo para otear en todas direcciones y volvió aún más confundido.

«Me parece que la hemos pasado.»

«Es a la vuelta de aquella curva.»

«No sé en qué íbamos pensando. Vamos a volver de todas maneras.»

Pero ella le miró de manera singular; carecía de expresión, pero la incredulidad se había adueñado de tal manera de todo su cuerpo que no pudo reprimir un gesto de disgusto.

«Vamos», le dijo, tratando de volverla en dirección opuesta a la que habían traído. Pero ella se mantuvo rígida, con la mirada puesta en el frente.

«Es inútil», contestó.

«¿Qué es lo que es inútil? Vamos, se va a hacer tarde. Es hora de que volvamos.»

«Es inútil», repitió.

«Pero ¿qué es lo que es inútil?»

«Todo. Todo ha cambiado. Fíjate cómo ha cambiado todo. Dame la mano. Fíjate.»

Obedeció y se produjo de nuevo el relámpago, acaso a consecuencia de la descarga que sufrió a través de su mano. Todo había mudado, en efecto: tras el deslumbramiento provocado por el rayo, todo en su derredor —sin producirse el menos perceptible cambio— era irreconocible, de igual manera que la fotografía de un paisaje familiar, cuando ha sido revelada al revés, no resulta fácil de identificar porque no esconde ningún engaño.

Dieron unos vacilantes e ingrávidos pasos, en la misma dirección que habían traído; luego pronunció unas palabras inconexas.

«La venta..., al fondo, más al fondo.»

«Eso es, más al fondo.»

Quedaron inmovilizados, cogidos de la mano y mirando al frente de la carretera boquiabiertos, sin mover un músculo ni hacer el menor signo cuando el hombre que paseaba con su perro se cruzó de nuevo con ellos, sin reparar en la inusitada imagen que componían.

Tampoco el perro se volvió a mirarles, marchando apresuradamente, con la cadena tirante.

En cuanto a ellos..., los últimos vestigios de su percepción no les sirvieron para advertir que además del perro se ayudaba de un bastón, siempre adelantado y casi inmóvil sobre sus rígidos y acelerados pasos, no giraba la cabeza y ocultaba sus ojos tras unas gafas oscuras.

SYLLABUS

El primer año tras su jubilación, fue tan amargo y difícilmente llevadero para el profesor Canals que, cuando una institución privada le ofreció desarrollar un extenso ciclo de conferencias para un número muy restringido de especialistas y profesores, no vaciló en volver a aquel remedo del servicio activo no sólo al objeto de ocupar tan buen número de horas vacías, sino decidido a coronar su carrera con un curso de inusitada índole, pensado desde años atrás, que la cronología administrativa había abordado antes de que pudiera prepararlo con el rigor que caracterizaba toda su actividad docente.

Se hubiera dicho que la jubilación le había cogido desprevenido; que la rutina de la cátedra, los libros y la vida académica, al empujarle hacia el límite de la edad activa le había convertido en un hombre tan olvidadizo y desdeñoso respecto al reloj y al calendario, que a duras penas pudo sobreponerse a la avalancha de horas de ocio que había de sepultar con la indolencia la conclusión de una obra pensada y desarrollada en buena parte durante vigilias nocturnas y veranos interrumpidos por viajes al extranjero.

Acostumbrado desde siempre a trabajar entre horas llegó a temer que la carencia de obligaciones urgentes pudiera suponer, por paradoja, una cesación de aquella inspiración creadora que tanto más generosa y enérgica se demostraba cuanto más apremiado se hallara por los compromisos oficiales. Por eso, la invitación vino a infundirle tan nuevos ánimos y tantos arrestos que se decidió a utilizar el curso para desarrollar aquellas lecciones —extracto y contradicción de muchos años de disciplinada labor— que hasta entonces su propia ortodoxia académica no le había permitido exponer en un aula pública.

Sin que llegara a constituir una sorpresa para aquellos pocos que bien porque habían gozado de una cierta intimidad con él, bien porque habiendo seguido su obra con interés y continuidad habían sabido descubrir las insinuaciones a la rebeldía y las veladas amonestaciones a los axiomas de la ciencia que de manera sibilina introdujera en su monumental corpus, reputado por todas las sociedades cultas de España y América como un inconcuso hito en lo sucesivo imprescindible para toda investigación histórica de su tierra, lo cierto es que con aquel postrer curso el profesor Canals, al adivinar que contaba ya con pocas oportunidades para revelar lo que había mantenido siempre si no secreto, al menos velado por la penumbra del escepticismo, quiso dar todo un giro a su trayectoria precedente, llevando al ánimo de su reducido auditorio un espíritu de censura e ironía respecto a sus propios logros como para darles a entender que sólo con aquella burlesca nota contradictoria y regocijante podía coronar una obra para la que hasta entonces no se había permitido la menor de las licencias.

Acaso por esa razón el curso fue cobrando, a medida que progresaba, una mayor resonancia y expectación, llegando a constituir tal acontecimiento, dentro de la etiolada vida cultural del país, que los hombres que regían la institución que lo patrocinara empezaron a pensar en una segunda edición dedicada a un público más vasto. Pero el Profesor se negó rotundamente a ello, alegando motivos de salud y ocupaciones privadas y familiares, resuelto a limitar la lectura de aquella especie de testamento a los pocos que, desde el origen, y antes de que se pusieran de manifiesto sus secretas intenciones, habían acudido a él para requerirle su último gesto de docencia. No sólo se negó a ello, sino que, reiteradamente, cursó las instrucciones precisas para que, a la vista de las numerosas peticiones, se limitara con todo rigor la asistencia al aula a las personas que se habían inscrito en el curso durante el período abierto para la matrícula, no vacilando para ello en desoír toda suerte de recomendaciones de colegas y personajes principales que hasta aquel momento habrían jurado que podían gozar de toda su confianza y deferencia. Tan sólo hizo una excepción con un joven estudioso de una provincia lejana que, rechazando para sí el vehículo de las cartas de recomendación o la influyente intervención de un tercero, le hubo de escribir una carta tan medida y sincera que el Profesor no dudó en enviarle, a vuelta de correo, la tarjeta de admisión tras haber rellenado y abonado él mismo la ficha de inscripción.

Para los asistentes no podía ser más satisfactoria la conducta de su maestro que así les situaba en una situación de privilegio, tan codiciada por muchos colegas y conocidos; gracias a ello se había de crear, en la ostentosa, achocolatada y semivacía sala de conferencias, ornamentada con una decoración de rocalla y frescos dedicados al triunfo de la industria y el comercio, un clima de intimidad que había de permitir a Canals ciertas actitudes y extremos que estaban lejos de su mente cuando tuvo la primera idea del ciclo. No sólo hacía gala de una erudición que —se diría— acudía voluntaria a su memoria en el momento oportuno, sin necesidad de ser reclamada para ellos, a fin de corroborar con un dato incontestable una afirmación que de otra forma podía ser reputada como aventurada, sino que de tanto en tanto un espíritu mordaz —e incluso chocarrero— se permitía los mayores desaires sobre esa clase de saber basado en el saber de otros, al igual que el señor que, inesperadamente y a espaldas de ella, se permite toda clase de bromas acerca de la servidumbre que mantiene y da rendimiento a su hacienda. Y no era infrecuente que toda la sala —un grupo selecto y reducido, devuelto a sus años de estudio y obligado a dedicar a aquella sesión semanal un buen número de horas de estudio, a fin de poder recoger todo el fruto de tantas insinuaciones sutiles e inéditas interpretaciones que ponían en jaque toda disciplina poco acostumbrada a someter a juicio sus propios cimientos— irrumpiera, de tanto en tanto, en estruendosas carcajadas o unánimes ovaciones con que la asamblea celebraba el triunfo de un espíritu que había sabido en el declinar de su vida liberarse de las ataduras impuestas por la más honesta y sincera de las vocaciones.

Al profesor Canals no pudo por menos de sorprenderle la incomparecencia de aquel hombre que, a pesar de haber obtenido mediante un precio tan exiguo —tan sólo una carta escrita en los términos precisos— un premio que al decir de él mismo tanto ponderaba, de tal manera se demoraba en cobrarlo. Conocía de sobra su auditorio para saber que no se trataba de ninguno de los presentes quienes, con muy excasas excepciones, habían acudido con puntualidad desde el primer día. Se hallaba a punto de escribirle para conocer la causa de su incomparecencia (pensando que tal vez se había extraviado su respuesta) cuando, en la conferencia que a sí mismo se había señalado como límite de su silencio y de su espera, denunció la presencia de un hombre que por su aspecto y por su tardanza no podía ser otro que su corresponsal de provincias; se trataba de un hombre joven, prematuramente calvo y de pelo rubicundo, que tomó asiento en una silla separada del resto del auditorio por toda una hilera vacía; que a diferencia de casi todos los presentes no sacó papel ni hizo el menor ademán para tomar apuntes; que escuchó toda la charla con inmutable actitud y que al término de la misma desapareció del aula sin darse a conocer ni hacerse ostensible, aprovechando la pequeña confusión que en cada ocasión se creaba en torno al solio, cuando algunos asistentes se acercaban al profesor para inquirir acerca de cualquier detalle del que precisaran algunas aclaraciones.

Idéntico desenlace se había de repetir en ocasiones sucesivas sin que al profesor Canals le fuera dado en ningún momento llegar al trato con aquel hombre que manifestaba su reconocimiento de manera tan singular. Tal vez fuese eso —unido a la poco elegante costumbre de entrar en la sala una vez iniciada la conferencia— lo que despertó su impaciencia; o aquella postura distante e inmutable, correcta pero adobada con un matizado gesto de insolencia, como si más que a escucharle o aprender acudiera allí con el propósito de demostrar —aunque sólo fuera con su indiferencia— que en modo alguno se hallaba dispuesto a dejarse influir por su ciencia, por su oratoria o por su magnanimidad.

No acompañaba con sus risas al resto del auditorio, no tomaba notas, en ningún caso asentía, jamás se acercó al estrado. No sólo se cuidaba de que su expresión reflejara la falta de interés que le provocaba el acto, sino que —la cabeza ladeada apoyada en la mano derecha; dos dedos en la sien y otros dos bajo el labio inferior forzaban un rictus de la boca de augusto e incorregible desdén— parecía empeñado en demostrar que su presencia en la sala no obedecía ni a una necesidad ni a un deseo, sino al cumplimiento de un fastidioso compromiso que le obligaba a permanecer durante una hora escuchando unas cosas que nada le decían, que para él carecían de todo atractivo, de todo ingenio, de todo rigor y toda novedad y que —ateniéndose a su despectivo talante— a su juicio solamente podían causar impresión en el pequeño grupo de papanatas acomodados en las filas delanteras.

Incapaz de recurrir, en su situación, a otras armas, el profesor Canals trató en un principio de sacarle de su indiferencia con miradas y frases cargadas de intención y simpatía, con gestos y palabras secretas y expresamente pensadas para él y, por encima de un auditorio incapaz de percibir aquellas fugaces dedicatorias, en especial dirigidas hacia él. Su discurso se fue oscureciendo, cargado de sentidos ocultos que sólo él —así lo presumía— estaba en situación de aprehender. Y hasta en ocasiones le hizo el objeto directo de sus invectivas, llegando a forzar algún giro de su dicción para convertirla en pieza de acusación —acompañada de todo el peso de su justo enojo— contra aquella presencia que de manera tan desconsiderada como desagradecida se había permitido romper la armonía de una fiesta a la que tenía derecho y a la que no estaba dispuesto a renunciar. Fueron gestos y palabras imprudentes con los que sólo había de conseguir un efecto contraproducente; porque lejos de moverle de su acrisolada indiferencia sólo había de afianzarle en ella, en cuanto el Profesor, al comprender que su oyente se había percatado de todas y cada una de las insinuaciones que le dirigiera, no tuvo más remedio que aceptar la situación de inferioridad —ignorada para el resto del auditorio— en que le situaba la tácita, suficiente y despectiva declinación de todos sus secretos ofrecimientos.

En días sucesivos optó por olvidarse de él y eludir su vista aunque no pudiera, de vez en cuando, dejar de levantar lo ojos hacia el lugar que ocupaba para constatar la permanencia de su presencia y de su actitud, y a pesar de que cada una de aquellas rápidas (pero a continuación deploradas) comprobaciones suponía una caída en el vacío, tantas veces señalada por un hiato o un silencio que si bien el Profesor se cuidaría de reparar y reanudar gracias a su mucha práctica, no por eso dejarían de repercutir en el tono de aquellas lecciones condenadas a perder la agilidad, el vigor y la despreocupación que las distinguiera durante la primera parte del curso.

Contra su voluntad se vio obligado a recurrir a la lectura, a hundir la mirada en las hojas mecanografiadas —con el consiguiente tributo a la espontaneidad que no podía pasar inadvertido a sus oyentes, añorantes de aquel espíritu burlón que había desaparecido del estrado para dar entrada a cierta monotonía— y protegerse tras el intenso haz de luz del flexo, aislado en lo posible de aquella presencia vislumbrada a través de una nube de polvo. Incluso llegó a tener dificultades con la lectura, su pensamiento puesto en otra parte: porque fue entonces cuando —para sus adentros, mientras leía— vino a interpretar el origen de tanto desdén: no acudía allí a escucharle sino que —poseedor de unos conocimientos y un poder más vastos que los suyos— se permitía tolerar su actividad a la que, en cualquier momento, con una mínima intervención por parte suya, podía poner fin. Esa era la causa de su zozobra; esa era la mejor razón para que, durante todo aquel período, al término de cada sesión en la frente del profesor Canals surgiesen innumerables gotas de sudor que una mano temblorosa y anhelante secaba con un pañuelo cada vez que se vaciaba el aula.

En estas circunstancias se produjo el momento de alivio. Algo más que un momento. La tarde en que el Profesor, a punto de alcanzar el límite de su resistencia, estaba decidido a anunciar la reducción del curso —y si no lo hizo antes fue por el temor y la vergüenza a hacer pública su rendición en presencia de quien la había consumado— al levantar la mirada hacia la sala comprobó que el asiento del oyente de provincias se hallaba vacío y eso bastó para procurarle tal alivio que pudo seguir adelante sin tener que llevar a cabo su resolución. Vacío había de permanecer durante varias sesiones consecutivas y en la sala volvió a campear su espíritu animoso y despreocupado, que resucitaba la facundia y el ingenio de los primeros meses, que le devolvía la confianza y seguridad en sí mismo para completar el ciclo tal como lo había programado en su origen. Aquellas herméticas sentencias, cuyos secretos sentidos tantas veces escaparan a la concurrencia, volverían a aclararse por obra de su propia ironía, y aquel talante taciturno y apesadumbrado quedaría despejado por la un tanto impúdica concepción de la historia, aderezada con la benevolencia necesaria para hacer pasable todo el rosario de abusos y tragedias que constituían la esencia de su relato. Hasta que su atención fue de pronto distraída por un crujido en el suelo y un rumor de sillas en el fondo de la sala: había vuelto el oyente de provincias que, con el mismo gesto de fastidio y suficiencia, tomó asiento bastante apartado del auditorio habitual.

Se produjo un hermético silencio, una tan estupefacta paralización del Profesor que algunos asistentes volvieron la cabeza para observar al recién llegado, la causa de tan inesperado cambio. De repente el profesor Canals despertó, animado por una súbita inspiración; cruzó las manos sobre la mesa, inclinó el fuste del flexo para iluminarlas con mayor intensidad y, dirigiendo la mirada al techo, reanudó su disertación con inusitada energía y precipitación para —a partir del punto donde había quedado a la llegada del intruso— hilvanar una sarta de consideraciones de oscuro significado y difícil intelección —salpicadas de citas y frases en latín, griego y hebreo—, pautadas de tanto en tanto con intensas y furiosas miradas al fondo de la sala.

Aquellos que tomaban notas dejaron el lápiz para escuchar la coda, solemne, emocionante; los más se inclinaron hacia adelante con la esperanza de que el acortamiento de la distancia en unos pocos centímetros les devolviera lo que el cambio les había arrebatado o, al menos, entenebrecido. A la postre, cuando para rematar aquellas turbias ideas acerca de la constitución del Estado el profesor Canals extrajo del bolsillo una tira de papel donde había escrito la frase con que Tucídides explica la retirada del más sabio de los atenienses de la escena pública, a fin de preservar la armonía de quienes no sabían ver tan lejos como él, frase que chapurreada con tosca pronunciación nadie sería capaz de localizar ni encajar en el contexto de la lección, no había hecho sino alinear las últimas armas de que disponía; sólo esperaba su inmovilidad, la permanencia de su gesto de desdén, a fin de desenmascararle ante sí mismo, y no pretendía más que, al abusar una vez más de su ficticia superioridad, denunciar la ignorancia de la que se había prevalido para ostentar lo que no era. Pero el joven, prematuramente calvo y rubio, no bien hubo terminado Canals de leer su cita y quitarse las gafas para observar el efecto que producía en el fondo de la sala, se levantó con flema y, tras dirigir al profesor una mirada cargada con su mejor menosprecio, abandonó el local sigilosamente en el momento en que el conferenciante —de nuevo absorto, boquiabierto e hipnotizado— se incorporaba de su asiento en un frustrado e inútil intento de detención y acompañamiento, antes de desplomarse sobre la mesa y abatir el flexo.

FABULA PRIMERA

—Vete al mercado —dijo el comerciante a su criado— y compra mi destino. Estoy seguro de que será fácil encontrarlo. Pero no te dejes engañar, no pagues más de lo que vale.

—¿Cuánto he de pagar? —preguntó el criado.

—Lo mismo que para los demás. Mira cómo está el destino de los demás y paga lo mismo por el mío.

El criado estuvo ausente durante largo tiempo y volvió desazonado, asegurando a su amo que no había encontrado su destino en el mercado, a pesar de haberlo buscado con gran ahínco. El comerciante le reprendió con acritud y se quejó de su ineficacia.

—No puedo encargarte la encomienda más sencilla. ¿Es que lo he de hacer todo yo? No puedo —compréndelo— abandonar este negocio que sólo marcha si yo lo vigilo. Por otra parte, me interesa mucho hacerme con ese destino. Sigue buscando y no vuelvas por aquí sin haber dado con él.

El criado volvió al mercado y durante días buscó el destino de su amo, sin encontrarlo en parte alguna. Pero alguien le sugirió que buscara en otros mercados y ciudades porque una cosa tan especial no tenía por qué hallarse allí. El criado volvió a casa del comerciante a pedirle permiso y dinero para el viaje, a fin de buscar un destino por toda la parte conocida del país.

El comerciante lo pensó y dijo:

—Bien, te concedo ese permiso y ese dinero, a condición de que no hagas otra cosa que buscar mi destino. No vuelvas aquí sin él —y añadió— o sin la seguridad de que no está en parte alguna y a merced de quien se lo quiera llevar.

El criado se puso en viaje y ya no hizo otra cosa que recorrer toda la parte conocida del país en busca del destino de su amo. Viajó por regiones muy lejanas y envejeció; perdió la memoria pero, fiel a la promesa hecha a su amo, sólo conservó la obligación contraída. También el comerciante envejeció y perdió muchas de sus facultades. Un día su constante peregrinación llevó al criado hasta el negocio de su amo a quien ya no reconoció, empero sí le interrogó sobre el objeto de su búsqueda.

—Por lo que me dices —dijo el comerciante—, tengo algo aquí que creo que te puede convenir —y le mostró su propio destino.

—Es exactamente lo que necesito —repuso el criado—. Pero espero que no cueste mucho. Llevo tantos años buscándolo que me he gastado casi todo el dinero que tenía. Sólo me resta esto.

—Ya es bastante y me conformo —repuso el amo—. Ese trasto lleva toda la vida en mi casa y a nadie ha interesado hasta ahora. Te lo puedes llevar a condición de que me digas para qué lo quieres.

—Eso no lo puedo decir porque lo ignoro. Lo he olvidado. Sé muy bien que lo necesito, pero no sé para qué.

—Entonces es tuyo —replicó su viejo amo—; es un objeto que conviene a un desmemoriado. Creo recordar que alguien lo olvidó aquí y no se me ocurre destino mejor para él que quedar encerrado en el olvido de quien tanto lo necesitó.

Y cuando el comerciante vio que su antiguo criado se alejaba con su destino bajo el brazo, dijo para sus adentros:

—Al fin.

FABULA SEGUNDA

Al despedirse le advirtió, con un tono de cierta severidad:

—En ausencia mía no deberás visitar a Pertinax. Cuídate mucho de hacerlo, pues de otra suerte puedes provocar un serio disgusto entre nosotros.

La mujer permaneció en su casa obediente de las instrucciones de su marido, quien a su vuelta le interrogó acerca de las personas que había visto en su ausencia.

—He visto a Pertinax —repuso ella.

—¿No te advertí que no fueras a visitarle? —preguntó él con enojo.

—No fui yo a visitarle. Fue él quien vino aquí, en ausencia tuya.

Fue el marido en busca de Pertinax y le preguntó:

—¿Qué derecho te asiste para visitar a mi mujer en mi ausencia?

—No fui a visitar a tu mujer —contestó Pertinax, sin perder la calma— sino a ti, pues ignoraba que te hallaras ausente de tu casa. En lo sucesivo deberás advertírmelo si no deseas que se produzca de nuevo esa circunstancia que tanto te mortifica.

No satisfecho con tal explicación, el marido ingenió una estratagema para averiguar las intenciones de Pertinax y descubrir la índole de las relaciones que mantenía con su mujer. Despachó a ésta de la casa con un pretexto cualquiera, y disfrazándose con sus ropas, envió un criado a Pertinax para comunicarle que hallándose en su casa esperaba ser honrado con su visita.

Pero la mujer, recelosa de la conducta de un marido que se comportaba de manera tan desconsiderada y averiguando en parte sus intenciones, decidió —disfrazada de Pertinax— volver a su casa para representar el papel que deseaba que presenciase su marido.

Por su parte Pertinax, al advertir que la mujer se hallaba sola en la casa, contrariamente a las noticias que había recibido, se disfrazó de su marido, sin otra intención que la de descubrir la intimidad de las relaciones que les unía.

Así pues, cuando el falso Pertinax —que no era otra que la mujer— se rindió a la casa para cursar la visita a la que había sido invitado, se encontró con que el matrimonio le estaba esperando, a diferencia de lo que había presumido.

La circunstancia en que se vieron envueltos los tres era análoga para cada uno de ellos, pues los tres sabían, cada cual por su lado, que uno al menos de los otros dos se hallaba disfrazado, sin poder asegurar cuál de ellos era, ni siquiera si lo estaban los dos. En efecto, cualquiera de ellos podía razonar así: si sólo hay uno disfrazado debe haberse disfrazado de mí, puesto que yo lo estoy de él, y, por tanto, el auténtico sólo puede ser aquél de quien yo estoy disfrazado. Ahora bien, como no está disfrazado, no tiene por qué saber que lo estamos nosotros y, por consiguiente, al no tener ninguna razón para suponer una mixtificación no lo romperá. Y sí, por el contrario, lo están los dos, el que está disfrazado de mí es aquel de quien yo no estoy disfrazado, del cual ignora si está disfrazado o no. Así pues, no es posible saber quién está disfrazado de quién, a menos que uno —atreviéndose a revelar las intenciones que le llevaron a adoptar tal disfraz— se apresure a descubrir su identidad ante los demás, cosa en verdad poco probable.

En consecuencia —debieron pensar, cada cual por su lado—, si queremos preservar nuestros más íntimos pensamientos e intenciones, hemos de seguir disfrazados para siempre, lo cual, si cada uno ha elegido con tino su disfraz, no cambiará nada las cosas.

AMOR VACUI

No existe un vestido como tu cuerpo ni velo semejante a tu pelo; y para mi cuerpo no parece que pueda existir mejor destino que ser acogido por el tuyo. Cada vez que lo reencuentra reconoce un atrás que no sabe describir ni definir, como si al fin hubiera encontrado el molde donde fundirse y cobrar su forma más legítima vertido en tu vientre, entre tus brazos y tus piernas. Pero ese animal doble —que vive unas horas— ¿cuánto tiempo subsiste? Y si permanece ¿es que en la división tras el amor, ambos vástagos se reconocerán herederos de un mismo y único ser que tras despacharlos les reclama de nuevo su unión para que, por paradoja, procreen la unidad? El cuerpo acude a tu cuerpo para reconocerse allí pues lejos de tí de tal manera se ignora que incluso se ausenta; es curioso, tan sólo tu y el dolor le obligáis a volver la atención sobre sí mismo, atraído por mil cosas más incitantes y desentendido de algo que sólo sabrá considerar como un portador. O a lo más, un aburrido cónyuge del pensamiento y los sentidos. O una especie de aya que sentada en un banco mira cómo sus niños juegan. Es curioso y sin embargo una constante: de la misma manera que el hielo quema, la expresión final que adopta el placer es casi idéntica a la del dolor y el coito se emparenta con un sacrificio homicida; cuando tu cuerpo se crispa en el orgasmo, cuando tus piernas enlazadas con las de tu amante se tensan en ese intento de crurifragium y para apurar todo el placer que invade tus músculos pretendes desembarazarte de su abrazo, cuando tus uñas se clavan y surcan su espalda y tu cabeza se agita de un lado a otro en busca de un espacio donde respirar libremente, cuando reciben el impacto del pene que tras disparar su carga sigue avanzando sin reconocer su agotamiento para profundizar en la herida, se diría que en la ejecución una carne extraviada aspira a la aniquilación con que burlar la separación de su hermana.

No te he contado nunca cómo fue la aventura de la mujer del velo. Nunca llegué a conocer su identidad, ni tampoco a saber su edad pero he llegado a sospechar que en ocasiones también hice el amor con aquel cuerpo —porque el velo que ocultaba su cara la reducía a un ser anónimo, a una pieza de nácar, por más que se esforzara en exagerar con sus movimientos su personalidad— despojado de su velo. Pero cuando no se ama, el cuerpo se desvanece en parte y llega a confundirse con otros porque ninguno de sus miembros ni tributos alcanza una individuación cuya partícula esencial sólo se manifiesta en el abrazo. Años más tarde me seguiré preguntando: «¿Será la misma del velo?» Me intrigaba sobremanera que aquella mujer que conocía mi identidad se cuidara de tal manera de ocultar la suya, como si ello le procurara un placer —o un incremento marginal del placer en correspondencia a un estímulo extra, que me estaba vedado— del que yo no sólo no podía participar sino que podría destruir si develaba el secreto y rompía un hechizo del que sólo me era dado disfrutar por su acción refleja. Tal vez era bastante y, con su silencio, trataba de persuadirme para que me conformara con ello. Tal vez —lo he pensado a veces— era yo el primer beneficiado de aquel incremento inusitado y por eso, y con grandes esfuerzos, me atuve a aquella disciplina que postulaba uno de los más acuciantes estímulos en todo comercio carnal: la curiosidad. Porque así como crecía mi indiferencia hacia aquel cuerpo que desprovisto de su más personal elemento pretendía compensar la degollación con las más agitadas convulsiones, así crecía mi curiosidad y mi afán por arrebatar el velo para contemplar su cara en los momentos del espasmo. Empero pese al éxtasis no parecía perder el dominio de la situación, como si de las sombras y desvanecidas facciones bajo el tul negro, surgiera la ctónica fuerza de persuasión suficiente para contener mi impulso y atenerme a la rigurosa ordenanza.

La conocí cuando abrió la portezuela de su coche, haciendo uso de una de tantas banales estratagemas de que se sirven esas mujeres. Me preguntó una dirección y me suplicó que, dado su desconocimiento del barrio, le hiciera el favor de acompañarla; una vez me hallé sentado, arrancó sin pedir más explicaciones para conducirme a una mansión, en un barrio elegante y alejado, a la que se accedía directamente desde la cochera y cuyas puertas parecían abrirse y cerrarse de manera automática, carente de toda clase de servidores. Ya puedes imaginar que en tal situación no tuvo necesidad de muchos preámbulos. Se abrió una puerta de dos hojas que dio acceso a un dormitorio blanco, las paredes forradas de terciopelo blanco, el suelo cubierto de una alfombra de crudas pieles de oveja, iluminado todo él por focos ocultos y casi en su totalidad ocupado por un gran lecho blanco donde reposaba su cuerpo nacarado, con las piernas abiertas y las rodillas en alto: el velo negro que cubría su cara y el negro triángulo de su pubis parecían formar la cola y la punta de la flecha indicadora de la única dirección que me estaba permitido seguir.

Y que yo seguí, como puedes fácilmente imaginar. No; no contaba entonces con un principio cualquiera con el que oponerme a tan apremiante insinuación. Ese principio —y ese fin— solamente lo había de encontrar en ti, hasta tal punto se traduce en involuntaria esclavitud el afán ascensional de una aspiración que un día se topa con el objeto y el medio que envolverán todas sus elucubraciones...

Me cogía de las muñecas y con los implacables y precisos movimientos de una máquina herramienta, me conducía a su cuerpo, presidido por el tabernáculo de su sexo a cuya orden el mecanismo iniciaba el movimiento. Y sus manos firmemente agarradas a mis muñecas conducían a las mías hacia sus pechos, hacia sus corvas o hacia sus nalgas donde por su propio instinto de carne quedaban adheridas, como sanguijuelas que trataran de extraer todo el alimento que requiere el tacto. Ciertamente antes del orgasmo nada parece colmar ese apetito, todo tiende a incrementarlo y estando toda la fisiología dominada por la idea de la comida y el alimento, se diría que las más apremiantes ansias de la cópula —antes de entrar en la ineluctable carrera final— se ven espoleadas por ese afán de devorar al ser amado que viene a sumarse al instinto de fusión. Hay un momento en que desaparece el cuerpo; o mejor, la mente, inundada e invadida por esa marejada de sensaciones procedentes de la piel y los músculos saltando por encima de su avanzada posición, inmersa en espuma y perdida su luz entre el polvo y las fosforescencias pero segura empero de recobrar su adelantada eminencia una vez que remita la fuerza desatada de los elementos. Se entiende que ese momento sea reacio a toda descripción; no admite la metáfora y si es necesaria la comparación su propia singularidad exige que sea utilizado como comparado pero nunca en cuanto comparante.

No te diré qué clase de placeres gozaba aquella mujer ni qué otra clase me concedía, ni yo mismo lo supe y resulta imposible el intento de recordarlos. Apenas me habló en el primer encuentro —y creo recordar que siempre en un castellano afectado y distante, como para acentuar la personalidad del vicio con esos atributos que lo aíslan y encuadran en un marco de filigrana, lo alejan a un clima exótico, lo trasladan a una situación lujosa y amanerada de la que yo no tendría los menores atisbos. Pero no se abandonaba nunca. Me atrevo a decir que el placer sexual incrementaba su fortaleza y tal vez su tamaño hasta aquella implosión que mi propio orgasmo me ocultaría siempre, tras la cual tan sólo vendría a encontrar un cuerpo pletórico de salud y satisfecho de su constitución, cuyas palpitaciones apenas percibiría a través de la encerada quietud de su pecho, y cuya expresión permanecería siempre oculta por el velo lo bastante tupido como para esconder la más acusada de sus facciones, lo bastante sutil como para adivinar a través de aquellas dos zonas simétricas, más tensas y tenues, a ambos lados de la nariz las sombrías fosas donde sin duda se alojaban aquellos ojos que, con el privilegio de mirar sin ser vistos, bien podían presumir de ejercer un dominio tal que no necesitaría de ningún gesto de protección o prohibición para coartar cualquier posible intento de violación de su secreto. Es difícil amar en esas condiciones; pero no se trataba de amar sino de romper un hechizo, satisfacer una curiosidad, reestablecer un equilibrio que aquella mujer maldita había desbaratado con su odioso velo. Tampoco podía abandonar el juego con aquella sensación de permanente e insuperable derrota. Podía muy bien soportar el apetito sexual que me despertaba pero no podía tolerar la fiebre que me producía el frustrado placer de desvelarla. Y como se recuperaba del acoplamiento con mayor celeridad y plenitud que yo, nada le era más fácil que abandonar el lecho —en el que nada parecía retenerla tras el coito— para desaparecer del misterioso y acolchado dormitorio y hacerme entender que mi función por aquel día había concluido. Así que hice el propósito de arrebatarla el velo en el momento de su orgasmo, reteniendo en lo posible el mío para conservar el vigor y la lucidez necesarios para hacerlo en un instante y observar el resultado cualesquiera que fuesen las consecuencias que se derivaran de la violación del secreto. Incluso previendo el día y la hora en que el coche, detenido en una plaza circular ornada de magnolios, esperaría mi llegada me decidí con anterioridad a aquellas prácticas que me permitieron llegar al dormitorio blanco con la libido poco menos que exhausta. Sin duda había desdeñado sus artes para despertarla en breves minutos; y recelando que pudiera adivinar en mi inicial postración la estratagema gracias a la cual me sería posible cometer el desafuero, no vacilaba en responder a sus múltiples y elaborados reclamos —con los labios de la boca y del sexo, con los pezones, con la nuca— sin dejar de observar el velo o de atisbar a través de algún resquicio para dar con algún rasgo o expresión de aquella fisonomía sin duda demasiado terrible como para poder conservar, y con tal aplomo, su inmutabilidad. Incluso cuando aplicaba sus labios al pene, y los bordes del velo mezclados con las guedejas negras de su pelo se extendían sobre mi vientre,

como si en él hubiera brotado una negra excrecencia
aterciopelada, una suerte de planta o pólipo submarino,
de aspecto inofensivo pero terriblemente venenoso y
dañino al menor contacto que le venga de fuera, ni siquiera entonces me atreví a tocar el velo con la yema de
los dedos. Suponía que lo llevaba muy sabia y fuertemente unido —mediante nudos, alfileres u horquillas—
a la cabellera; de hecho le llegaba hasta el nacimiento del
cuello y presentaba una abertura en su parte trasera que
se cerraba, en un artístico y elaborado amasijo de trenzas
y nudos, a la altura de la nuca. Pensaba yo que estaba tan
sólidamente unido que antes lo desgarraría que se soltase. Porque mi intención era tirar de él, pues sabía que no
tenía suficiente valor para levantarlo.

Había observado que le producía un gran placer ejecutar el coito como los perros, con mis manos firmemente
sujetas a sus pechos. Sólo en aquellas postura rugía;
mantenía con todo la cabeza erguida y por la caída del velo llegaba a vislumbrar el arranque de la mandíbula, de
una mejilla que en nada se diferenciaba de su carne blanca, un poco caliza; y emitía un prolongado rugido, sordo, acompasado por muy breves interrupciones para tomar aliento, que no subía de tono pero que a medida que
se adentraba hacia el orgasmo se hacía más corto, con
pausas más largas. Era un sonido un tanto agónico, tanto
más inquietante cuanto que surgía de una fuente de vida
oculta, que provocaba la misma desazón del animal escondido en un matorral cuya presencia se adivina por la
agitación de hojas y ramas causada por sus movimientos.
La mordí en el arranque del cuello repetidas veces —tenía un sabor ligeramente frío y salino, como una piedra
de pirita— lo que provocó un rápido incremento de su
espasmo y cuando supe que estaba perdiendo los sentidos —desembocada en la caída hacia el extasis— desembaracé mi mano izquierda de su pecho, tomé por su borde el velo y antes de ejercer un brusco tirón, observé que
no ofrecía ninguna resistencia, que el pañuelo, los nudos, la cabellera, todo, seguían obedientes al más sutil
movimiento de mis dedos; que estaba tirando del paño
que envuelve y protege al vacío.

SUB ROSA

I

Las circunstancias que rodearon el último viaje del «Garray», conduciéndole al naufragio y, en último término, al procesamiento criminal de su capitán, don Valentín de Basterra, son todavía de sobra conocidas del público para ser repetidas en toda su extensión y detalle.

La curiosidad y ansiedad que despertaron tan trágicos sucesos no sólo quedaron satisfechas con el esclarecimiento de los mismos durante la vista del proceso —del que en su día se ocuparon, con copiosas y pormenorizadas informaciones, todos los diarios de la nación— sino también con la sentencia que recayó sobre el único encausado y que por su propio rigor, unido al áura de misterio y sacrificio que envolvía a aquel hombre enigmático, llegó a crear un estado de opinión tan clamoroso que movió a la Corte —más atenta en aquel momento a la sedición política que a un demasiado estricto cumplimiento del código— a conceder un indulto que la capa más culta y dubitativa de la sociedad, salvo contadas excepciones, recibió con alivio. A decir verdad, el caso llegó a crear en ciertos ámbitos un problema de conciencia que empezaba allí donde terminaba la capacidad del aparato judicial para lograr una satisfactoria verificación: y no de los hechos que —de manera incontrovertible— se demostró que constituían materia de delito sino de las intenciones y móviles que los provocaron y cuya investigación resultó poco menos que imposible tanto a causa del escaso número de testigos y testimonios cuanto por la reluctancia del encartado —tras la aceptación y confesión sumarias de su culpa— a explicar las raíces de su conducta. Como en parecidas ocasiones, los más penetrantes aprenderían con ello una sempiterna y siempre olvidada lección: que la verdad es una categoría que se suspende mientras se vive, que muere con lo muerto y nunca resurge del pasado; y que por lo mismo que su resurrección no es posible se espera siempre su advenimiento, porque la verdad puede ser no una cifra ni un hecho ni una abstracción, sino algo que vive pero no se manifiesta. Y por eso algunos detalles...

La triste popularidad que un día despertara el capitán Basterra había de etiolarse en cuanto las puertas del penal de Santa María se clausuraran tras él, con una sentencia capital sobre sus espaldas. A partir de aquel momento bien puede decirse que desapareció y dejó de existir como parte integrante de la sociedad; encerrado tras los muros del penal hasta el recuerdo de un nombre, perdida toda posibilidad de convertirse en un símbolo o una alegoría, había de quedar borrado por un indulto que liberándolo del garrote lo abstraería del mundo de los vivos para reducirlo a poco más que un servicio penitenciario y un registro en los libros del establecimiento.

Con la misma rapidez con que había entrado en la conciencia del ciudadano, salió de ella sin dejar la menor reserva ni duda, ni el más residual interés por su persona, gracias a la completa satisfacción que habría de procurar el perdón real. Tan borrado como una noticia pasada o una deuda amortizada, nada tiene por consiguiente de extraño que la noticia del fallecimiento de un hombre que veinte meses atrás había acaparado la atención del país, no saltase a las columnas del periódico local.

Así pues, con excepción de los funcionarios del establecimiento penal y los pocos familiares que dejara el difunto, nadie había de enterarse que el un día famoso oficial finalizaba sus días en la celda —menos de dos años después de ser pronunciada la sentencia—, en un acelerado proceso de diselpidia.

Sin embargo, no faltaron personas, relacionadas al parecer con el partido liberal, que tras la obtención del indulto vieron en su caso suficientes puntos oscuros como para utilizarlo con fines políticos. Aprovechando el concurso de voces amigas que en su día habían gozado de toda su confianza, fueron varios los intentos que se hicieron cerca del capitán para que firmara la solicitud de revisión de su proceso. Ni que decir tiene que tales iniciativas sólo secundariamente estaban informadas por un interés en la suerte personal de un hombre que, sufrido y experimentado, sensible como pocos para adivinar los verdaderos móviles de unas presuntas pruebas de solidaridad y unos deseos de rehabilitación, solamente sabría ver en todo ello, con dolor y desprecio una nueva demostración —por más encubierta, más lacerante— de la incomprensión que le rodeara.

En todo momento, Valentín de Basterra rehusó prestarse a tales maniobras. Tras haber cancelado, el día de la sentencia, el poder general para pleitos que otorgara a sus abogados, nadie sino él —a no ser un fiscal que no demostraría la menor voluntad para ello— gozaba de capacidad jurídica para tramitar las formalidades de la revisión. A todos los que acudían a visitarle en su reclusión los despachaba con prontitud, sin hacer la menor concesión o promesa, indiferente a un asunto que para él ya estaba concluido y resuelto, sordo a todas las sugerencias, incapaz de contemplar las perspectivas de su rehabilitación y tan intransigente a un cambio respecto a la decisión que había tomado que más de uno habría de salir con la sensación de inferioridad jerárquica que provocaba aquel hombre que, del otro lado del locutorio, conservaba la arrogancia que había mantenido siempre en el puente.

Ni siquiera habían de moverle un ápice las súplicas de una hija que, casada y residente en Gijón, se había de trasladar al Puerto (ciertamente también había hecho el viaje a Cádiz, seis meses antes, para asistir a la vista del proceso) a fin de persuadirle a aceptar las iniciativas de quienes sólo querían favorecerle y tan desinteresadamente habían abrazado su causa. Ya que no por él —le vino a decir, debía hacerlo por el buen nombre de su familia, por la memoria de su difunta madre y por el porvenir de unos nietos que para siempre habrían de llevar, si él no lo impedía, un nombre cargado de ignominia. Apenas le replicó; pero en su mutismo pudo adivinar la negativa a cumplir con aquel segundo sacrificio que nadie —ni su hija, ni sus nietos, ni la memoria de los seres queridos o el buen nombre de los homónimos— tenía derecho a exigirle. Su decisión estaba tomada —le vino a decir— y nada le podía producir más enojo e incomodidades que los intentos de arrebatarle con insidiosas promesas la paz que había adquirido con la aceptación de la sentencia. Parece ser que en una de sus postreras visitas llegó a tener un acceso de cólera en el momento en que, antes de retirarse, llegaron a sus oídos las palabras de su antiguo abogado, aconsejando a su hija paciencia y perseverancia, palabras que fueron cortadas por una orden violenta y estentórea a fin de detenerles en el centro de la estancia y obligarles a escuchar su última voluntad: «¿Acaso cree usted que por estar sujeto a la disciplina de este lugar voy a prestarme indefinidamente a sus caprichos? No les atenderé en lo sucesivo; no acudiré aquí mientras no reciba por escrito la seguridad de que renuncian a los buenos oficios de su misericordia.»

Tras escuchar el dictamen del médico de la prisión, en el sentido de que sus desvelos no aportaban ningún bien a la salud de su padre, patológicamente receloso respecto a todas las iniciativas que buscaran una mejora o alteración de su suerte, su hija volvió a Gijón sin haber obtenido otra cosa que su consentimiento, ante la promesa de la administración, a un posible traslado a los penales de Santoña o San Carlos, a fin de tenerlo más cerca y hacer más frecuentes y económicas las visitas de su único pariente. A los pocos meses había de recibir una carta del mismo facultativo informándole que su padre padecía una desesperanza maligna, tan crítica que ni siquiera respondía a un casi clandestino tratamiento de estimulantes que, sin conocimiento por su parte, le estaba aplicando a fin de liberarle en lo posible de su cada día más acusado abatimiento. Aunque la carta no dejaba prever la inminencia de su fin, el tono en que estaba escrita —con detalles muy precisos acerca de su pasividad y atonía, su absoluto desinterés por todo, su total carencia de apetito de vivir— parecía insinuar que el cuerpo de su padre se había embarcado en un viaje irreversible. Ciertas dificultades domésticas —y las económicas no eran las menores— le impidieron hacer un viaje que día a día se veía postergado por las promesas de la administración de llevar a cabo el traslado del recluso a un establecimiento del norte. Y cuando decepcionada por la lentitud de la máquina administrativa y la insustancialidad de las promesas impartidas por los responsables del penal, se decidió a visitar de nuevo a su padre, acuciada por el temor de no volver a verle, le llegó en un despacho oficial la noticia de su fallecimiento de muerte natural, ocurrida en la celda, como colofón del largo e inexorable proceso de desesperanza que había hecho presa en el cuerpo del recluso.

Si Valentín de Basterra se llevó a la tumba las secretas motivaciones de una conducta bastante inexplicable —y que sólo bajo el marchamo de la locura fueron tímidamente expuestas y demostradas por la defensa como atenuantes del crimen—, en cambio algunos y muy importantes extremos relativos al último viaje del «Garray» solamente después de su muerte habían de ser esclarecidos o, mejor dicho, complementados con dispersas revelaciones que —habiendo muerto o desaparecido, algunos también tras los muros de los penales del Estado, casi todos los protagonistas de la tragedia— tan sólo tendrían interés ya para la pequeña crónica negra, para los buscadores de noticia de almanaque o para los eternos insatisfechos con los procedimientos de la justicia. Si el conocimiento de tales detalles no llegó hasta el dominio público, el hecho se debió sin duda a que ya no cabía encontrar en ellos materia para el escándalo; por el contrario, la ampliación del conocimiento de los sucesos con fuentes y detalles desconocidos en el proceso vino a poner de manifiesto el riguroso e irreprochable proceder de un Tribunal que, basándose sobre todo en el testimonio de un hombre convicto y confeso de otros crímenes que nada tenían que ver con la causa, aceptó y demostró la culpabilidad de aquel sobre quien, a la vista de los hechos entonces probados, recaía toda la responsabilidad de la tragedia. No cabía poner en duda que en el último acto de esa tragedia el barco ya no se hallaba bajo su mando; toda la documentación —la de mejor crédito que cabía obtener, a falta de los papeles del barco y del testimonio de aquellos que promovieron la suspensión de su mando— venía a demostrar que la deposición se había hecho con arreglo al código y las regulaciones propias de la firma propietaria del barco y si los hechos promovidos por el capitán Basterra, que habían de desembocar en la tragedia, obedecían al intento de reestablecer una disciplina y una jerarquía, ante la insubordinación de una tripulación que le juzgó incompetente para el mando y exigió su relevo en la forma prescrita, ¿qué nueva luz podía arrojar un suceso que el más interesado en ponerlo en claro poco menos que había pasado por alto? Al no haber sido acusado de sedición por falta de pruebas concluyentes, ¿a quién podía beneficiar una nueva culpabilidad —excepto al más que dudoso y abstracto prurito de esclarecimiento de la verdad— si aquél que la había aceptado en su totalidad no había podido o querido hacer uso de ella para mitigar la suya propia?

Por muy incomprensible que pareciese la conducta de aquel hombre a aquellos compañeros que le habían tratado o conocido, que habían servido bajo sus órdenes o simplemente habían hecho suya la causa de su defensa y su buen nombre, mucho más lo habría de parecer al curioso investigador provisto de la paciencia necesaria para reunir y ordenar las aportaciones con que el reflujo del tiempo y las sucesivas desapariciones enriquecen y oscurecen el conocimiento de un hecho casi inextricable. Las muertes son también naufragios, que dejan sueltos pequeños residuos insumergibles en el olvido y que liberados de aquel destino único empecinado en la supervivencia arriban al litoral como testimonio de un secreto que ya apenas despierta interés. Años después de la muerte del capitán Basterra un armador de La Habana completará su testamento con un codicilo estipulando una manda para beneficio de su más próximo sucesor; un miembro de la tripulación del «Garray» escribe una casi ininteligible y fantástica relación del viaje que el correo deposita en en consulado español de Veracruz; un sacerdote de la provincia de Oriente afirma haber recibido en secreto de confesión la verdadera historia de la tragedia que demuestra la verdadera naturaleza del capitán... que uno o dos años después es desmentida por las últimas palabras de un borracho que amanece en El Malecón para cerrar su delirio con el relato de sus culpas... y de tiempo en tiempo, y con frecuencia decreciente, van surgiendo los contradictorios vestigios de un suceso que carecerá para siempre de verdad, de la misma manera que un portento no presentará nunca el mismo cariz a los diversos testigos que lo presenciaron, hasta que el olvido y el desinterés se cierran definitivamente sobre él, como las aguas del Atlántico —su atención despierta instantáneamente por la indefensa víctima que con su imprudencia ha venido a interrumpir su sueño— se soldaron y cerraron de nuevo sobre el remolino de espuma negra donde desapareció el casco del «Garray».

A los pocos meses de ocurrida, la tragedia estaba tan olvidada que tampoco aquellas confesiones de última hora —insuficientes para rellenar el vacío de una columna escasa de sucesos— volverían a despertar el interés por uno de tantos misterios de la mar. La verdad acerca de él ya no podría nunca establecerse, extricándola de una maraña de relaciones confusas, contradictorias e inverificables envueltas por el silencio del protagonista. Aparte del afán de rehabilitar su nombre ya no existía el móvil para una labor que a nadie reportaría el menor beneficio. Y el anónimo descendiente, empeñado en averiguar los móviles de la conducta de su antepasado, o simplemente el curioso investigador atraído por las fragosidades del enigma, no acudirían a la cita con que el silencioso y esquinado capitán Basterra les emplazara, una vez aplacados los ánimos y disipada la turbulencia del caso. Se podría afirmar que su propósito de ocultación obedecía a algo más que al abatimiento sufrido por una persona que al final de su carrera se enfrentaba con una ignominia sin paliativos. Pero durante el juicio demostró tal entereza y tesón —nada propios de un hombre vencido y abochornado por su falta, intimidado por su suerte y temeroso del casigo —que bien puede suponerse que de haber elegido la palabra, en lugar del silencio, habrían cambiado algunas cosas. De ahí que muchos abrazaran la teoría de su propio sacrificio en evitación de mayores males, como cabeza de turco para encubrir a cambio del indulto la responsabilidad de otro u otros personajes que para evitar el escándalo tuvieron que recurrir al testimonio de otro hombre castigado por la ley; o para comprar su silencio con el silencio de la justicia respecto a pasados delitos toda vez que en una carrera como la de Basterra después de casi cuarenta años de navegación por unos mares donde todavía era frecuente la piratería, donde el delito era el hábito de los más y la ley de la fuerza una necesidad para la supervivencia, era más que probable que su hoja de servicios no estuviera exenta de posibles inculpaciones que de ser expuestas y probadas constituyeran materia bastante para enviarle si no al patíbulo sí al menos a presidio por un plazo suficiente como para evangelizar a un canónigo. Habida cuenta de que la mitad de esos años no había tenido, como capitán, que dar cuenta de sus actos más que a unos armadores más que satisfechos de que al término de cada viaje se cumplieran los términos de contrato y de que en numerosas ocasiones —que incluían sin duda negocios de trata— había navegado en su doble condición de capitán y consocio en los fletes, se comprenderá en parte la voluntad de silencio de un hombre enfrentado a un Tribunal en cuyo poder obraba el conocimiento de muchas cosas pasadas que si bien nunca habían salido a la luz pública no por eso dejarían de ser manipuladas en contra suya. Sin duda que eso no lo explica todo; en rigor no explica nada ya que para que existiese un clima dominado por la coacción, debía postularse previamente la existencia de aquellas personas o intereses hacia los que se dirigía esa coacción. El capitán estaba solo, no tenía sino que defenderse así mismo y a nadie ni a nada parecía proteger con su culpa. Esta fue en su día la impresión que dejara sobre los observadores más imparciales que, habiendo sabido ver en él el primer obstáculo para el esclarecimiento de los hechos, un muro ante el que hasta se habría estrellado la acción de la justicia si insatisfecha con su declaración —convicto y confeso de su crimen— hubiera deseado llevar más adelante su investigación desdeñando una culpabilidad hacia la que apuntaron desde el primer instante todas las circunstancias y testimonios, nunca lograron desentrañar la procedencia y la dirección de aquella hipotética coacción que le forzó al silencio. Para los más avisados (los primeros que habían aventurado e incluso asegurado la existencia de un misterio —fundamentado en la necesidad por parte de la ley de recurrir a los testimonios de hombres fuera de la ley— y de una u otra forma habían de reconocer finalmente el sentimiento de decepción que les deparaba la imposibilidad de llegar al fondo del mismo) no hubo otra coacción que la engendrada en el espíritu del propio capitán, demasiado orgulloso como para adoptar ante el Tribunal una actitud distinta de la solemne y silenciosa admisión de su participación en un crimen que no sólo cometió con todas las agravantes, sino que siempre consideró como única solución (no justa ni conveniente ni forzada por su temperamento ni elegida en un momento de pasajera demencia, tan sólo única) para cualquier hombre colocado en sus circunstancias. Por consiguiente, el misterio se reducía a saber cuáles eran aquellas circunstancias que sólo él —tampoco los testigos que prestaron su declaración, algunos transportados de otro penal y custodiados por la fuerza pública, las conocían— podía aclarar. Tan sólo se vino a decir, como es costumbre, que a bordo las cosas presentan siempre otro cariz y así lo insinuó —sin verdadera y vehemente convicción— la defensa. Desde el momento en que hizo su entrada en la sala y se sentó en el banquillo, humillado ante un Tribunal que le observaba desde tamaña altura —exactamente en la posición inversa a la que él había llevado durante muchos años de vida a bordo—, quedó de manifiesto que no expondría sus razones; razones que posiblemente no tenían entrada en el código ni en la religión porque el lenguaje del odio, del cual no podía sustraerse, no tenía entrada en aquella Sala; porque no estaba dispuesto a abjurar de unas convicciones que nunca podrían comprender los hombres que habían de juzgarle. Y no habiendo avenencia —dijeron los más sagaces— entre su naturaleza y la ley no cabía para él, elevado al solio de su propia dignidad por principios en muchos aspectos antagonistas a los de la sociedad civil, no cabía otra actitud que la aceptación de la culpa recibida como una prueba de fuerza por parte de quien en el último episodio del conflicto había demostrado ser el más poderoso.

Por eso se diría que nunca —pese al juicio— llegó a ver su crimen con arreglo a los mismos cánones que la sociedad. Y de la misma manera que no lo aceptó como tal, admitió en cambio su derrota a manos de un enemigo con el que, lo sabía de antemano, no cabía dialogar en una sala de justicia. Aceptó la culpa porque él mismo era un justo. No cabían las transacciones y avenencias. Tal vez por eso no pudo escuchar con paciencia a su hija ni nadie logró convencerle de las consecuencias de un empecinamiento que, en el momento de empuñar su pistola, estaba ya resuelto a no transigir. En cuanto a la deshonra, no sabía introducir tal concepto en sus cálculos ni por ende podía calibrar el valor de la legitimación, de la misma manera que habría desestimado la coacción. Y desde el mismo momento en que tomó asiento en el banquillo —convencido de que no había para él más que una sentencia— aprestó su ánimo al resultado final, dictado también por el único credo que en secreto había profesado toda su vida y que el indulto que llegó de Madrid apenas alteró un ápice.

II

La independencia de los estados americanos que en buena medida apenas modificó, durante la primera mitad del siglo XIX el estado de la cosa privada en lo que se refería a la propiedad y el comercio terrestres tuvo efectos de mucha trascendencia sobre los negocios marítimos, incluso sobre el comercio que se desarrollaría entre las recién nacidas repúblicas y la vieja metrópoli. Mientras que la tierra, en su generalidad, siguió en poder de las mismas manos que la poseyeran y explotaran durante la época colonial, en todos los puertos del Atlántico, del

Caribe y del Pacífico pronto empezaron a establecerse con gran profusión armadores ingleses, franceses, holandeses y americanos, ávidos de heredar los antiguos privilegios comerciales de los españoles. Gente avezada en ese trabajo y acostumbrada a la libre competencia, a menudo apoyados por una fuerte organización en su país de origen, eran capaces de ofrecer a los negociantes americanos unas condiciones tan amplias y flexibles que pronto colocaron a muchos de sus colegas españoles en la alternativa de remozarse o abandonar el campo. Como más de una vez ha ocurrido en circunstancias semejantes, los primeros indianos en advertir la magnitud del problema apenas fueron escuchados por sus compatriotas y patrones de ultramar y tras algunos años de vacilaciones, advertencias y llamadas de atención pronto se vieron en la necesidad de romper sus vínculos sociales y contractuales con la metrópoli para establecerse por su cuenta, a menudo con ayuda de capital extranjero, y fundar nuevas sociedades y casas de contratación con arreglo a las ideas que habían recibido de sus competidores.

Tal fue el origen de la firma Douaze & Dapena, S en C, el uno francés de origen, hijo de acomodados terratenientes sorianos el otro, que con su sede social en La Habana en pocos años y gracias a la energía e iniciativas de ambos socios había de llegar a ser una de las casas de contratación más eficaces de todo el Caribe. Su código era bien simple: sus únicos vínculos dignos de respeto eran los comerciales y —exentos de una cierta gazmoñería respecto a la arruinada tradición— no vacilaron en recurrir a los hombres y los barcos mejor preparados para mantener, vigorizar e incrementar aquéllos en el momento en que pasado el torbellino de la independencia y el período de postración y tribulación comercial del primer cuarto de siglo, el tráfico entre los dos continentes conoció un notable incremento.

En contraste, los que optaron por su fidelidad a los hábitos, métodos, hombres y barcos del tiempo de la férula real no tardaron en verse arrinconados. Nada era más usual en aquellos tiempos que el triste espectáculo de los viejos patronos vagando por los muelles de La Habana, de Cartagena o de Maracaibo, quejosos de la invasión extranjera y lo bastante dignos o achacosos como para aceptar un puesto de tripulación; o el de aquel que con orgullo había enarbolado la enseña de correo en su palo mayor para a la postre verle, hundiendo la cara en las solapas alzadas de su tabardo, a fin de pasar inadvertido en la abigarrada y heteróclita fila de hombres que espera paciente ante el pupitre del sobrecargo, frente a una goleta americana que amarrada al muelle ha izado en el trinquete la bandera cuadrada y roja; o el del viejo queche, atestado de hombres mal pagados, que necesitando una semana para llevar de las islas al continente una docena de mulas y unos sacos de grano, aún pretende aminorar el rápido curso de un airoso bergantín con un saludo de cortesía que pronto se convierte en un coro de protestas. Para Douaze & Dapena tales casos no pasarían de ser meras reminiscencias hacia las que solamente la misericordia los obligaría a dedicar una menguada bolsa de dinero, sin la menor pretensión de vuelta. Arrinconando los viejos cascos se decidieron por armar tan sólo barcos capaces de cruzar el Atlántico en menos de tres semanas y con preferencia construidos en la costa americana entre Nueva Escocia y Newport; de más de ciento cincuenta toneladas y menos de doscientas cincuenta; equipados con el más moderno y sólido utillaje a fin de ahorrar miembros de tripulación y acortar en lo posible las onerosas estadías. En cuanto a la tripulación, carecían de toda clase de prejuicios, bien dispuestos a contratar gente del oficio, lo mismo americanos, griegos, africanos, kanakas y hasta algún que otro cimarrón; y tal era su énfasis en procurar lo más adecuado —técnica y comercialmente— a cada caso, haciendo oídos sordos a cualesquiera injerencias, que en más de una ocasión se vieron obligados a enmendar una primera decisión sólo para evitar un agravio a una persona de influencia, comprometida con viejas amistades y apegada a usos de otros tiempos.

Pues bien, una carta de piloto de Douaze & Dapena pronto sería considerada en aquellas latitudes como un diploma en el arte de navegación. Las primeras reservas de ciertos capitanes, poco acostumbrados a determinadas limitaciones y exigencias, serían sin tardanza puestas de lado a la vista de las atractivas condiciones y remuneraciones que ofrecía la firma, y aun cuando en los primeros años de su actividad no faltaran los plantes —difíciles de mantener cuando el empresario es capaz de contratar aquí y allá— a partir del momento en que la firma supo demostrar que podía llevar el negocio adelante contra cualquier clase de boicot, apenas tuvo ya necesidad de hacer públicas sus ofertas para que acudieran a sus puertas unos hombres bien dispuestos a trabajar para la casa. Por lo general, los patrones Douaze & Dapena eran hombres jóvenes, de menos de cuarenta años y con más de veinte en el mar, de cualquier nacionalidad. Ya se habían apagado, en aquellas tierras y décadas, hasta los más imperfectos y asordinados ecos del estruendo de la revolución del 89; y si hasta allí habían llegado frases inacabadas, un tropel de adjetivos y parrafadas y arengas, fórmulas que en sí apenas decían nada desprovistas de su necesaria y original fogosidad, por el momento para gobernar un barco, lo mismo que una hacienda, volvía a buscarse al hombre de oficio con cuanto menos espacio para las ideas sobre la sociedad dejasen las convicciones y conocimiento sobre el mando y el mar. Una de las pocas excepciones era el capitán Basterra, un hombre que ambos socios —que le conocían de antiguo y con el que en ocasiones habían negociado en comandita— buscaron desde el primer momento con cierto ahínco. Se trataba de una excepción, porque cuando lo contrataron frisaba ya los cincuenta años, llevaba más de treinta en el oficio, había cruzado el Atlántico en todo objeto con línea de flotación, había doblado el cabo de Hornos más de una docena de veces —por todos su pasos y en ambas direcciones, en todas las estaciones del año— y, por encima de todo, contaba con un historial que muy pocos hombres dispuestos a seguir en el puente eran capaces de mejorar.

No era un hombre envanecido ni que se hiciera de rogar; tampoco se le habían de subir los humos porque a lo largo de dos años de travesía por el Pacífico en todos los consulados encontrara un despacho instándole a ponerse en comunicación con una nueva casa de La Habana. A todos ellos contestó escrupulosamente, sin hacer esperar la respuesta, pero dejando bien sentado que se hallaba decidido antes de entrar en cualquier clase de trato a dar cumplida satisfacción a los compromisos que tenía contraídos. Sin duda, era un hombre que sabía aprovechar su carácter grave y su reputación de seriedad para observar con comodidad y sin prisas los ajetreados y a veces quiméricos proyectos de cuantos vivían del negocio. No gustaba de la respuesta pronta ni, por supuesto, jamás denunciaría entusiasmo alguno por una cierta empresa. Aquello que fue tomado por una reservada negativa, aunque se atribuiría más adelante al cansancio y apetito de reposo de un hombre que ya no deseaba sufrir más sobresaltos en la coda de una vida profesional que si bien le había permitido acumular una discreta fortuna invertida en bienes de tierra adentro en treinta años no le había eximido de un sólo día de trabajo, se había de demostrar pocos meses más tarde como un rotundo mentís a quienes demasiado prematuramente le habían jubilado. Por la actitud pausada y grave con que hizo su entrada en las oficinas, por la manera humilde con que se dio a conocer y, tras colgar la gorra en la percha, se decidió a esperar sentado en el borde de un estrecho silloncillo de peluche, por el gesto con que observó el suelo, entrelazó sus manos sobre su rodilla y al cabo de un rato, cortando las salutaciones, inquirió: «Díganme, ¿de qué se trata?», ambos socios pudieron colegir que el capitán Basterra, el mismo de siempre, estaba una vez más decidido a cumplir una misión —sin exigir emolumentos o participaciones desmesurados— como cualquier meritorio oficial elevado al puente, por necesidades que no admitían demora, a falta de una persona más avezada. Y con un trato que en una mañana de febrero, unos días después, quedaría cerrado no sólo le dieron el mando de su mejor barco, un bergantín de unas doscientas toneladas, de construcción inglesa y fletado en sociedad con un americano, sino que le destinaron la oficialidad más diestra y prometedora que pudieron reunir, con el propósito de formar aquellos cuadros que, con dos o tres años en la escuela de Basterra, saldrían más que capacitados para tomar el mando.

Sus métodos eran de sobra conocidos y despertaban una confortable confianza: de entrada exigía de la compañía un poder para llevar a cabo, sin previo aviso a los armadores, cuantas operaciones tuviera a bien ejecutar; firmaba personalmente todos los contratos con sus hombres, se constituía en único responsable ante la ley a la hora de litigar, y dejaba bien claro el principio de que todo convenio quedaría automáticamente rescindido —el hombre con sus bártulos depositado en el primer muelle que tocase el barco— en cuanto a su leal saber y entender el interesado no cumpliese a su satisfacción lo que se interesaba de él. En contraste, hablaba muy poco, dejaba a cada cual en completa libertad, dentro del marco de su jerarquía, para el cumplimiento de sus funciones y solamente asomaba por cubierta para visitas de rutina o en circunstancias que escapaban a la competencia de sus subordinados; pero jamás interfería en sus labores; era ya un hombre lo bastante viejo (y seguro de lo que cabía esperar de cada momento y cada circunstancia) y lo bastante sagaz como para disfrutar con el mando y nada fortificaba tanto su espíritu y su humor como verse acertadamente secundado; no sólo nunca ponía el menor obstáculo a la ascendente carrera de un oficial, sino que con frecuencia —con astucia disimulada con una falsa negligencia— hacía voluntariosa dejación de obligaciones propias de su puesto a fin de abrir un portillo libre a las iniciativas de sus segundos. Pero, por lo mismo, en cuanto un desmedido afán de mando, con alguna intemperante intromisión y unas pretensiones que no se conciliaban con la capacidad del individuo en cuestión, trataba de aprovechar su aparente pasividad para adquirir una jerarquía que estaba lejos de merecer, del fondo de su carácter surgía aquel implacable espíritu rapaz que (como el felino que aparentando dormir atrae al gorrión dentro de un dominio que su especie tiene prohibido) saltaba sobre su víctima porque sólo siendo desollada merecía aprender cuál era el orden que había tratado de perturbar y el mando que en vano había desestimado.

En una ocasión, en una travesía a lo largo de la costa chilena, fue lo bastante explícito acerca de sus propias ideas sobre el mando. «El mando, había dicho, no se recibe ni se transmite; se adquiere.» Teniendo a su primero rebajado de servicio a causa de unas fiebres altas y pertinaces, llegó el momento de designar un segundo, elegido por la tripulación y propuesto al capitán según la costumbre de a bordo. Pero un hombre quiso interponerse, un hombre recomendado por sus armadores y que creía gozar de la confianza de ellos, un hombre orgulloso y ávido de distinción, que voluntariamente se había distanciado de sus compañeros a causa de sus pretensiones. Y bien, en aquel momento Basterra calló, ni siquiera le permitió adivinar su pensamiento, y cuando la comisión fue a interesar a su capitán la designación del segundo, Basterra señaló a aquél a despecho y a sabiendas de lo mal recibido que sería un gesto tan impropio. Sabía que no tenía capacidad para aquel puesto y no buscaba otra cosa que demostrarlo con sus propios hechos. No tardaron en producirse las negligencias, los desmanes y la desobediencia en la guardia de babor y no habían transcurrido diez días desde la designación del segundo cuando a raíz de un incidente nocturno, a través del primer oficial le fue comunicada al segundo la decisión del capitán de rebajarle del servicio por toda la duración del contrato, a menos que decidiera rescindirlo y abandonar el barco en la primera escala. No lo hizo así, cobijado en un taciturno despecho y haciendo estopa a regañadientes por el resto de la travesía, pero en el ánimo del capitán Basterra debió quedar grabada la señal de una advertencia —la sospecha de un recelo hacia su propia confianza— que tal vez había de influir en su conducta cuando tiempo después se encontrara frente a unas circunstancias que guardaban con aquélla ciertas similitudes. Porque la imagen de aquel vanidoso y distante segundo se había de proyectar numerosas veces sobre la figura del primer oficial del «Garray», Ernesto Saint-Izaire.

Lo conoció, y lo tuvo por primera vez a sus órdenes en una travesía para cargar pieles y madera de construcción en algunos puestos de la península de Labrador, un viaje corto y casi todo él con tiempo bonancible, el tercero o cuarto que realizase para la consignación de Douaze &

Dapena, en una goleta americana de 180 toneladas, rebautizada «Martina Calero» y matriculada en La Habana. Era un joven natural de la isla, sobrino de Douaze en segundo grado y muy apreciado por él; huérfano de padre, había sido educado con esmero; antes de cumplir los veinte años había viajado por Europa y tras residir durante más de un año en la Marsella de Luis Felipe había vuelto a Point au Pitre enfundado en uno de esos apellidos, Saint-Izaire, de tanto efecto en la vieja colonia. De la estancia en la tierra de sus mayores volvió convertido en un hombre pagado de su porte y seguro de su capacidad para hacer una fortuna en poco tiempo, de talante impenetrable y descontento, cuyo aspecto un tanto delicado ocultaba una fortaleza de carácter y de físico, al decir de los que habían convivido con él. Y sobre todo un exagerado laconismo y un humor inmutable —siempre un mismo gesto adusto, como si nada pudiera satisfacerle— constituían su mejor defensa contra un genio desabrido y un hipertrofiado talante crítico. Pero era hombre eficiente —como había de reconocer sin ambages el capitán Basterra— «de los que parecen siempre sobrados de tiempo y, sin aparente esfuerzo, todo lo llevan en orden».

El viaje de vuelta de Terranova y Nueva Escocia no adoleció de otros incidentes que los provocados por una larga sucesión de turbonadas, antes de rebasar los bancos del Sable, que durante dos días y dos noches obligaron a ambas guardias a permanecer sobre cubierta a consecuencia de la orden del capitán —quien atento al barómetro esperaba en todo momento vientos más fuertes—, decidido a seguir navegando de bolina, arrizando las gavias. Por poco acertada que encontrara el segundo aquella medida, tuvo buen cuidado de callarse, ordenando y observando el incesante halar y arrizar con una actitud que si quería significar su desacuerdo al capitán no debió pasar inadvertida. Cuando después de cincuenta horas de fatigas amaneció un tercer día con cielo despejado, una mar tranquila y vientos moderados del SW, al tomar la altura y comprobar el escaso progreso realizado a costa de unos esfuerzos que bien podían haberse ahorrado arriando todo el paño, es posible que aquel orgulloso y pagado de sí mismo segundo se cuidara de poner de una u otra forma de manifiesto lo bien fundada que estaba su discrepancia. No era el capitán Basterra un carácter que supiera sobrellevar una censura que sin aflorar a los labios había denunciado un vicio en su manera de navegar; por lo mismo que no perdonaba, no olvidaba. Incómodo siempre en presencia de un hombre —un joven sin demasiada experiencia anterior, cuyo acierto se debía más a un golpe de suerte que a una visión acertada de la situación— cuya mirada estaba para despertar en su seno muchas acusaciones y reproches, sin embargo, optó por mantenerlo a su lado —aun cuando nada le hubiera sido más fácil que solicitar de los armadores la dispensa de sus servicios o su traslado a otro barco— y no tanto para cuidar y acelerar su aprendizaje cuanto para utilizarlo para su propia disciplina, intransigente respecto a cualquier negligencia que supusiese un menoscabo en el bien cimentado edificio de su autoridad.

Por consiguiente, a su arribada a La Habana, tras dar cuenta del viaje a la Compañía, formalizó la inscripción de su segundo a su servicio y, no queriendo alargarse en explicaciones, señaló los párrafos escritos de su puño y letra que hacían hincapié sobre su irreprochable conducta, su capacidad para el mando y su eficacia en el puesto, no vacilando en afirmar que en poco tiempo sería merecedor de un puesto de primer oficial y, de mantener su progreso, en un par de años se le podría encomendar el mando de un barco. Su opinión en tales cuestiones era siempre tomada en consideración y nadie habría de oponer la menor reserva a una de sus particulares, no muy frecuentes ni gravosas, pero siempre inesperadas imposiciones que, sin pasar a la letra escrita, sus patrones sabían que era forzoso aceptar y respetar como garantía de su continuidad al servicio de la firma. Sus pronósticos se cumplieron; durante un par de años lo tuvo a su servicio a bordo del «Martina Calero», tanto como segundo como primer oficial. Un día, tras una larga época de rutinaria actividad, Basterra —al echar el ancla en un puerto de California, con un cargamento de grano y reses y con propósito de poner a continuación proa a Vancouver donde cargar pieles y lumber—, recibió en la sede del agente de la Compañía instrucciones de Douaze & Dapena de confiar el mando del barco al capitán Evans —un americano que a tal efecto esperaba puntualmente en la oficina, con la cartera negra de los documentos credenciales bajo el brazo— y de pasar a Veracruz a la mayor brevedad posible, haciendo el viaje por tierra a través del istmo mejicano, para hacerse cargo de un nuevo servicio. Allí se despidió de Saint-Izaire, el hombre con el que había mantenido una relación distante y estricta y con el que en los próximos tres años apenas había de cruzarse en tres ocasiones en lugares muy distintos, en la oficina de la consignación o en un muelle desierto, bajo la lluvia de diciembre.

No había de volver a verle hasta el viaje del «Garray». Pero estando previsto que el «Garray» viajaría a España al mando de Saint-Izaire y habiendo oído Basterra que el viaje además de realizarse sin pasaje, encubría una misión especial, con el pretexto de visitar su tierra y su familia que no había visto en diez años, solicitó el mando de aquel barco porque sabía de antemano que sus armadores accederían a ello.

III

(Menos que en cualquier otra, en esta ocasión no quiere Basterra dar impresión de impaciencia ni dejar que en el ánimo de sus armadores —o en el de Saint-Izaire— germine la sospecha. No cuenta más que con cinco días. Esa misma tarde compra un caballo y al día siguiente —muy de mañana, con una bolsa de provisiones y una gran cartera de documentos parte bajo un fuerte aguacero en dirección a Pinar del Río. Pero en Marianao deja la calzada principal para tomar la del litoral y seguir hacia Mariel, donde pernocta esa primera noche, incapaz de hacer más camino a causa de la lluvia. Algo antes de la madrugada escampa y, sin despertar a nadie, dejando un dinero en lugar ostensible, abandona la casa para continuar su viaje por la calzada de la costa hasta un punto solitario que conoce de tiempo atrás. Allí toma un camino vecinal que tira hacia tierra adentro y a pesar de que es más de mediodía y ha comenzado de nuevo a llover obligando al caballo a apretar el paso se interna por la Sierra del Rosario para llegar al collado de Zamacay bien entrada la noche. Tras reposar unas horas al abrigo de un aprisco, antes de que claree el día se pone de nuevo en camino de forma que hacia el atardecer cruza la carretera de Pinar del Río, más allá de Consolación, que abandona poco más tarde para —de nuevo por caminos vecinales— derivar hacia el sur y alcanzar su punto de destino, unos cuantos diseminados bohíos no lejos de un conjunto de edificaciones más recias que se distinguen más por sus sombras que por sus débiles luces en la primera noche despejada desde que ha salido de La Habana. Es una plantación extensa y rica, bastante poblada, denominada «La Calota», que incluye tres ingenios de azúcar y grano; separado por un bosque de centenarias ceibas un exiguo poblado formado por unos cuantos bohíos y alguna casa de fábrica, vive de su eventual comercio con la hacienda y, utilizado como alojamiento por el peonaje que desde Pinar del Río y Consolación acude allí en busca de trabajo, en la época de la zafra es utilizado como mercado de mano de obra. Pero siempre parece desierto, no se oye una voz, no se ve un alma y tan sólo de detrás de una cerca de vez en cuando el golpe de un martillo sobre unas tablas viene a recordar que aún alienta una actividad que no ha cejado en su lucha contra el hambre.

Empuja la puerta y llama con voz queda, pero no obtiene respuesta. La estancia se halla apenas iluminada por el resplandor del fogón donde aún se queman unas brasas que sin fuerza ni reserva de combustión exhalan un aliento azulado, del color del hielo, para preservar en su agonía su último calor. Se despoja del capote y lo cuelga de una alcayata, encima del fuego; luego repasa sin curiosidad los objetos y enseres de la habitación, examinando con una desdeñosa atención aquellos que no conoce. De nuevo vuelve a sonar en las cañas el repique del aguacero, unos golpes admonitorios y aislados como sobre la piel irante de un tambor, seguidos de la furiosa y chillona barahúnda de una hueste que ha salido al unísono de su escondite para lanzar su denodado ataque que pronto ha de amainar, hasta degenerar en el prolongado susurro por su fracasado empeño. Sale de nuevo para dejar el caballo a resguardo y examinar la calle —en unos minutos convertida en una lengua de barro bajo la lluvia que fosforea en un torbellino de partículas paralelas incandescentes— y, sospechando una ausencia más prolongada de lo que ha supuesto, tras repasar con el dedo una perola con restos de un cocimiento de harina, se tumba en el banco cerca del fuego y pronto cae dormido.

Cuando despierta el fuego ha sido avivado, la mujer bate la harina puesta a cocer y la niña le observa desde detrás de sus sayas. No le saluda, no le pregunta cómo es que se encuentra allí, de dónde ha venido, qué le trae por la casa; le dice solamente que no tardará en darle algo de comer.

—¿Qué ha ocurrido? —pregunta él.

Pero no le contesta en un principio, atenta a la labor. Después de secarse las manos, primero en la bayeta y luego en el delantal, se encoge de hombros y dice:

—Tenía que ocurrir algún día.

A Basterra le basta:

—¿Cuándo ha sido?

—Ya va para un mes.

Basterra pregunta:

—¿Y el francés?

—Vete a saber —dice ella, atenta al cocimiento del arroz y la harina. Da un manotazo a la niña para que se aparte un poco de ella.

—¿Qué va a ocurrir ahora?

—Se los llevan a España. Allí los colgarán.

Lo dice sin darle importancia; nada en su talante tiene prioridad sobre su quehacer ante la cocina, arruinada y mortificada al mismo tiempo por su abyecta y triunfal degradación, el demoníaco poder de la carne cuarteada y las ropas harapientas, carentes ya de color, el veredicto de la noche y de la lluvia sobre el fugaz fulgor del fuego en su mirada.

—No se andarán con remilgos.

Sin mirarle retira el plato del fuego, vierte sobre la masa unos trozos de fruta y se lo acerca, más allá del fogón, colocando una cuchara a su lado.

A duras penas Basterra puede refrenar su hambre. No ha probado bocado en diez horas ni ha comido caliente en treinta; no puede hablar y aunque a toda costa trata de disimular su apetito, avergonzado de su actitud sólo replica con unos pocos gruñidos. Rebaña el plato hasta los bordes y bebe de un cazo un largo trago de agua. Entonces quiere enmendarse, con unas oscuras, casi ininteligibles palabras de ánimo, alusiones aderezadas de dudas a los sucesos que se avecinan, pero acaso siente que ha llegado tan tarde que su propósito nunca será cabalmente comprendido. Su desánimo y desconfianza han caído demasiado bajo para poder levantarlos en una sola noche, con unas palabras de consuelo, unas promesas que no obligan a nada y una cartera con todo el dinero que ha podido disponer. No pide nada y tal vez por eso Basterra se siente incómodo, muda pero tácitamente acusado de mal que no padece y no puede paliar; porque ya no puede desarrollar el coraje suficiente para tratar de ponerle un torpe remedio, maniatado por sus compromisos. Lamenta haber hecho el viaje, de manera tan imprudente y precipitada, y en pugna con sus vacilaciones abre la cartera para a seguido cerrarla de nuevo, sin extraer el sobre de papeles. En la soledad cree en sus razones, y en una capacidad de persuasión que siempre se demuestra inútil. Todo le inculpa y hasta los más ínfimos agravios se vuelven contra él porque siendo suya la primera falta y habiéndola aceptado, todas las demás se justifican por ella y quedan eximidas ante ella.

Ha acostado a la niña, en un camastro al fondo de una pequeña cámara en penumbra separada de la cocina por una raída cortina de algodón. Pero siente su mirada sobre él, inmóvil y carente de pensamiento, absorta en el silencio que más fielmente grabará para siempre el primer momento de su próxima y definitiva orfandad. Comprende que nunca representará nada para esa niña, inmolada en el altar de la soledad y transportada —palabras duras y terminantes, gestos de excéntrica severidad, la pétrea e implacable economía de la miseria, exponente de ese inconsciente juramente de fidelidad a la muerte— al limbo estañado por el odio para ser preservada de la corrosiva evolución de la carne. Se ve a sí mismo mucho más lejos, perseguido para siempre por las recriminaciones y para siempre incapaz de demostrar su (¿inocencia?) honradez. Y aquel intento de venir en ayuda suya se torna tanto más ridículo... porque incluso el mar se convierte en un juguete.

Las luces de la estancia se han extinguido; solamente en un cacharro de cobre subsiste un débil resplandor procedente de las brasas del hogar. No se ha despedido de él, pero sobre el banco ha extendido un cabezal y una manta, dando por supuesto su propósito de quedarse a dormir. Cuando por su respiración comprende que duerme se levanta con intención de abandonar el lugar y reemprender la vuelta; abre la cartera y deposita el sobre repleto de papeles en el lugar más ostensible de la cocina, pero antes de salir se detiene ante el camastro. Luego la llama por su nombre, con voz queda, y al tercer intento recibe su respuesta, una sola palabra débil y asordinada, pero no confusa, como si el último residuo de un ánimo exangüe fuera aquel único destello de una expósita, ultrajada y desarraigada supervivencia. Se sienta en el borde del lecho y palpa su cuerpo, sus rodillas. Luego a tientas busca su mano, en espera de aquella autónoma, involuntaria y perversa réplica de la carne no sometida al orden de la palabra. Pero no la obtiene; por el contrario, al apretar sus dedos toda la mano se contrae —la piel aspera y un poco húmeda, los huesos sin recubrimiento de carne— como un crustáceo que replegara sus articulaciones lenta y penosamente. Ensaya nuevas palabras de ánimo, con otro tono, y explica cómo obligado por sus compromisos a embarcarse en una semana estará de vuelta antes de cuatro meses. Cómo escribirá a sus amigos de España, personas influyentes. Espera sólo un gesto suyo para revelarle el destino de su viaje, pero solamente consigue mencionar el sobre que contiene el dinero, bastante para subsistir cuatro o cinco meses. Tiene que estar de vuelta para el próximo lunes, por lo que le es preciso ponerse temprano en camino para llegar por la mañana a Consolación. No replica nada ni mueve un músculo (el cuerpo refractario al movimiento que parece ahorrar sus energías para fijar su fosilizada huella en el lecho pétreo, más allá de la aurora de la nada; como si en silencio reconociera por primera vez el fútil ultraje de sus apetitos a la impávida y armónica rotación sin antecedentes ni devenir ni siquiera a lo largo de una eclíptica sino al conjuro de moribundos instantes que han de marcar la esférica negación de diurnas generaciones y aniquilaciones nocturnas; como si en silencio se reclamara a sí misma como primer heraldo de una paz anterior al amor y violada por el matrimonio, de vuelta tras sus nupcias con la podredumbre al extraterrenal concubinato con el incestuoso y ascético afán de supervivencia y, tras la insólita y súbita rotación del día alrededor de un camino enfangado, de vuelta al ardiente y azoico arenal de una niñez desnuda y carente de imágenes, carente de apetitos, glosada por la fábula oriental del niño insomne depositario de todos los destructivos secretos del firmamento), un simulacro de carne enrojecida y espatulada en el latido anterior a su transformación en mármol. No sabe levantarse, su propio brazo bajo el efecto magnético de la corriente que le une a la tierra (y observa; observa el mortuorio resplandor que exhala ese cuerpo exánime y advierte el resultado nulo que arroja la cuenta de sus días; no existe el movimiento; bajo el dosel de los inextinguibles y tal vez pseudosonoros graznidos de las gaviotas, también el mar se contrae para sedimentar una losa de ágata donde por una venganza de las aguas queda impresionada su última travesía, sellada y rubricada por la impertubable, empolvada, rosa y sibarítica mano del astro fijo) queda unido a él por el mismo voto de sacrificio que le insta a volver sobre sus pasos y romper todo compromiso. Ha callado, ni siquiera siente ya la necesidad de confirmar su vuelta porque ese cuerpo desvanecido en ondulaciones resulta invulnerable e indiferente a la palabra, en la sombría yuxtaposición de una colérica y esotérica paz a la quimérica disolución de sus anhelos. Ante él se abre de nuevo la superficie de la mar, colgada sin sustentación de un Destino que aprovecha un momento de silencio para enunciar su acertijo; las palabras son anteriores a su sentido y sólo mucho más tarde advertirá el reflejo de la bujía en las arrugas de las sábanas. Comprenderá también que su propio silencio le ha sido tan hostil como perjuro, que nunca le ha sido permitido expresar sus deseos. Y ahora sin necesidad de entornar los párpados vuelve a la superficie en calma de la mar, un paño de seda iridiscente, bajo un cielo sin promesas que ha trocado su desdén en precoz hostilidad; a la envolvente embriaguez de sus caricias con las que, en su irremisible y solitario destierro, le hará olvidar la mortal desesperanza de sus sueños de tierra y, en su tenebroso éxtasis, en su arriesgado juego, le redimirá por toda la duración del viaje de aquel ilusorio afán de paz ofrecido como decisivo y último premio a la conducta del justo. Le recibirá una vez más con la alegría juguetona de los primeros días serenos y radiantes, a pocas millas de una costa donde queda toda una vida de embuste, con los pies en la tierra y la cabeza en las brumas, rodeado por todas partes de avisos amenazadores y noticias imperfectas, para recordarle que —con el aviso del naufragio— en su lecho encontrará aquella reconfortante seguridad derivada de su proximidad y su enfrentamiento con el único, constante y magnánimo Enemigo; ni un solo instante le dejará solo, como el anfitrión solícito que expulsado de la sociedad recibe en su lugar de destierro al amigo de entonces y durante su breve estancia le colma de cuidados y atenciones sin abrumarle a preguntas a pesar de que (pues considera que no es necesario hacerle comprender que soportará y perdurará en el exilio mientras la tierra permanezca dividida en dos bandos irreconciliables) nada espera con mayor ahinco que las noticias frescas de su patria. Se siente detenido y a la deriva, a la merced de minúsculas e imperceptibles corrientes que nunca revelarán el destino que le deparan, incapaz de gobernarse a sí mismo cuando carece de ese impulso al que obedecen los resortes del mando. Y dice para sus adentros: «No he terminado, no he terminado. No puedo dejarlo así.» Y dice también: «Es el orgullo.» Se levanta y yergue la cabeza porque aún le resta —no lo cree, pero así lo espera— una última confianza en sus gestos... o en la póstuma y correcta interpretación de sus gustos y de su inconfesable holocausto. Piensa en el error del mártir; y bien, por muy justa que sea la causa es siempre menos sensible que la carne, y el más devoto sólo cree a medias. Y dice para sí: «Las palabras en la cruz... jamás debió pronunciarlas.»

Pero su cuerpo no se ha movido; ya no espera nada. Y piensa: «No apelaré a tu reconocimiento y a tu fe cuando todo se haya consumado. Sé de sobra que todo sigue su curso, nada se conmueve y el sacrificio sólo atañe al mártir. Sólo quiero librarme de mi culpa y sólo yo tengo derecho a saber a dónde llega. Por consiguiente, no quiero tu reconocimiento, que me privaría de la paz que adquiriré pagando. Estoy dispuesto a pagar y no quiero retribución. Sólo aprecio mi propia recompensa, y por eso considero proferible que sigas en la miseria, dormida y rodeada de miseria y convencida de que nadie volverá a acordarse de tu miseria.»

Recoge la cartera y el tabardo y entreabre la puerta de la cabaña. Entonces percibe cómo su cuerpo se rebulle en su lecho, no en busca de él, sino de la postura propia de su soledad (que ha ansiado mientras permanecía a su lado). Calcula que antes de una hora amanecerá y desarrienda el caballo que levanta la cabeza, insomne, sereno y carente de asombro, depositario de sus designios y compenetrado con las enseñanzas del justo.

Cuando llegó a La Habana el «Garray» se hallaba listo para zarpar. Los reos —que el Gobierno había decidido trasladar a la metrópoli por razones políticas que le fueron sumariamente explicadas—, custodiados por un piquete de soldados y acompañados por dos oficiales de prisiones, embarcaron en la noche del lunes, bajo la mirada vigilante del señor Chalfont, su segundo, y provistos de grilletes fueron alojados en un camaranchón de la bodega.

IV

Levantó el ancla una mañana despejada, pero excesivamente cálida para tales fechas, de finales de octubre. Con el aire saturado del pronóstico de posibles turbonadas y tormentas, el «Garray» en cuanto cruzó los bajos de Cayo Sal puso rumbo hacia el SE a fin de enfrentarse con las temidas borrascas lejos de los bancos de las Bahamas y de cruzar el archipiélago entre el Cayo de Santo Domingo y el paso de Mayaguana, con el favor de las corrientes. Al elegir tal derrota el capitán Basterra sabía que encontraría cierta oposición por parte de su primero, partidario de abandonar el golfo —incluso en aquellas fechas— por los estrechos de Florida que conocía a la perfección. Pero la decisión del capitán no estaba tomada tan sólo en aras a las condiciones de navegación, sino también en consideración a la seguridad de una misión que no quería ver alterada o entorpecida con un encuentro fortuito en unas rutas muy frecuentadas. Al menos era ése un pretexto que no podía ser puesto a discusión. Así se lo dijo a sus oficiales —en una reunión en la cámara, convocada la tarde del primer día, para darles cuenta de sus intenciones— con el propósito de excluir desde el primer momento cualquier clase de malentendido que pudiese dar lugar a ulteriores discrepancias y antagonismos de mayor alcance.

Durante los tres primeros días no se produjo otra novedad que el constante descenso del barómetro, cuya causa parecía residir mucho más allá de la raya del horizonte. Noche y día el cielo aparecía despejado y la mar en calma y sólo a la hora del ocaso, cuando el sol enjugaba su frente en un velo translúcido, como si tras su agotadora carrera del fondo del horizonte unas manos invisibles salieran a su encuentro para envolverle en la túnica balsámica, a punto de cobijarse en su morada nocturna, asomaba la turbamulta de impacientes y encrespadas nubes —salomónicos turbantes y azulinas guedejas y broncíneos cascos, hirsutas pieles de alimaña y un alto penacho gaseoso y rosado que erguido denuncia su jerarquía tras las primeras cabezas— para otear la llanura donde a la hora propicia habrían de llevar la devastación del temporal y transmutarse poco a poco en la sombra de un recio y continuo escarpe a todo lo largo del horizonte para augurar que en cualquier dirección habría un límite para la osadía, mientras las estrellas avivadas por un viento de altura, tras haber sido informadas del próximo acontecimiento, se aproximaban y cernían sobre los palos, ávidas de contemplar el combate anunciado.

Nada preocuparía tanto al capitán Basterra como el fuerte balanceo y las súbitas arribadas de sotavento y aquella tercera noche, en previsión de una borrasca mañanera, primer aviso del temporal, dio orden a la guardia de estribor de arrizar la jarcia fija. Pero la noche transcurrió en calma, tan sólo alterada por los quejumbrosos lamentos de la madera sometida a constantes guiñadas y cabeceos, aullando como el perro que percibe más allá de las serenas tinieblas los anómalos signos que le advierten de la proximidad de la amenaza. En la cuarta noche de travesía poca gente había de dormir tranquila en el castillo de popa del «Garray»; aquella tensa y susurrante calma, como si todos los elementos templaran sus cuerdas y afilaran sus cuchillas, estirando hasta su límite extremo los resortes de un equilibrio preparativo que sólo podría desembocar en su ruptura, no podía ser sino el preámbulo de una tempestad tan intensa como premiosa y cuyo mejor heraldo, la cifra del barómetro, a cada golpe de dedo en el cristal cubría en sentido descendente una división más de su esfera, como para ratificar con su lacónico y oracular vaticinio la sentencia que las alturas no estaban dispuestas a mitigar. Toda la noche había de persistir aquella proterva e inquietante tirantez, orlada de lejanos relámpagos, y no trasmitida tanto por el cielo —ocultas sus intenciones bajo su más augusta capa— cuanto por la insomne musculatura de las aguas bajo su aparente descanso en la impaciente espera de la orden que había de llegar de allende el horizonte.

Al amanecer del quinto día el viento arreció, trayendo los primeros síntomas de la marejada, pero en ningún momento su fuerza había de pasar de 4 en la escala Beaufort. Sin embargo, el barómetro de nuevo había descendido sensiblemente. Tras las siete campanadas el capitán se presentó en cubierta, comprobó el rumbo, ordenó arriar los juanetes y arrizar gavias y velachos, para volver a recluirse en su cámara tras requerir de su primero que le advirtiera del menor cambio de la situación. No demostraba el menor interés en permanecer en cubierta en aquellos momentos; no deseaba ver a nadie ni hacer partícipe a nadie de sus aprensiones; sólo quería preservar su aislamiento a fin de prepararse en silencio para el combate que, una vez más, había sido concertado con su terco y pugnaz Enemigo a espaldas suyas, para la nueva prueba que el Otro —sabedor que nunca podría sustraerse a ella— había venido preparando con la ventaja que le concedía su eternamente renovada juventud, expiando todos sus movimientos para elegir aquella circunstancia en que la suprema voluntad de vencer y engañar había dejado paso a un más sereno y sobrecogido apetito de tregua. Porque tal vez ya no tenían sentido ni el afán de triunfo ni el instinto de superación: y si no estaba vencido de antemano —en verdad la imperceptible arenga con que el Otro trataría de inflamar la fatigada hueste del océano sólo estaba destinada a sus sentidos, conocedor de todos los secretos mensajes cruzados en las alturas— no era tanto porque ya careciera de brío para llevar adelante su cometido cuanto porque en aquellos momentos lo necesitaba todo para defenderse de un inesperado agresor; la mirada que el reo, en el extremo de la escala, había levantado hacia él en el momento de descender a la bodega. Pero demasiado bien comprendía que no estaba dispuesto a escuchar sus razones ni —porque conociéndole de antiguo sabía a qué atenerse respecto a sus estratagemas, porque a su alcance estaba la sospecha de que incluso las torvas y advenedizas ambiciones de los hombres podían obedecer al dictado de su eterna enemistad— aceptaría la tregua con la caballerosidad de quien tras muchos años de indeciso combate se hace eco de los compromisos del otro y la prioridad del recién llegado y, deseoso de enfrentarse de nuevo a solas con un rival en pleno uso de su poder, demora la ocasión.

A media mañana del quinto día comenzaron los primeros chubascos; la fuerza del viento subió a 7 y la aguja del barómetro se aproximaba a la temible división del 28.50, con tendencia a seguir descendiendo. Veinticuatro horas antes el «Garray» había dejado atrás el paso de Caicos y la punta oriental de Mayaguana, la última tierra que habría de ver por espacio de varias semanas —un mustio pedazo de corteza de limón—, para poner rumbo al noroeste en la confianza de que pasada ya la época de los huracanes un rezagado retoño del estío apenas habría de causarle serias molestias en aquellas latitudes, por mucho que fuera el ansia del temporal de superar lo estragos de sus aventajados hermanos. Y de repente en veinticuatro horas la depresión que el capitán Basterra y sus oficiales habían esperado dejar a popa —consumiéndose a sí misma en el holocausto de sus efímeras energías, entre resplandores, turbonadas y aguaceros— fue avanzando y cerrándose a sotavento y cubriendo el horizonte con la inconfundible librea del huracán: mientras que a barlovento el mar se fundía con el cielo, en un torbellino de gasa sobre las puntas de sus bruñidos aceros, y la barra era sometida a la constante presión de una fuerte corriente de través; mientras el viento silba ya en todas las jarcias —todo el aparejo convertido en un coro de voces desafinadas— y los palos, incapaces de sacudirse la tensión que les ha sorprendido, zumban en un aire saturado de un aroma de resina y sacuden el misterioso e iracundo polen de la tormenta, del lomo del acéano brota en el arranque de su carrera esa nube de polvo que ha acumulado durante los días de calma, y la madera gime bajo el oculto apretón de las mordazas que sólo en su cresta muestran el filo y temple del metal.

Cuando el señor Chalfont, a la vista del empeoramiento de las condiciones climatológicas y la inminencia del huracán, insinuó la conveniencia de cambiar de rumbo, poniendo proa al sureste a fin de enfilar la tormenta por la cuarta de estribor (puesto que cualquiera de las otras alternativas o bien obligaban a deshacer el camino andado —un camino poco seguro en días de mar gruesa y con aquella visibilidad, a causa de los muchos bajos y rompientes— o bien exigía poner proa hacia las costas de

Florida donde de seguro se enfrentarían con toda la fuerza del huracán, siempre más intenso en sus extremos occidentales), Basterra no tuvo más remedio que asentir, sin pronunciar una palabra, consciente de que todas las razones del segundo estaban tan bien fundadas que sólo con muchas dificultades podía encontrar otras del mismo peso, ateniéndose a la seguridad del «Garray», a pesar de que —al parecer— nada contravenía más a sus planes que aquel rumbo que en virtud de la fuerte corriente de dirección sur y por breve que fuera la duración de la galerna, terminaría por desplazar su posición de tal manera que ya no le sería posible alcanzar el punto de destino previsto al zarpar de La Habana. Era la mirada del reo (y más allá de sus hombros la de sus compañeros) al descender a la bodega la que podía haber trazado aquella singular derrota entre La Habana y Cádiz y que el capitán habría podido justificar en razón a la especial misión que le había sido encomendada, sin más que ocultar lo que en buena medida le había sido ocultado a él. Es posible que ante aquella tormenta y ante la sugerencia del señor Chalfont cambiara de planes e improvisara una solución mucho más viable y razonable que aquella otra, elaborada a la vuelta de su breve viaje a Poniente, gracias al hecho de que contaba ya con una justificación capaz de despejar cualesquiera suspicacias que despertara su derrota, por lo que cabe suponer que, sin ninguna clase de reservas sobre la resistencia y habilidad de su tripulación y de la fortaleza del «Garray», no sólo en su fuero interno celebró la llegada de la tormenta, sino que se decidió a sacar todo el provecho posible de sus efectos, a fin de alejarse de las rutas más frecuentadas.

Coincidiendo con los primeros aguaceros el «Garray» empezó a manifestar un fuerte balanceo, iniciado siempre por la banda de estribor, para ir periódica y progresivamente venciéndose de proa, como un caballo que sufriera la cojera —más acusada en cada paso— de su mano izquierda. A la media tarde la lluvia golpeó con su más poderosa maza; ese esperado y diferido chaparrón iniciado en un instantáneo acorde de minúsculos tambores para convertirse, tras el chisporroteo de infinitos botones argentíferos, en la violenta y turbia emulsión de agua y viento, tan íntima e inseparablemente unidos como para constituir un quinto elemento de la misma híbrida, vindicativa y transitiva naturaleza del fuego, embriagado de su recién estrenado y desdeñoso poder y decidido a hacer olvidar para siempre la fugacidad de sus pasados arrebatos. En pocos minutos nada quedaría en el «Garray» a resguardo del agua que antes de que caiga o corra parece ascender liberada de su peso para aplastar a su enemigo —la madera metalizada, sus líneas apenas se distinguen, la proa de tanto en tanto se levanta entre surtidores y melenas de espuma bajo el golpe de la roda, caído de bruces y dueño tan sólo del movimiento de la cabeza para sacudirse el peso de su colosal adversario, como si ya sólo contase —las tres lanzas clavadas en su lomo— con el casi espiritual afán de supervivencia carente de materia hipostasiada en el ciego, tenso y desesperado estallido de todo su furor, de su más justa y enojada réplica al ultraje a su austera y virtuosa entidad, para desembarazarse del concupiscente abrazo de la nada— antes que su hermana la lluvia.

El señor Chalfont había dado orden de recoger todo el paño, dirigiendo personalmente la maniobra y designando a Mosámedes u otro corpulento mulato para que aferraran el foque. El hombre que todas las tardes, a la caída del sol, se retiraba tras el molinete para entonar las alabanzas a su Señor, se encaramó sobre el bauprés para cobrar las drizas y recoger el botalón; detrás de él saltó el mulato. Cuando extendió su brazo para retener el cabo que le largara Mosámedes, el «Garray» sufrió una violenta guiñada y picó de proa y cuando emergió el mulato había desaparecido, como si mediante un golpe de inspiración el mar se hubiera decidido a borrar la imperfecta y superflua imagen del acólito para conformarse con la de quien arrodillado sobre el palo extendía aún su diestra hacia su barco, en la ofrenda de aquella voluntad que en su sacrificio no retrocedía ante el poder que su fe denostara; porque así como ninguna mano trataría de detenerle en su descenso, aquella otra señalaría el único pensamiento (la línea tensa del único deber) que podía mantenerlos unidos. Quizá ya se dirigía hacia Basterra; sujeto al cabillero del palo mayor, ausente, con la mirada puesta en cualquier punto del combés, no parecía prestar demasiada atención a la maniobra en su mayestática y casi indolente vigilancia, más cerca de las nubes que de la cubierta y separado del resto de los mortales no por la jerarquía ni la experiencia ni la fortaleza sino acaso por esa delicada galvanización del espíritu que ha optado por inmovilizarse, lejos de todo temor y traspuesta su carne a la misma sustancia de la aniquilación, absorto en la contemplación de aquel sublime y depravado poder que sólo mostraría toda su magnificencia a condición de encararse con él a solas. Tan sólo giró la cabeza para seguir el remolino, no porque hubiera oído el grito, sino porque lo había adivinado y cuando otros dos miembros de la tripulación lograron aferrar el bauprés comprendió, ante aquel cuerpo inmóvil y crucificado en las jarcias, la clase de destino que había elegido. Tres veces trató de desembarazarse de sus ligaduras y sólo a la cuarta lo consiguió; tres veces trató de ganar la cubierta, sujetándose con la diestra al obenque de bolina y pasando la pierna por debajo del palo, y otras tantas tuvo que volver atrás ante las embestidas de un oleaje que, descuidando otras presas, había decidido concentrar todos sus esfuerzos para cobrarse aquélla. Entonces el capitán movió la cabeza y le señaló también con su mano derecha: una mancha inmóvil y parda sobre la franela verdosa del cielo, como el informe borrón de un nido sobre la invernal y desvanecida arborescencia de las jarcias, única réplica de aquel gesto que desde cubierta —tendiendo la mano hacia el sur— señalaba un único destino y se identificaba con un sólo símbolo, más apto para el bronce que para la carne.

Todo venía a indicar que el «Garray», bajo los efectos de una fuerte corriente de través, derivaba rápidamente hacia el sureste, alejándose del centro de un huracán que el capitán y Sainz-Izaire, atentos a la brújula y la grímpola, con los escasos datos de que disponían habían situado a bastantes millas a barlovento, por la cuarta de estribor. Pero conocedores ambos de los temporales que, por otra parte, raramente acaecían con tal intensidad en aquellas latitudes y en aquella época del año, su mayor preocupación había de cifrarse en el cambio de rumbo y de dirección del viento que impondría al cabo de diez horas la rotación dextrógira del huracán. En tales circunstancias, su mayor aprensión la provocaba una posible intensa deriva hacia el suroeste, con fuertes vientos de popa, en la dirección de los bajos de las Indias Occidentales y convergiendo hacia el centro de un tifón que, con toda probabilidad, en su carrera hacia el noroeste corría a una velocidad veinte veces superior a la del «Garray»; de suerte que —el compás lo ponía en evidencia— de acontecer en las próximas horas un sensible cambio de rumbo de la deriva, el «Garray» podía encontrarse si no en el mismo centro del ciclón —ese lugar de calma, al decir de algunos navegantes y geógrafos, defendido por su propio vacío y rodeado del furor del vórtice— sí en el periférico cinturón donde la fuerza del viento alcanza su mayor intensidad. Así pues, se dispuso —con la alerta de ambas guardias— que en cuanto remitiese la lluvia, lo cual tenía que ocurrir para dejar paso al huracán descendente, se aprovecharía el lapso de vientos de superficie, que en ocasiones llega a durar turnos enteros, para largar parte del paño y navegar de bolina en oposición a la dirección centrípeda de la corriente y a fin de alejarse en lo posible de la temida succión.

En efecto, antes de la caída del sol del sexto día había de amainar la lluvia; pero la marejada dejaba sentir ya el efecto de la duración de la galerna a lo largo de la carrera atlántica desde las costas orientales del seno mejicano; al día siguiente el barómetro señalaba 27.81 —un límite que pocas veces había alcanzado, tal vez nunca— y el viento, durante las horas de luz en que llovió con fuerza e intensidad, no pasó de 8 ó 9 en la escala —temporal fuerte— con una mar encrespada y rota, olas de altura media que sistemáticamente barrían la cubierta, con esporádicos surtidores y crestas de espuma. Pero ya antes del ocaso la visibilidad había de quedar muy reducida, no siendo posible hablar de cara a un viento que silbaba en los obenques en un continuo crescendo, sin una nota de fatiga, hasta alcanzar el inverosímil y metalizado chisporroteo del aire en mil partículas incandescentes; el rugido de la mar, los continuos rociones de espuma no tanto en crestas cuanto en ininterrumpidas avalanchas que parecían querer adelantar a la ola en el límite de su carrera, para descargar su golpe desde su más elevada posición, eran indicios suficientes de que, antes de lo previsto y sin que mediara transición con el temporal duro del crepúsculo, el «Garray» se hallaba envuelto por un huracán cuya intensidad trascendía todos los límites de las escalas y la memoria de sus hombres más curtidos y experimentados. Y de repente todo se hizo uno; una mar olivácea y densa, surgida de un abismo sin luz y determinada a borrar para siempre la estampa de un océano soleado, vendría a fundirse en su ímpetu con un viento anhelante de unirse a ella violando su quimérica y halciónica frontera, conjurados todos los elementos para dar por terminada la intolerable tregua y desobedecer aquella orden que los separara, restableciendo el caos original con un primer torbellino de exasperada espuma que el iracundo anciano desatará sobre el «Garray» para disolver su obra y asimilarla a sus tinieblas. Tres veces estuvo a punto de desaparecer y otras tantas emergerá de proa, absurdo y estupefacto gesto carente de toda decisión, de toda voluntad y de todo apetito, en la abúlica y no altanera y sorprendida disposición de espíritu del cuerpo que en el destello delator no observa su fin, sino el vaticinio de muerte. Ha entrado ya en los dominios del sueño, sin memoria ni causa ni siquiera —cada golpe de mar surge y crece por sí mismo (porque en el caos todo es independiente y nada se perfila) para tomar posesión de un objeto sin valor, codiciado por capricho y afán de saqueo, que acepta la invasión de la nada antes que las manos suelten su último asidero— sorpresas. El hombre no se reconoce a sí mismo cuando, tras tres seguidos golpes por la banda de babor, con una fuerte y casi permanente inclinación, se inician las roturas con los chasquidos de la jarcia fija; al segundo rindió el palo mesana, y fue preciso rifar sus velas y desguarnir las perchas que se desplomaron sobre el puente; al tercero quedaron segados los masteleros de popa, arrastrando consigo la cangreja, que cayó extendida sobre la borda. Entonces varios hombres —anticipándose al fin del «Garray»— quisieron arriar los botes y se perdieron. Los más prefirieron hundirse con el «Garray».

V

Casi dos semanas habían transcurrido desde su salida de La Habana cuando el capitán —por primera vez después del huracán— pudo tomar la altura y situar la posición del «Garray» a unos 8° de latitud sur y a unas 500 millas al oeste de Fernando Noroña, en el extremo septentrional de la cuenca brasileña donde la corriente central atlántica se divide en dos ramas que corren en direcciones opuestas: la meridional, separándose del tronco común en la zona donde el «Garray» quedó a la deriva y con dirección SSW alcanza el litoral del Brasil a la altura del paralelo 20 para bordear y caldear sus costas hasta su encuentro y disipación, a la altua de El Plata, con las corrientes frías que proceden del estrecho.

A la vista de las condiciones y circunstancias en que había quedado el «Garray», tras superar el azote del huracán, Basterra decidió poner proa al Brasil, a cualquier punto de la costa que le ofreciera posibilidades de avituallamiento y reparación, medida que tan funestas consecuencias había de tener, pero que en aquel entonces (e incluso para el Tribunal de Cádiz) fue acogida como la más prudente de cuantas podían tomarse.

El «Garray», desmantelado de dos palos, tan sólo con la posibilidad de izar el paño sobre el trinquete, apenas podía desarrollar más de tres nudos con vientos favorables por lo que, teniendo en cuenta su posición y con muchas probabilidades de enfrentarse con vientos de proa, esto es, sin recursos para superar la fuerza de la corriente del litoral, resultaba más que temerario intentar de nuevo la travesía del océano poniendo proa a las Azores. (Las circunstancias en que involuntariamente había desembocado combinanban tal vez la situación más propicia para llevar a cabo un plan —muy distinto del primitivo— basado en la posibilidad de hacer escala en un punto no sometido a la autoridad real y, acaso, lo bastante apartado como para estar exento de toda clase de autoridad deseosa de entrar en detalles sobre ciertos aspectos secretos del viaje del «Garray». Se adaptara o no a sus proyectos lo cierto es que Basterra, en la pobre situación en que había quedado, no tendría la menor dificultad en justificar el cambio de derrota, poniendo proa al Brasil bien para alcanzar sus costas bien para introducirse en la ruta habitual entre Natal y el golfo de Guinea, lo bastante frecuentada como para encontrar en alta mar ayuda para las más elementales reparaciones y poder proseguir su curso con garantías de seguridad.) Tal era también, según quedó cuidadosamente consignado por el propio Basterra en el diario, la opinión de Saint-Izaire, obstinadamente empeñado en que —en caso de poder adquirir en alta mar un par de perchas— no tendrían mayores dificultades para enjarciar y halar la mayor y la gavia, largando así paño suficiente para poder dirigirse al lugar de su mejor conveniencia, que no dudó en aceptar la nueva derrota, encargándose él mismo del control de la barra a la vista del estado de la tripulación. Porque, por otra parte, también habían de pesar en el ánimo de Basterra —a la hora de tomar su decisión— otras circunstancias que venían a sumarse al mal estado de su barco: había perdido cuatro hombres y un bote; un quinto permanecía inconsciente en su litera, tras haber recibido un fuerte golpe en la espalda y en la nuca y, por último, el señor Chalfont había sido rebajado de servicio, atacado por fiebres muy altas y una tan intensa descomposición que hacía presumir que el huracán, antes de retirarse, había apelado al azote de la disentería para consumar su fracasada destrucción. Se habían perdido gran parte de las provisiones, toda la galleta, la carne en salazón y las patatas se habían echado a perder y en cuanto al ganado sólo un pequeño cerdo —que se encontró hozando entre los destrozos de la bodega— había quedado milagrosamente vivo e ileso. El informe del sobrecargo, tras un sumario inventario, era contundente: era preciso proceder al racionamiento del agua y no podía garantizar una mediana alimentación para más de diez días. Así pues, no pudiendo tampoco disponer más que de nueve hombres (contando con el cocinero y un carpintero abrumado por las reparaciones más forzosas) el capitán, contraviniendo las órdenes recibidas y consignándolo así en el diario, ordenó que bajo su responsabilidad se liberase a los cuatro reos durante los turnos de día, a fin de contar con dos guardias de seis hombres cada una que en buena proporción se necesitaban para mantener las bombas en funcionamiento. Empero la primera sensación de alivio tras la disipación del huracán pronto había de verse oscurecida por las perspectivas de una travesía cuyas dificultades aumentaban con cada guardia; no compartía Basterra —con independencia de los proyectos que abrigara en secreto— la severa confianza de Saint-Izaire, siempre seguro de sí mismo y en exceso inclinado a ver detrás de cada vacilación la pusilanimidad o la incompetencia de un cargo que —a su entender— no podía ser propiamente ejecutado por quien se doblegara ante las dificultades. Se diría que la prueba por la que venía de pasar sólo había servido para incrementar su arrogancia y para afirmarse en un mando que gustaba de ejercer como si tan sólo tuviera que dar cuenta de él a su propio orgullo.

No parece que Basterra tuviera la menor intervención en el incidente de rutina que había de poner aún más de manifiesto su abierta hostilidad hacia Saint-Izaire. Pero la tripulación tampoco podía permanecer indiferente a la conducta de ambos, a sus respectivos recelos, a la manifiesta frialdad que uno reservaba para el otro en las pocas ocasiones —que ambos procuraron reducir a las más imprescindibles— en que tenían que comunicarse. Defendido por una jerarquía incuestionable y por la segura confianza de que el recto juicio se encuentra allá donde termina la ambición, asomaría al puente de vez en cuando sólo para —tras una somera inspección de la cubierta— clavar su mirada inexcrutable, sin una emoción, sin el menor signo delator, sobre la figura siempre erguida del primero ante el portalón: acechante, con las manos a la espalda y un permanente rictus de desagrado, inquieto por la idea de que algo le había sido ocultado al salir de La

Habana, de cada rincón y de cada movimiento esperaba siempre levantar una sospecha. Siguiendo la costumbre el capitán podía haber tomado bajo su mando la guardia de babor, pero una vez más prefirió que sus hombres eligieran al segundo mientras durase la enfermedad del señor Chalfont; y aun cuando en el ánimo de la tripulación estaba que aquel puesto debía recaer sobre Mosámedes, Saint-Izaire —sin abandonar el portalón ni desenlazar las manos— indicó para ocuparlo a Macoy, un criollo corpulento que le obedecía como un perro. «Está bien», repuso el capitán, reteniendo la respiración; le miró fijamente para darle a entender que lo aceptaba y no se congratulaba de ello y dijo de nuevo: «Está bien; que sea Macoy» al retirarse hacia su cámara.

Posteriormente se argüirá que no hubo otro responsable de los sucesos que siguieron que el propio capitán, recluido en un silencio que sin duda dio lugar a las más variadas interpretaciones. Porque de haber sido más explícito —tanto con sus subordinados como con el oficial del gobierno e incluso con aquel reo al que parecía estar unido por una extraña y secreta connivencia— es muy posible que el destino de todos los hombres que se hallaban a su órdenes hubiera sido otro. Se dirá también que quien para sí mismo ha elegido el camino más difícil, con la renuncia de sus intereses más caros y probablemente de su propia vida, bien podía permitirse la licencia de pensar que aquellos que se hallaban bajo su custodia sabrían encontrar su salvaguardia con independencia de él. El hecho de que al salir de La Habana se cuidara de destruir sus papeles y liquidar sus pocos bienes —encomendado el envío a su hija en la península de una pequeña dote que no se sabe si correspondía a la totalidad de sus ahorros— fue interpretado como prueba de que con el mando del «Garray» había tomado también una decisión que había de influir decisivamente en sus instrucciones desde el puente y en su conducta en las vísperas de la tragedia.

Como quiera que fuese, a partir del momento en que el llamado Macoy tomó a su cargo la guardia de estribor, su talante se fue haciendo más taciturno y desabrido. Parece que la muerte de Chalfont —un hombre de su mejor aprecio, que había navegado con él durante años— influyó también en ello; ocupaba la cámara contigua y recibiendo directamente sus cuidados, fue encontrado muerto, caído de bruces sobre el suelo, la cara adherida al entarimado mediante un líquido negro y pegajoso que había exonerado su boca. Desde entonces apenas aparecía en cubierta y su aspecto denotaba que estaba pasando por una intensa prueba: la cara demacrada y cerúlea, los ojos agrandados y los cabellos hirsutos, un cuello de tortuga, delgado y surcado de profundos pliegues, sostenía una cabeza que en pocos días se había reducido, alteradas todas sus facciones por un síndrome que se había apoderado de toda su persona, un intenso aroma a ropas sucias y polvos medicinales, vinieron a demostrar lo mucho que se había depauperado y envejecido en un par de semanas. Lo más probable es que gravemente enfermo, con fiebres altas y atacado por la disentería, se cuidó de disimularlo administrándose él mismo (pues en su cámara se guardaba el botiquín y no delegaba en nadie la distribución de curas y medicamentos— fuertes dosis de quinina. Lo cual en aquellos días estaba lejos de ser una excepción a bordo del «Garray» cuya tripulación a causa de las privaciones y el trabajo continuo se encontraba, tras una semana de calmas chichas y temperaturas de horno, en un estado lamentable. Los días eran largos y la mar un desierto; el «Garray» no se movía, como si a causa del calor en lugar de flotar hubiera quedado aprisionado como una mosca en una masa de ámbar, bajo un cielo estañado, carente de color y de sonidos, todo él ocupado por un sol ubicuo dispuesto a terminar de una vez con la herejía de su planeta; y los débiles e indolentes chapoteos del atardecer, acompañados de las tímidas sacudidas de los foques, sólo servirían para despertar con amargos y prolongados quejidos, con el crepitar de las amuras mientras el mar de aceite hierve a sus costados, en la noche paciente metrada por el latido de las bombas, al animal malherido de su sueño de muerte, reducida su conciencia a vislumbrar su agonía.

Soportando aquella calma surgió el incidente que indujo al capitán, en un arrebato de cólera y completamente ofuscado, a rebajar de servicio a Saint-Izaire, por incumplimiento de sus órdenes. Antes había aparecido sobre el puente —vacilante, sujetándose con ambas manos al pasamanos— atraído por las voces de Saint-Izaire; era la segunda vez que amenazaba a un hombre con darle de vergajos. En verdad en aquellos días de calma todo el mantenimiento del barco había corrido a su cargo, el único que parecía resistir los azotes de la disentería, el hambre y la sed sin rendirse al sueño. La primera amenaza, brutal y desmedida, había sido dirigida a un marinero enfermo que tirado en el combés apenas había levantado la cabeza para replicar con una maldición a una orden. Y cuando le arrebató la camisa, entre ambos se interpuso Mosámedes para recibir toda la avalancha de su furia, cerrado a sus espaldas por Macoy que ya levantaba la cabilla cuando el golpe fue detenido por las voces de capitán.

De allí a dos días se levantó, en las primeras horas de la noche, una de esas brisas llamadas irlandesas por la gente de mar, acompañada del estimulante chasquido de los rimeros de proa contra las incipientes olas. Era un viento de proa, por la cuarta de babor, que en minutos hizo dar dos vueltas completas al «Garray» cuando ya nadie estaba atento a la barra. Un Saint-Izaire con muestras de evidente cansancio, sucio y con una barba de varios días inconcebible en un hombre que en las más ajetreadas circunstancias se afeitaba y perfumaba con esmero, fue el primero en advertir el cambio y despertando con el vergajo a los pocos hombres útiles ordenó la maniobra, largando más paño y poniendo proa al noroeste para aprovechar todo el viento. Era una maniobra correcta y bien concebida, que indicaba un claro conocimiento de la naturaleza de esos vientos nocturnos, fugaces como cometas, que aparecen de la misma manera que desaparecen y si se sabe seguirlos, pueden conducir al barco hacia una zona de constantes. Pero Basterra —al que (tal vez por respeto a su descanso) no se le había comunicado la maniobra y hubo de enterarse de ella varias horas después caminando por su propio pie hasta la mesa de la rueda— no sólo la desautorizó y enmendó —ordenando un rumbo SSW, para ceñir de bolina el viento— sino que —probablemente obsesionado por la escena de días atrás, que seguía fija en su mente tras unas noches de delirio semiconsciente— ordenó a Saint-Izaire que se retirara a su cabina hasta nueva orden, quedando rebajado de servicio. Y tal vez era eso lo que había esperado un Saint-Izaire que desde tiempo atrás confiando en las imprudencias de un capitán carente de vigor físico y mental, había preparado su plan para que en cualquier momento mordiera uno u otro anzuelo. No se sabe a partir de entonces y hasta el momento en que irrumpe de nuevo en la cabina de Basterra para retirarle el mando, cuál es la conducta de Saint-Izaire a bordo del «Garray» y rebajado de servicio. Se ignora cuáles son sus complicidades, por qué clase de acción opta para recuperar el mando, a qué y a quiénes apela. Y aun cuando la desafortunada intervención del capitán simplificara mucho sus planes, eximiéndole de la necesidad de tenderle una trampa y suministrándole causa bastante para llevar adelante su acción, con arreglo a las ordenanzas y sin más justificantes que la impericia de aquél, es probable —pero no demostrable— que la impaciencia le indujera a hacer uso de una coacción o de una violencia que —por no se sabe qué misterio— no pasaría al cuaderno de a bordo una vez que el capitán pudo transcribirla. ¿O ya no tenía tiempo tras el crimen? ¿O es que en el momento de estampar su firma en el cuaderno estaba la puerta de su cabina custodiada por el reo, con un arma en la mano?

Navegar de bolina con aquel viento era una locura que ningún rumbo podía justificar. Más de quince horas de una brisa que aprovechada de popa hubiera resultado inestimable para abandonar la zona de calmas, malgastaría el «Garray» en guiñadas y orzadas inútiles para volver casi al mismo punto que pretendió abandonar; y cuando a media tarde del día siguiente —el día vigésimo tercero desde que zarpó de La Habana— cayó de nuevo el viento, poco o ningún esfuerzo había de desarrollar Macoy para convencer a los escasos hombres que se hallaban despiertos —despiertos y exhaustos, los cuerpos extendidos sobre cubierta, las bocas abiertas— para recabar su apoyo en la acción que había decidido emprender. En su consecuencia, a primera hora de la noche el señor Macoy acompañado de cuatro miembros de la tripulación se personó en la cabina del capitán para comunicarle que, con arreglo a lo prescrito para tales casos, por decisión unánime quedaba confinado en su cámara y relevado del mando del barco —que sería encomendado al señor Saint-Izaire, en tanto pudieran comunicar el cambio a los armadores y recibir de ellos instrucciones al respecto—, a causa de su manifiesta incapacidad física y mental para ejecutarlo con propiedad, debiendo transcribirse tal decisión al cuaderno de bordo, con la firma de los allí presentes. Parece ser que a duras penas se incorporó Basterra de su lecho para estampar su firma, un garabato tembloroso y torcido, probablemente escrito con la mirada puesta en otra parte (posiblemente en la persona que custodiaba la entrada), para volver a acostarse con un prolongado suspiro, como aliviado por una decisión que había llegado algo tarde.

Un par de días después el «Garray» navegando con lentitud proa a las costas de Bahía, fue avistado por el «Lothian», un cutter de la matrícula de Leith a las órdenes del capitán Eccles. El «Garray» llevaba izada en el trinquete la señal de auxilio médico y el capitán Eccles, a la vista de ello y del mal estado de su arboladura, no vaciló en cambiar su rumbo y aproximarse al maltrecho «Garray» al tiempo que largaba un bote para prestar la solicitada ayuda. El capitán Eccles —un hombre bastante joven y de aspecto saludable y risueño, que posteriormente prestaría su declaración al juicio de Cádiz a través del consulado español de Glasgow— al conocer por el semáforo la situación a bordo del «Garray» se trasladó a éste y tras recibir de Saint-Izaire cuenta —precisa y contundente— de todo lo ocurrido solicitó mantener una entrevista con el capitán Basterra, que le fue concedida en tanto tenía lugar el transporte de agua, medicamentos, víveres frescos y unos cuantos materiales indispensables. No parece que el capitán Eccles sacara una impresión muy favorable del estado de Basterra; de acuerdo con su declaración Basterra sufría un ligera fiebre y su pulso se hallaba alterado, pero no tanto como su cabeza. Parece ser que le habló de su sangre, de su hijo y de una tierra maldita. De la vuelta al mar, de los pecados de juventud. Si bien el capitán escocés, una vez concluida la entrevista, se ofreció para trasladar a su barco los enfermos de mayor cuidado —incluyendo a Basterra y advirtiendo que él mismo, como médico de a bordo, no ganaría en tierra un desayuno al año, y que ante sí tenía una travesía de tres semanas mientras con toda probabilidad el «Garray» podría fondear en menos de una—, las seguridades y la confianza que le mereciera la actitud de Saint-Izaire le indujeron a volver al «Lothian», una vez satisfechas todas las demandas, en la convicción de que dejaba el barco en buenas manos y en buen orden, dentro de una situación comprometida.

A partir del momento en que el «Garray» pierde de vista al «Lothian» la tragedia se precipita, las intenciones de unos y otros adquieren su forma más violenta y, a la vez, más ambigua. De la misma manera que en el ánimo de Saint-Izaire ya no quedaba lugar para nuevos conflictos —los vientos llaneros y calientes soplando en dirección a la costa—, tampoco podía presumir que en el espíritu del consumido capitán alentase un tal apetito de venganza. La defensa dirá más tarde que ésa es la mejor prueba de una locura lo bastante enérgica como para recluirle definitivamente. No podía imaginar que Basterra —escondiendo sus fuerzas bajo sus sábanas, simulando una completa consunción y procurándose alimentos por las mismas vías que le proporcionarían armas— a medida que el «Garray» se aproximaba a las costas del Brasil recuperaba en secreto sus últimas fuerzas para descargar su último golpe en el momento más oportuno.

Lo eligió a la perfección, a las seis de la madrugada, cuando desde el «Garray» ya se vislumbraban las mortecinas sombras del cabo São Tomé y el relevo de la semiguardia reclamaba la presencia del segundo en cubierta. Gateando hasta la mesa de la rueda ordenó al timonel un cambio total de rumbo —casi toda la barra a babor—, sin necesidad de levantar la mano que empuñaba el arma, cobijándose tras el castillo de popa a la espera de quien incluso dormido advertiría aquel movimiento. En efecto, parece ser que no fue Macoy, sino Saint-Izaire quien lo adivinó en un momento y dio una voz antes de abalanzarse sobre él y caer al suelo, con dos balas disparadas a bocajarro que le atravesaron el pecho. A continuación disparó, con dos pistolas, sobre Macoy y otro tripulante, hiriendo a ambos de muerte, antes de desplomarse al suelo bajo el golpe con que el reo le abatió. Y por cuya suerte fue lo primero que preguntó a los pescadores brasileños que, tras extraerlo junto con el cadáver de Mosámedes de los restos del «Garray» y después de suministrarle los más urgentes cuidados, lograron reavivarlo con aromas y vahos.

CRONOLOGIA

1927 Nace en Madrid. Hijo de Tomás Benet y Teresa Goitia.
1936 La guerra le sorprende en Madrid, donde su padre es fusilado.
1937 La familia se traslada a San Sebastián. Inicia allí sus estudios de bachillerato en el colegio Aldapeta, donde conoce a Alberto Machimbarrena. Encuentro de ambos con Javier Pradera, quasi lactante, en el Paseo de la Concha.
1939 Continúa el bachillerato en Madrid en compañía de su hermano Paco. Amigos del bachillerato: Eduardo Aleixandre, Carlos Mª Bru, Félix Costales y Joaquín Portas.
1942 Primera lectura de Edgar Allan Poe.
1944 Termina sus estudios de bachillerato e inicia la preparación, que durará cuatro años, para el ingreso en la Escuela de Ingenieros de Caminos, en el curso de la cual será alumno de Gallego Díaz, a quien considera «el más brillante profesor que he tenido nunca».
1945 Primera lectura de Franz Kafka y Thomas Mann, siguiendo las indicaciones de quienes en aquel momento más le influían: su hermano Paco y sus primos Fernando y Carmelo Chueca.
1946 Su hermano mayor, Paco, por quien el autor siente una profunda admiración, se instala en París. Primera lectura de William Faulkner.
1948 Ingresa en la Escuela de Ingenieros de Caminos. En el curso de los seis años siguientes conoce a tres hombres que él considera fundamentales en su formación: Alfonso Buñuel, Pepín Bello y el pintor Caneja. Traba amistad también con Rafael Sánchez Ferlosio, Luis Martín Santos, Paulino Garagorri, Ignacio Aldecoa y Domingo Dominguín. Frecuenta la tertulia de Pío Baroja, donde conoce a su sobrino Julio Caro Baroja. Primera lectura de Marcel Proust.
1949 Primer viaje a París. Desembarca en la Gare d'Austerlitz al grito de: «¡Faulkner! ¡Faulkner!».
1950 Lee su primer libro en inglés: *Reflections in a golden eye,* de Carson McCullers.
1952 Primera y última salida al ruedo, integrado en la cuadrilla de Rafael Ortega, en Calanda (Teruel). Cumple el servicio militar en Toledo.
1953 Estancia de prácticas como ingeniero en Helsinki (Finlandia). Publica *Max* en la *Revista Española.*
1954 Termina la carrera de Ingeniero de Caminos. Conoce a Vicente Girbau y a Alberto Oliart. Estancia de prácticas en Ljungby (Suecia).
1955 Matrimonio con Nuria Jordana. Adquiere su primera botella de whisky (marca: King George IV). Lee un libro capital en el desarrollo de su literatura: *Os sertoēs* de Euclides de Cunha. Conoce a Pablo García Arenal. Es detenido por sus activida-

des políticas junto con Vicente Girbau, Alberto Machimbarrena, Luis Martín Santos y Luis Peña Ganchegui.
1956-1959 Vida en Ponferrada trabajando en los canales de Queroño y Cornatel. Inicia y cancela sus estudios de violín. Nace su hijo Ramón en 1956.
1959-1961 Vida en Oviedo. Trabaja como ingeniero en la doble vía de Lugo de Llanera a Villabona. Nace su hijo Nicolás en 1961.
1961 Publica a sus costas su primer libro (bajo el sello editorial de Vicente Giner): *Nunca llegarás a nada*.
1961-1965 Vida a pie de obra en la provincia de León, trabajando en la presa del Pantano del Porma. Allí comienza a gestarse *Volverás a Región*. Nacen sus hijos Juana (1961) y Eugenio (1962). En 1965 conoce a Dionisio Ridruejo.
1966 Regreso a Madrid, donde se instala definitivamente. Adquiere también en este año la casa de Zarzalejo. Muerte de su hermano Paco. Publica *La Inspiración y el Estilo*.
1967 Conoce a Jaime Salinas, quien le encarga y publica su primera y última traducción (*A este lado del Paraíso*, de F. Scott Fitzgerald).
1968 Publicación de su primera novela *Volverás a Región*.
1969 Obtiene el premio Biblioteca Breve con su segunda novela, *Una meditación*. En Barcelona conoce a Carlos Barral, patrocinador del premio, y a Rosa Regás, que posteriormente editará buena parte de su obra. Primer viaje a U.S.A. Conoce a Juan García Hortelano.
1970 Importante reforma en su casa de Zarzalejo para introducir una mesa de billar, juego en cuya práctica será, desde ahora, repetidamente derrotado por sus hijos. Publica *Una meditación* y *Puerta de tierra*.
1971 Publica su *Teatro* completo y *Una tumba*.
1972 Publica *Un viaje de invierno* y *5 narraciones y 2 fábulas*.
1973 Publica *La otra casa de Mazón* y *Sub rosa*.
1974 Muerte de su esposa.
1976 Primer viaje a China. Publica *Qué fue la Guerra Civil*, *En ciernes* y *El Angel del Señor abandona a Tobías*.
1977 Publica *En el Estado* y los *Cuentos completos*. Inicia, en el salto de Los Moralets, las obras que le ocupan hasta la actualidad.
1978 Publica *Del pozo y del numa*. Diversas conferencias en U.S.A., acompañado por Juan García Hortelano.
1979 Se estrena —en gallego— su obra teatral *Anastas*, en el Teatro Bellas Artes de Madrid.
1980 Aparece su obra *Saúl ante Samuel*. Inicia tournées con Juan García Hortelano por todo el país con gran éxito de público y muy escaso de crítica. Nuevas conferencias en U.S.A. Es finalista del Premio Planeta 1980 con su novela *El aire de un crimen*, que se publica este mismo año.
1981 Expone en la Galería Italia 2 de Alicante sus óleos y collages. Publica *Trece fábulas y media*.

BIBLIOGRAFIA

OBRAS

NARRATIVA

Nunca llegarás a nada, Madrid, Ed. Tebas, 1961; Madrid, Alianza Editorial, 1968.
Volverás a Región, Barcelona, Ed. Destino, 1968.
Una meditación, Barcelona, Ed. Seix Barral, 1970.
Una tumba, Barcelona, Ed. Lumen, 1971.
Un viaje de invierno, Barcelona, Ed. La Gaya Ciencia, 1972.
5 narraciones y 2 fábulas, Barcelona, Ed. La Gaya Ciencia, 1972.
La otra casa de Mazón, Barcelona, Ed. Seix Barral, 1973.
Sub rosa, Barcelona, Ed. La Gaya Ciencia, 1973.
En el Estado, Madrid, Ed. Alfaguara, 1977.
Cuentos completos, Madrid, Alianza Editorial, 1977.
Del pozo y del numa, Barcelona, Ed. La Gaya Ciencia, 1978.
  (La primera parte de este libro pertenece al género ensayístico, y la segunda al género narrativo).
Saúl ante Samuel, Barcelona, Ed. La Gaya Ciencia, 1980.
El aire de un crimen, Barcelona, Ed. Planeta, 1980.
Trece fábulas y media, Madrid, Ed. Alfaguara, 1981.

TEATRO

Max, en *Revista Española,* n° 4, 1953.
Agonía confutans, en *Cuadernos Hispanoamericanos,* n° 236, 1969.
Teatro, Madrid, Ed. Siglo XXI, 1971.
  (Contiene además de la pieza antecitada, *Anastas o el origen de la Constitución* [1958] y *Un caso de conciencia* [1967]).

ENSAYO

La Inspiración y el Estilo, Madrid, Ed. Revista de Occidente, 1966; 2ª ed., Barcelona, Ed. Seix Barral, 1973.
Puerta de tierra, Barcelona, Ed. Seix Barral, 1970.
Qué fue la Guerra Civil, Barcelona, Ed. La Gaya Ciencia, 1976.
En ciernes, Madrid, Taurus Ed., 1976.
El ángel del Señor abandona a Tobías, Barcelona, Ed. La Gaya Ciencia, 1976.
Del pozo y del numa, (vid. bajo «Narrativa»).

TRADUCCIONES

A este lado del Paraíso, de F. Scott Fitzgerald, Madrid, Alianza Editorial, 1968.

Teresa AVELEYRA: «Algo sobre las criaturas de Juan Benet», *Nueva Revista de Filología Hispánica,* 23, 1974.
Félix DE AZÚA: «El texto invisible. Juan Benet: Un viaje de invierno», *Cuadernos de la Gaya Ciencia,* 1, 1975.
Vicente CABRERA: *Juan Benet,* Boston, Twayne, 1979.
Francisco CARENAS: «El mundo preperceptivo de *Volverás a Región»*, *Cuaderno de Norte,* Amsterdam, 1976.
Francisco CARRÁSQUEZ: *«Cien años de soledad* y *Volverás a Región:* dos polos», *Norte,* 3, 1978.
Malcolm A. CAMPITELLO: «Juan Benet and his critics», *Anales de la novela de postguerra,* 3, 1978.
Rafael CONTE: «Juan Benet o la escritura secreta», *Informaciones,* 4 de mayo de 1972.
Eduardo CHAMORRO: «El recuerdo, una partícula incandescente», *Triunfo,* 502, 1972.
José DOMINGO: *«Una meditación,* de Juan Benet», *Insula,* 282, 1970.
——: «Los caminos de la experimentación», *Insula,* 312, 1972.
Manuel DURÁN: «Juan Benet y la nueva novela española», *Cuadernos Americanos,* 195, 1974.
Pere GIMFERRER: «Notas sobre Juan Benet», en *Realidades,* Barcelona, Antoni Bosch, 1978.
Sergio GÓMEZ PARRA: «Juan Benet: la ruptura de un horizonte novelístico», *Reseña,* 58, 1971.
Ricardo GULLÓN: «Una región laberíntica que bien pudiera llamarse España», *Insula,* 319, 1973.
——: «Esperando a Coré», *Revista de Occidente,* 145, 1975.
——: «Sobre espectros y tumbas», *Cuaderno de Norte,* 1976.
David K. HERZBERGER: «The novelistic World of Juan Benet», *The American Hispanist,* Indiana, Clear Creek, 1977.
Joaquín MARCO: «La novela de un escritor», *Ejercicios literarios,* Barcelona, Taber, 1969.
Alberto OLIART: «Viaje a Región», *Revista de Occidente,* 80, 1969.
José ORTEGA: «Estudios sobre la obra de Juan Benet», *Cuadernos Hispanoamericanos,* 1974.
Gonzalo SOBEJANO: *Novela española de nuestro tiempo: en busca del pueblo perdido,* 2ª ed., Madrid, Prensa Española, 1975.
Danubio TORRES FIERRO: «La inspiración y el estilo», en *Los territorios del exilio,* Barcelona, La Gaya Ciencia, 1979.
Darío VILLANUEVA: «Las narraciones de Juan Benet», *Novela española actual,* ed. Andrés Amorós, Madrid, Fundación March-Cátedra, 1977.
Tomás YERRO VILLANUEVA: *Aspectos técnicos y estructurales de la novela española actual,* Pamplona, Universidad de Navarra, 1977.

INDICE

Introducción	7
Una tumba	53
Duelo	86
Horas en apariencia vacías	131
De lejos	151
Baalbec, una mancha	174
Una línea incompleta	211
Después	236
Obiter dictum	259
Catálisis	272
Syllabus	279
Fábula primera	287
Fábula segunda	289
Amor vacui	291
Sub rosa	297
Cronología	343
Bibliografía	345

ESTE LIBRO SE TERMINO DE IMPRIMIR
EN EL MES DE OCTUBRE DE 1981
EN ARTES GRAFICAS IBARRA
MATILDE HERNANDEZ, 31
MADRID-19